Die Wiederkehr der Konformität

W0265507

Cornelia Koppetsch ist Soziologin und Professorin für Geschlechterverhältnisse, Bildung und Lebensführung an der Technischen Universität Darmstadt.

Cornelia Koppetsch

Die Wiederkehr der Konformität

Streifzüge durch die gefährdete Mitte

Campus Verlag
Frankfurt/New York

Bibliografische Information der Deutschen Nationalbibliothek
Die Deutsche Nationalbibliothek verzeichnet diese Publikation in der Deutschen Nationalbibliografie; detaillierte bibliografische Daten sind im Internet über http://dnb.d-nb.de abrufbar.
ISBN 978-3-593-39902-7

Das Werk einschließlich aller seiner Teile ist urheberrechtlich geschützt. Jede Verwertung ist ohne Zustimmung des Verlags unzulässig. Das gilt insbesondere für Vervielfältigungen, Übersetzungen, Mikroverfilmungen und die Einspeicherung und Verarbeitung in elektronischen Systemen.
Copyright © 2013 Campus Verlag GmbH, Frankfurt am Main
Umschlaggestaltung: Guido Klütsch, Köln
Satz: Campus Verlag GmbH, Frankfurt am Main
Druck und Bindung: CPI buchbücher.de, Birkach
Gedruckt auf Papier aus zertifizierten Rohstoffen (FSC/PEFC).
Printed in Germany

Dieses Buch ist auch als E-Book erschienen.
www.campus.de

Inhalt

Einleitung

Die Mittelschicht blickt auf eine beispiellose Erfolgsgeschichte zurück. Seit Beginn der Bundesrepublik wuchs sie beträchtlich und trug auch in politischer Hinsicht zum Zusammenhalt der Gesellschaft bei. Sie war »Integrationsinstanz und Aufstiegsmotor« (Münkler 2010: 71), weil sie den unterprivilegierten Schichten ermöglichte, in die gesellschaftliche Mitte aufzuschließen. Sie galt lange Zeit als Ort der Sicherheit und Beständigkeit, da sie dazu beitrug, dass die Gesellschaft nicht von ihren Extremen unterlaufen wurde. Und sie war Normgebungsinstanz, da ihr Lebensentwurf – die Normalität der Arbeit, des Lebenslaufs und der bürgerschaftlichen Tugenden – für die Gesellschaft im Ganzen verbindlich wurde. Nicht die Eliten, sondern die Mittelschicht prägten das Modell eines gelungenen Lebens.

Heute gilt die Mittelschicht als gefährdet. Darüber wird in prominenten sozialwissenschaftlichen Analysen aktuell diskutiert.[1] Die Globalisierung von Unternehmen führte zu Umbrüchen in der Arbeitswelt, die viele Arbeitnehmer schleichend oder drastisch zu spüren bekommen. Es ist ungemütlich geworden. Eine kollektive Erfahrung der Prekarisierung und Verwundbarkeit hat sich ausgebreitet, wodurch für viele die Zugehörigkeit zur Mitte infrage gestellt ist. Zudem zieht sich der Wohlfahrtsstaat zurück, sodass Gesundheit, Sicherheit und Bildung, die der Staat einst fraglos bereitstellte, zu privaten Gütern wurden, die eigene Anstrengungen erfordern. In diesem Prozess können nicht mehr alle mithalten, womit sich auch das soziale Klima verändert. Die Bereitschaft der Mittelschicht, sich für Unterprivilegierte zu öffnen, sinkt, stattdessen breitet sich eine Wagenburgmentalität aus. Die Mitte ist kein Fahrstuhl mehr, der allen, die sich die Werte der Mittelschicht aneignen, zum Aufstieg verhilft. Anstelle von Solidarität und Gemeinsinn treten Wettbewerb und Markt.

Durch diese Entwicklungen kam die ehemals charakteristische Expansion der Mittelschicht zum Erliegen. Die Globalisierung von Wirtschaftskreisläufen entmachtete die Mittelschicht zudem in wirtschaftlicher und moralischer Hinsicht. Unternehmen, die Produktionsstandorte in andere Länder auslagern, haben das Interesse am Wohlergehen der Mittelschicht weitgehend verloren, sodass der Einfluss von Arbeitnehmern, Volksparteien und Gewerkschaften sinkt. Dadurch polarisiert sich die Mittelschicht immer mehr. Offenkundig befindet sich die Gesellschaft heute nicht mehr, wie Ulrich Beck behauptete, »jenseits von Klasse und Stand«, sondern ist zurück auf dem Weg in eine Klassengesellschaft, in der Verteilungsfragen wieder über Lebenschancen entscheiden.

Welche Auswirkungen haben diese Veränderungen auf die Mentalitäten und das Lebensgefühl der Menschen in der Mittelschicht? Entgegen aktueller Zeitdiagnosen, wonach es unter den gegenwärtigen Bedingungen zu einer Beschleunigung und Aktivierung in der Lebensführung komme (Rosa 2005; Lessenich 2008), zeigen die hier vorgelegten Analysen, dass viele Menschen sich eher Einhegung, Rückzug und Bindung wünschen. Dies gilt paradoxerweise auch gerade für solche Milieus, die innerhalb des neuen Kapitalismus als Avantgarde gelten. Diese Milieus passen sich zwar in ihren öffentlichen Rollen den neuen Forderungen nach Flexibilität und Reflexivität an, streben in ihrem privaten Umfeld oft jedoch nach Sicherheiten und traditionellen Lebensformen.

Damit zeichnet sich eine Umkehrung von Werten und Orientierungen ab. In der Phase des Wohlfahrtskapitalismus der Bundesrepublik galt es, etwa im Rahmen der *Neuen Sozialen Bewegungen*, als besonders fortschrittlich, eingetretene Pfade zu verlassen und mit alternativen Lebensentwürfen zu experimentieren. Heute konzentrieren sich dieselben Milieus auf Absicherung, Statuserhalt und Anpassung an die vorgegebenen Strukturen. Die Einzelnen fürchten sich nicht mehr in erster Linie vor Beschränktheit und Provinzialität, sondern vor Statusverlusten und suchen Bindungen statt Optionen. Viele fühlen sich den Zufälligkeiten von Arbeitsmärkten ausgeliefert, die ihnen langfristige Pläne kaum noch erlauben. Auch private Beziehungen drohen kurzfristiger und unverbindlicher zu werden. Stabilitätskerne werden zu knappen und umkämpften Gütern, die nicht mehr jedem fraglos zur Verfügung stehen.

Die Sehnsucht nach Geborgenheit angesichts von Abstiegsängsten hat einen Mentalitätstypus hervorgebracht, der in diesem Essay unter dem Topos »Wiederkehr der Konformität« untersucht wird. Die Wiederkehr der Konformität findet auf unterschiedlichen Ebenen statt. Auf der Ebene der Wertvorstelllungen ist eine Abkehr von politischen Gesellschaftsentwürfen zugunsten von rückwärtsgewandten Gemeinschaftsbildern und religiösen Bekenntnissen zu beobachten. Viele Menschen tendieren zu einem Rückzug aus dem öffentlichen Leben in den Nahbereich von Partnerschaft und Familie. Konservative Werte dominieren, die auf die Erhaltung des Bestehenden oder des verloren Geglaubten gerichtet sind.

Auf der Ebene der Statuskämpfe überwiegt das Muster der Selbstabschließung durch Ausgrenzung. Dies geschieht je nach Milieuzugehörigkeit durch unterschiedliche Strategien. Während in den vom Abstieg bedrohten Soziallagen Ressentiments gegen Unterprivilegierte und Migranten offensiv vertreten werden, betreibt die bürgerliche Mitte ihre Selbstabschließung eleganter, indem sie sich in exklusive Stadtviertel zurückzieht. Dies erlaubt ihnen tolerant und liberal zu bleiben, denn die tatsächlichen gesellschaftlichen Problemlagen bleiben draußen. Die Teilhabe an Privilegien wird über den Preis pro Quadratmeter Wohnraum gesteuert.

Schließlich wird auch das Alltagsleben von einer Haltung der Konformität beherrscht. Zwar betätigen sich viele Mittelstandsbürger als Alltagskritiker der Marktgesellschaft, doch hindert sie das nicht daran, sich an die gegebenen Bedingungen mitunter bedingungslos anzupassen. Widerstand erscheint vielen zwecklos. Für eine Benennung der wachsenden Ungerechtigkeiten und Ausbeutungsverhältnisse in der Arbeitswelt fehlt überdies das Vokabular. Im offiziellen Diskurs werden sie als »fairer Wettbewerb« ausgegeben, welcher ja bekanntlich Gewinner und Verlierer hervorbringt. Die Frage, welchen Interessen Wettbewerbe dienen, und nach welchen Spielregeln diese inszeniert werden, bleibt sorgfältig hinter den Sprachspielen der Leistungsgesellschaft verborgen. Wer hier nicht mithalten kann, dem sind die Wege in die Kritik verbaut. Denn seine Misserfolge hat sich jeder selbst zuzuschreiben. Dies spiegelt sich auch im öffentlichen Diskurs zu Erschöpfungskrankheiten, zu Burn-Out-Erkrankungen und Depressionen, wider. Nicht der Widerstand, sondern die Krankheit erscheint als letzter Ausweg. Wollte man die Mentalität der Gegenwart auf einen einfachen Nenner bringen, dann hieße dieser: ängstliche Vermeidung alles Widerständigen, Risikobehafteten und Unberechenbaren.

Die Wiederkehr der Konformität ist allerdings nicht mit Feigheit zu verwechseln. Sie ist eine plausible Bewältigungsstrategie angesichts von Unsicherheiten und Ängsten. Sie ist eine Reaktion auf gesellschaftliche Veränderungen, die mit wachsenden Unsicherheiten und einem gravierenden Autonomieverlust in der Lebensführung einhergegangen sind. Dabei büßten nicht nur die Menschen an Autonomie ein, auch gesellschaftliche Institutionen verfügen über weniger Handlungsspielräume. Familie, Wohlfahrtsstaat und Demokratie mussten sich den Imperativen von Märkten wesentlich anpassen. Zwar verschwinden die alten Einrichtungen nicht einfach, doch wo der Markt die Ziele vorgibt, scheint die alte Autonomie gesellschaftlicher Institutionen gebrochen. Die diffuse Macht des Marktes wird zur Disziplinierung von Belegschaften und Interessensvertretungen genutzt. Politiker wie Gelehrte, Arbeitssuchende wie Arbeitslose, Betriebe und Krankenhäuser sollen mit der Marktlage atmen sowie konjunkturelle Schwankungen und Krisen mithilfe eigener Ressourcen abfedern. Soziologische Untersuchungen stellen denn auch regelmäßig fest, dass die moderne Gesellschaft heute durch eine »sukzessive Vermarktlichung« aller ihrer Lebensbereiche gekennzeichnet sei (Bode/Brose 1999). In Arbeitsorganisationen und Wohlfahrtseinrichtungen, Familie und Partnerschaft, Kirche, Bildung und Wissenschaft herrschten demnach statt Solidarität und (Wert-)Bindung nunmehr Wettbewerb und Kalkül. Dadurch werden alle Lebensbereiche auf ihre wirtschaftliche Komponente hin durchleuchtet.

Identität und Persönlichkeit drohen ebenfalls, aus dem Gleichgewicht zu geraten. Man wird Zeuge einer dramatischen Freisetzung des Einzelnen aus den Strukturen der Industriemoderne. Die Konsequenz ist nicht nur die Verflüssigung institutioneller Ordnungen, sondern auch die Erosion von Gemeinschaftsbindungen, Persönlichkeit und Identität (Sennett 2000). Dies wird durch die Projekthaftigkeit von Arbeits- und Lebensformen forciert. Ein kohärentes Selbst könne unter diesen Bedingungen kaum mehr ausgebildet werden. Der amerikanische Psychologe Kenneth Gergen (1996) behauptet sogar, dass in Zukunft an die Stelle einer zeitstabilen Identität ein »relationales« Selbst trete. Wer man ist, hänge demnach davon ab, mit wem man gerade zu tun hat. Jede Wahrheit über sich selbst gelte nur für eine gewisse Zeit und innerhalb bestimmter Beziehungen. Auch ein selbstbestimmtes Leben scheint so kaum mehr möglich. Erfolgreich behaupten können sich in den konkurrenzbestimmten Lebensbereichen nur noch die opportunistischen »Wellenreiter« (Rosa 2011), die ihre Chancen situativ zu nutzen wissen, ohne über die Gesamtrichtung ihres Lebens noch entscheiden zu können oder auch nur zu wollen. Die Marktgesellschaft führt nicht zu mehr »Eigenverantwortung«, sondern zum Autonomieverlust durch Anpassung an die Opportunitäten des Marktes. Wer weiß schon, ob seine Qualifikationen und Fähigkeiten in fünf Jahren noch gebraucht werden, ob die eigenen Produkte oder Werke noch Absatzmärkte finden? Die Steigerung der Kontingenz durch mehr Wettbewerb führt zu einem Rückgang biografischer Selbststeuerung.

Manche Menschen erleben zudem eine paradoxe Verarmung der Persönlichkeit durch die Explosion von Möglichkeiten (Jaeggi 2005). In einer Gesellschaft, in der die kulturellen Orientierungspunkte sich vervielfachen und verschwimmen, wird die Optionsvielfalt leicht zur unerträglichen Bürde. Wohin soll man sich wenden, welchen Weg einschlagen und überhaupt – wer ist man eigentlich selbst? Empfohlen wird im Allgemeinen, der gesellschaftlich dominanten Moral zu folgen und die eigene Persönlichkeit effizienzgesteuert zu optimieren. Die Lebensführung soll in eine ökonomische Transaktion umgeformt werden: Man investiert in die Gesundheit, in Freundschaften, in den eigenen

Körper – und hofft auf hohe Erfolgsrenditen. Auch in Arbeit und Beruf soll die gesamte Persönlichkeit eingebracht werden. Dies ebnet den Weg in die Selbstausbeutung, die umso unerbittlicher scheint, als sie durch keine externen Instanzen, keine Arbeitszeitregelung, keine Gewerkschaft und keinen Sozialausgleich gemildert wird.

Die damit verbundenen Ängste, Stimmungen und Bewältigungsstrategien sind Gegenstand dieses Essays. Im ersten Teil werden soziale Auseinandersetzungen und Mentalitäten aus der Vogelperspektive der Gesamtgesellschaft beleuchtet. Dabei wird gezeigt, dass durch die aktuellen Umbrüche Unsicherheiten, Ängste und psychische Gefährdungen entstehen, deren je individuelle Bewältigung jedoch gerade nicht zur Aufhebung, sondern zur Zuspitzung von Spaltungen und Klassengegensätzen führt.

Im zweiten Teil geht es anhand von Fallstudien um den Wandel von Lebensformen, der sich im Generationenvergleich und im Geschlechterverhältnis besonders plastisch äußert. Anhand typischer Fallgeschichten aus der Baby-Boom-Generation und der Nachwende-Generation wird herausgearbeitet, welche Problemlagen junge Erwachsene früher und heute zu bewältigen haben. Dabei zeigt sich, dass insbesondere die jüngeren Generationen im Privaten mit rückwärtsgewandten Idealen und Identitätsmustern auf den beschleunigten Wandel reagieren. Auch die Geschlechterverhältnisse werden widersprüchlicher. Während im öffentlich-beruflichen Leben neuerdings ein ökonomisches Interesse an der »Emanzipation« der Frauen und ihrer vermehrten Aktivierung in Beruf und Arbeit besteht, findet im Privaten eine ideologische Wiederkehr des bürgerlichen Familienmodells und der traditionellen Rollenbilder statt.

Im dritten Teil werden veränderte Spielregeln und Herrschaftskonflikte in Arbeit, Öffentlichkeit und Beruf beleuchtet und beschrieben, wie neue Eliten gegenüber traditionellen Wissenschafts- und Bildungseliten an Deutungs- und Gestaltungsmacht gewinnen konnten und neue Regeln in Arbeit, Wissenschaft und Politik etablierten. Auch hier zeigt sich der Konflikt zwischen denjenigen, die als Beschleuniger dieser Entwicklungen auftreten und von den Veränderungen profitieren, und den Akteuren, die zur Mäßigung und zur Bewahrung von Traditionen aufrufen und am Bewährten festhalten möchten.

Die hier vorgenommenen Analysen zeigen eine paradoxe Entwicklung deutscher Mentalitäten. Je weiter sich das Gesellschaftskollektiv von einem Zustand des Gleichgewichts entfernt, desto entschiedener wird die Mitte als Hort der Sicherheit, Beständigkeit und Normalität herbeigesehnt. Das Ideal der Mitte steht für eine gefestigte gesellschaftlich-kollektive Identität, aber auch für eine persönliche Moral der Mäßigung. Die Mitte ist gerade in Zeiten des beschleunigten Wandels ein attraktiver Ort (Münkler 2010). Darüber hinaus steht das Ideal der Mitte für eine Moral der Unauffälligkeit und der Bescheidenheit, die der exzessiven Expansion des Kapitalismus Einhalt gebieten soll. Doch wie verhalten sich dazu die Forderungen nach Aktivität, Mobilität und Autonomie, die das öffentliche Leben gegenwärtig durchdringen?

Ein weiterer Zwiespalt in der Mittelschicht besteht in dem Anspruch auf überlegene Moralität auf der einen Seite und der defensiven Verteidigung von Besitzständen auf der anderen Seite. Man besteht auf Toleranz, Nachhaltigkeit und Demokratie – jeder kann tun, was er will, die Umwelt soll geschont und niemand soll ausgegrenzt werden. Gleichzeitig und im Widerspruch dazu nimmt man billigend in Kauf, dass steigende Mieten Migranten und Geringverdiener aus den eigenen Wohnvierteln fernhalten. Zwar wird Solidarität mit den Unterprivilegierten gepredigt, doch die eigenen Kinder werden auf Privatschulen geschickt.

Auch im Arbeitsleben unterliegt die Mittelschicht offenkundigen Selbsttäuschungen: Sie bedient sich einer therapeutischen Sprache und der Metapher des »Teams« und verschleiert so die wahren Machtverhältnisse und Interessenskonflikte auch in Unternehmen und Hierarchien. Und sie begibt sich in der Gestalt von Experten, Klienten und Kunden der neuen Beratungs- und Kulturindustrie in den Sog globaler Wissensordnungen, deren fatale Auswirkungen auf Werte und soziale Gemeinschaften sie im Übrigen beklagt. Mit anderen Worten: Die Mittelschicht spielt unbeabsichtigt eine entscheidende Rolle bei der Durchsetzung destruktiver Entwicklungen.

Dies zeigt sich in neuen Formen der Selbstbehauptung. Angesichts der sozialstrukturellen Abstiegsdrohungen und zunehmender Verteilungskämpfe sind heute Lebensstile wieder *defensiver* auf die Verteidigung von Besitzständen und Machtvorsprüngen ausgerichtet. Doch der beschleunigte Wandel führt auch dazu, dass sich die Einzelnen nicht mehr auf bewährte Ressourcen und Strategien verlassen können. Ausgehend von der Beobachtung, dass die soziale Polarisierung gerade auch in der Mittelschicht steigt, dass Wohlstandskonflikte zunehmen und die Abgrenzung der wohlhabenden Mitte gegenüber »sozial Schwächeren« schärfer wird (Vogel 2008, 2009), untersucht dieser Essay, welche Fallen und Problemlagen durch die aktuelle gesellschaftliche Umbruchsituation geschaffen werden und durch welche Strategien die Einzelnen versuchen, Unsicherheiten und Ängste zu bewältigen.

Teil 1: Die Mittelschicht

Kapitel 1

Abschied von der Mittelstandsgesellschaft? Eine Skizze deutscher Mentalitäten

Deutsche gelten im Ausland als sparsam, gründlich und diszipliniert. Gerne bespöttelt man ihren mangelnden Sinn für Humor und Weltläufigkeit. Die Angst, sich nicht korrekt zu verhalten, stecke den Deutschen aus einem anhaltenden Schuldgefühl tief in den Knochen. Ständig hätten sie den Eindruck, am Abgrund zu stehen: Erst Waldsterben, dann Ozonloch, BSE und Vogelgrippe – später bricht die Finanzkrise über sie herein. Ihre Einstellung wird auf der ganzen Welt als »German Angst« belächelt. Daher verwundert es die europäischen Nachbarn, wie stoisch die Deutschen gegenwärtig gravierende soziale Ungerechtigkeiten und innergesellschaftliche Problemlagen hinnehmen. Während in Frankreich gegen Lohndumping gestreikt wird, in Griechenland und Spanien junge Menschen gegen Sparmaßnahmen und Arbeitslosigkeit auf die Straße gehen und in England aus Angst vor dem sozialen Abstieg ganze Straßenzüge in Brand gesetzt werden, bleibt es in Deutschland eigentümlich still. Tatsächlich ist hierzulande von Protest fast nichts zu spüren.

Noch geht es den Deutschen vergleichsweise gut. Beispielsweise ist die Quote der Jugendarbeitslosigkeit relativ gering.[2] Gleichwohl werden gerade auch in Deutschland Verteilungskämpfe auf dem Rücken der jüngeren Generation ausgetragen. Nicht nur treten junge Erwachsene zu sehr viel schlechteren Bedingungen in das Erwerbsleben ein, sie beziehen trotz höherer Bildung niedrigere Einkommen und bekommen seltener und später eine Festanstellung als die Beschäftigten aus den Generationen vor ihnen. 39 Prozent der Jüngeren stehen im Alter bis zu 24 Jahren noch in keinem regulären Beschäftigungsverhältnis (Dörre 2010: 54).

Obwohl sich die Lebensbedingungen verschlechtern und gesellschaftliche Spaltungen in der Bundesrepublik zunehmen, wird sich bislang kaum öffentlich dagegen gewehrt, denn selbst die Unterprivilegierten fühlen sich bis heute meist der Mittelschicht zugehörig. Ein Arbeiterbewusstsein existiert kaum. Während Länder wie Frankreich oder England den Charakter einer Klassengesellschaft nie wirklich abgestreift haben und angesichts gesellschaftlicher Krisen zu den alten Gegensätzen zurückkehren (Münkler 2010), ist dies für Deutschland nicht denkbar. Deutschland hat seine Arbeiterklasse in die Mittelschicht integriert. Entsprechend reagiert eine von Deklassierung bedrohte untere Mittelschicht hierzulande eher nicht mit Protest. Sie baut darauf, durch vermehrte Anstrengungen, staatliche Hilfe und sozialpolitische Schutzmaßnahmen den Anschluss nicht zu verlieren.

1. Der Mittelstand: Stilbildendes Großmilieu der Bundesrepublik

Die Bundesrepublik Deutschland wurde seit Anbeginn und stärker als andere europäische Länder durch ihre breite, sozial integrierte und auch kulturell stilbildende Mittelschicht geprägt. Die Bundesrepublik gewann Stabilität, ohne auf das Vorbild gesellschaftlicher Autoritäten zurückgreifen zu können und ohne ein starkes Klassenbewusstsein auszubilden. Dies unterscheidet sie bis heute von den meisten anderen europäischen Gesellschaften.[3]

Die Orientierung an der Mitte ist in der Vorgeschichte der Bundesrepublik verankert. Verglichen mit ihren europäischen Nachbarn oder den USA verfügen die Deutschen über keinen im engeren Sinne *politischen* Gründungsmythos: kein Sturm auf die Bastille, kein Unabhängigkeitskrieg wie in den USA und keine Erinnerung an eine imperiale Epoche wie in England (Münkler 2009: 9). Im Schatten der Französischen Revolution fand der gern kleinstädtisch, fast kleinbürgerlich gezeichnete, deutsche Mittelstand seine Idealbilder. So beobachten etwa in Goethes Epos *Hermann und Dorothea* ein Gastwirt, ein Pfarrer und ein Apotheker in einem geputzten Städtchen und voller Abscheu die Flüchtlingsströme aus dem revolutionären Frankreich (Seibt 2008). Die kleinstädtische Idylle wurde zum Inbegriff des beschaulichen und mäßigen Lebens. Fleiß, Strebsamkeit und die Akzeptanz der eigenen Stellung wurden als etwas spezifisch Deutsches von dem revolutionären Geist der Franzosen abgegrenzt. Entsprechend unterschiedlich nimmt sich das Verständnis der gesellschaftlichen Mitte in Frankreich und Deutschland bis heute aus.

Nach dem Zweiten Weltkrieg richtete sich die deutsche Gesellschaft auf die Mitte hin aus, nachdem die deutsche Katastrophe die Spitzen der Gesellschaft gekappt und die unteren Schichten nach oben befördert hatte. Die westdeutschen Eliten in Wirtschaft, Wissenschaft und Kultur übten sich in der Kunst der Unsichtbarkeit und kultivierten den Habitus mittelständischer Bescheidenheit. Machtpositionen und Privilegien zu betonen oder auch nur sichtbar zu machen war tabu. Gleichheit und nicht Exzellenz oder Elite war das Maß, an dem sich gesellschaftliche Institutionen messen lassen mussten. Man glaubte, die Klassengesellschaft überwunden zu haben. Die unteren Schichten schienen in den Mittelstand integriert. Die mit Macht und Reichtum verbundenen Bürgertumsgruppen, zu denen Firmeneigner, Spitzenmanager und Großverdiener gehören, lebten meist abgeschirmt von der Öffentlichkeit. Dies ließ den Eindruck entstehen, dass es sie nicht mehr gäbe (Rehberg 2010: 65).

Die Mittelstands-Republik gewann nicht zuletzt dadurch an Glaubwürdigkeit, dass in Deutschland, anders als beispielsweise in Frankreich, Italien oder England, wo das Großbürgertum bis heute dominiert (Windolf 2003), Aufsteiger in die gesellschaftliche Oberschicht vordringen konnten. Dies war auch eine Folge des sozial durchlässigen Bildungs- und Hochschulsystems der Bundesrepublik, das peinlichst darum bemüht war, Chancengleichheit herzustellen. Analoges zu den englischen Eliteinstitutionen von Eton, Oxford und Cambridge, wo man die Zurückhaltung des »gentleman« kultiviert, oder zu den französischen Elitehochschulen (Grandes Écoles), aus denen sich bis heute die Spitzen in Bildung, Wissenschaft und Wirtschaft rekrutieren (Koppetsch 2000), gab es in der frühen Bundesrepublik nicht.

In der »reifen« Bundesrepublik erhielt das Idealbild der Mitte eine neue Qualität: Es wurde zur Grundlage des »Traums immerwährender Prosperität« (Lutz 1984) »jenseits von Klasse und Stand« (Beck 1986: 121). Dieser kollektive Lebenstraum steht auf drei Säulen, die gemeinsam den bundesrepublikanischen Gesellschaftsvertrag der Nachkriegsepoche begründeten: Das *Versprechen auf Wohlstand für alle*, ausgelöst durch das anhaltende »Wirtschaftswunder« und flankiert durch den ausgebauten Wohlfahrtsstaat und sich angleichende Einkommen in unterschiedlichen Soziallagen; das *Versprechen auf individuellen sozialen Aufstieg* und kollektive kulturelle Teilhabe, das durch die Bildungsexpansion genährt wurde; und schließlich die kulturelle *Aufwertung des Mittelstandes* als gesellschaftlich stilbildendes »Groß-Milieu« des 20. Jahrhunderts (Lessenich 2009: 4), dessen Lebensstile, Wertemuster und Verhaltensformen für die Gesellschaft insgesamt verbindlich wurden. Daher konnte auch die Bundesrepublik auf mythische Sinnstiftung nicht ganz verzichten, nur war diese weniger in der Sphäre von Politik und Staat, als in der Sphäre des Konsums angesiedelt. Diese bekräftigte das Zusammengehörigkeitsgefühl der Deutschen im kollektiven wirtschaftlichen Aufstieg: Die Deutsche Mark bestätigte das Wirtschaftswunder, der Volkswagen wurde zum Symbol des Dazugehörens und der Mercedes bewies den sozialen Aufstieg (Münkler 2009: 10f.).

Gleichzeitig streifte die industrielle Arbeiterschaft ihre proletarische Kultur zusehends ab. Die Lebensbedingungen der Arbeiterklasse hatten sich denen der Mittelklasse materiell angenähert. Im Berufsalltag hatten sich die Standesunterschiede zwischen Arbeitern und Angestellten aufgehoben. Die berühmte Lohntüte verschwand und Arbeiter wurden zu Angestellten. Der Aufstieg fand jedoch nicht nur symbolisch statt, sondern auch ganz real: Nach dem Zweiten Weltkrieg zählte man bereits 16 Prozent Angestellte, 1990 waren es 42 Prozent. Gemeinsam mit den Beamten machten sie 54 Prozent aller Beschäftigten aus (Wehler 2008: 146).

Wie bedeutsam diese Entwicklung ist, lässt sich am besten ermessen, wenn man sie mit der sozialen Schichtung des 18. und frühen 19. Jahrhunderts vergleicht (Münkler 2010: 44): Damals gehörten zwischen 70 und 80 Prozent der Bevölkerung der Unterschicht an, die Mittelschicht darüber umfasste maximal 20 bis 30 Prozent, gefolgt von einer sehr schmalen Oberschicht (Hradil 1999). Diese Gesellschaftsordnung wurde meist mit dem Bild einer Pyramide dargestellt, also durch eine breite Basis und eine schmale Spitze. Demgegenüber sind in der Zwiebel, die seit den 1960er Jahren die Pyramide als sozialstrukturelles Modell abgelöst hat (Bolte 1967), Basis und Spitze von nachrangiger Bedeutung, während die umfangreiche Mitte die spezifische Zwiebelgestalt bildet. Im Klartext heißt dies, dass in Zwiebelgesellschaften nicht mehr Unter- und Oberschicht, sondern die Mittelschichten Ordnung und Selbstbild der Gesellschaft prägen.

Selbstverständlich basiert die Orientierung an der Mitte nicht allein auf »harten« sozialstrukturellen Fakten wie Einkommen und Vermögen, hinzu kommen auch subjektive Faktoren wie gesellschaftlich dominante Deutungsmuster und Identitätszuschreibungen. Aufschlussreich ist dabei ein Vergleich der neuen und der alten Bundesländer: Während sich 11 Prozent der Westdeutschen der oberen Mittelschicht und der Oberschicht zurechnen, sind dies in Ostdeutschland nur 1 Prozent. Zudem ordnen sich im Westen 55 Prozent der Mittelschicht zu, dagegen entscheiden sich im Osten nur 39 Prozent für die Mittelschicht und 59 Prozent für die Arbeiter- und Unterschicht (Noll 1998). Selbst wenn man bedenkt, dass in den neuen Bundesländern soziale Ungleichheiten und Unsicherheiten stärker ausgeprägt sind als in den alten Bundesländern, erklärt dies nicht derart gravierende Unterschiede in der sozialen Selbsteinschätzung. Offenkundig spielen die Gesellschaftsbilder und Traditionen der beiden ehemaligen deutschen Staaten bis heute eine wichtige Rolle: Während man sich in der alten Bundesrepublik auch als Arbeiter zur gesellschaftlichen Mitte zählte, galt dies nicht für die DDR, in der das proletarische Klassenbewusstsein zur Staatsideologie erklärt wurde – hier lebt das Bild der Arbeitergesellschaft bis heute fort (Münkler 2010).

2. Die gefährdete Mittelschicht: Fakten und Soziallagen

Seit den 1990er Jahren hat sich die Lage der Mitte grundlegend gewandelt. Bereits in den 1980er Jahren stellte die Publizistin Barbara Ehrenreich (1994 [1989]) in den USA eine wachsende Gefährdung der Mittelschichten fest. Ehrenreichs Diagnosen galten längere Zeit als spezifisch für die USA und als Resultat eines an europäischen Maßstäben gemessenen ungenügenden Ausbaus des Sozialstaats. In Europa waren in den 1980er Jahren zunächst ganz andere Probleme akut. Hier ging es um den Aufbau stabiler Mittelschichten, die den Unterschichten im Kielwasser von Kapitalismus und Demokratie eine realistische Aufstiegs- und Integrationsperspektive bieten.

Seit den 1990er Jahren greift die Vorstellung, dass die gesellschaftliche Mitte schwerwiegend bedroht ist, auch auf Westeuropa über. Sie findet ihren Niederschlag in einer schnell wachsenden Literatur über die zunehmenden Verwerfungen der modernen Gesellschaft, die von einem kollektiven Bewusstsein sozialer Spaltungen zeugt – Spaltungen, die nicht nur Arme und Reiche, Beschäftigte und Arbeitslose, Eliten und Massen voneinander trennen, sondern die Fragen der Lebensplanung betreffen, die quer zu den bisherigen Ungleichheiten verlaufen und auch die mittleren Schichten in Lager aufteilt (Lessenich/Nullmeier 2006). Dabei kam es keineswegs zu einem flächendeckenden Abstieg der Mittelschicht. Vielmehr steht hinter manchen Bedrohungs- und Angstgefühlen eher ein Verlust an Sicherheit als ein realer Abstieg (Nolte/Hilpert 2007: 64). Die persönliche Unsicherheitserfahrung ist gewachsen.

Dreh- und Angelpunkt dieser Veränderungen ist der Rückbau der Arbeitnehmergesellschaft (Castel 2000), der zunehmend auch mittlere Dienstleistungen und Angestelltentätigkeiten erfasst. Garantierte Beschäftigungssicherheiten wurden aufgelöst, der Wohlfahrtsstaat wurde zum Gewährleistungsstaat (Vogel 2008). Dieser Gewährleistungsstaat bietet nur noch eine staatlich-institutionelle Grundversorgung, gewährleistet aber nicht den Statuserhalt; er kann die Risiken der Erwerbslosigkeit nicht mehr minimieren oder soziale Ungleichheiten dämpfen. Diese Entwicklung wird durch die mit den Hartz-Reformen erfolgte Umstellung auf Risikobegrenzung noch verstärkt. Die Absicherung gegen die Risiken der Existenz (Arbeitslosigkeit, Krankheit, Alter) wird damit zur privaten Aufgabe, die der Einzelne für sich zu lösen hat. Auch die Auflösung von Beschäftigungssicherheiten betrifft nicht mehr nur die ohnehin benachteiligten Gruppen: Zwar sind die Erwerbstätigen ohne Ausbildungsabschluss mit Abstand am häufigsten unsicher beschäftigt, doch zählen im Westen die Höchstqualifizierten, also die Universitätsabsolventen, zur am zweithäufigsten betroffenen Gruppe.

Die Deutschen erleben heute nicht nur das Ende der europäischen Nachkriegsprosperität, sondern auch das »Ende vom Traum einer gerechten Gesellschaft« (Bude 2008). Der Generationenvertrag wurde aufgehoben und viele Menschen sind aktuell unverschuldet vom sozialen Abstieg betroffen. Noch leben ältere Generationen, die den wachsenden Wohlstand und die Sicherheit der Wohlstandsgesellschaft selbst erfahren haben. Es handelt sich um die etwa zwischen 1930 und 1960 in der Bundesrepublik geborenen Personen. Die nach 1960 Geborenen dagegen wurden als junge Erwachsene ab 1990 mit dem massiven Abbau des Wohlstands-Paradieses konfrontiert. Sie sind die ersten, die zunehmende erwerbsbiografische Unsicherheiten am Arbeitsmarkt erfahren und häufig lange um ihre berufliche Position kämpfen mussten.

Für die Menschen in den neuen Bundesländern waren die Veränderungen noch gravierender, denn mit dem Systemwechsel standen sie nicht nur vor ungekannten Unsicherheiten, sie verloren auch ihre institutionellen Bindungen und die bis dato gültige Gesellschaftsordnung. Viele Ostdeutsche fühlten sich auch deshalb sozial entwertet, weil die Errungenschaften ihres bisherigen Lebens plötzlich nichts mehr galten.

Verwundbarkeit und prekäre Lebensumstände drangen damit auch in die bislang stabilen Mittelschichten vor. Abstiegsrisiken nahmen vor allem an den Rändern der Erwerbsgesellschaft zu, bei den Jungen und den Älteren, bei alleinerziehenden Müttern, Migranten und Geringqualifizierten, die häufiger in unterbezahlten und ungesicherten Beschäftigungsverhältnissen ausgebeutet werden. Nachweisbar verkleinerte sich zudem die Einkommensmittelschicht: Umfasste die »Mitte« in den 1980er Jahren recht stabil knapp zwei Drittel der (in Westdeutschland lebenden) Erwachsenen und ihre Kinder, waren es 1992 noch etwa 62

Prozent und 2006 nur noch gut die Hälfte (54,1 Prozent). Dieser Rückgang lässt sich überwiegend darauf zurückführen, dass Personen aus der Mittelschicht in die armutsgefährdeten Lagen (14,4 Prozent) abstiegen, nur 11,1 Prozent von ihnen schafften den Aufstieg in die privilegierten Ränge der oberen Schichten (Grabka/Frick 2008: 101–108).

Hinzu kommt eine wachsende Zahl von Personen, die weder in dauerhafter Armut noch in gesichertem Wohlstand leben. Sie bewegen sich auf einem so schmalen Grad, dass Schicksalsschläge wie Krankheit, Unfall, Scheidung oder Jobverlust sie von fremder Hilfe abhängig machen können (Hübinger 1996). Diesen Wohlstand auf Widerruf (prekärer Wohlstand) findet man nicht allein bei Menschen im Niedriglohnbereich, sondern vereinzelt auch bei Facharbeitern und Hochschulabsolventen. Insgesamt bewahrheitet sich das Bild der Zweidrittelgesellschaft: Zwei Drittel leben in relativ sicherer Integration, ein Drittel in gefährdeten und abgehängten Lagen (Bude 2008: 40).[4]

In weiten Teilen der Bevölkerung lässt sich die Wiederkehr eines dualistischen Gesellschaftsbildes beobachten, wonach die soziale Ordnung zunehmend durch tiefe Spaltungen und Gegensätze, durch Gewinner und Verlierer, durch »oben« und »unten« geprägt ist (Neugebauer 2007: 39). Diese Polarisierung steht im Widerspruch zu der Tatsache, dass sich die Mehrheit der Bevölkerung nach wie vor der Mitte zurechnet. Dennoch zeigen sich hier reale Entwicklungen. Die Eliten treten wieder sichtbar auf. Man bekennt sich zu ihnen und möchte am liebsten selbst dazugehören. Umso schärfer grenzt man sich von den Außenseitern und den Ausgeschlossenen ab. So entsteht beispielsweise im deutschen Hochschulwesen nach dem Vorbild amerikanischer Elite-Universitäten (Ivy Leage) ein Segment von Exzellenzuniversitäten, die sich als Forschungshochschulen etablieren und von Lehrhochschulen unterschieden werden sollen.

Immer mehr Erwerbstätige empfinden ihr Einkommen als ungerecht – ihr Anteil wuchs innerhalb von nur zwei Jahren von rund 26 Prozent (2005) auf rund 35 Prozent (2007). Vor allem bei den Beziehern mittlerer Einkommen verstärkte sich das Gefühl, ein viel zu niedriges Einkommen zu erhalten (Liebig/Schupp 2008: 434). Diese Tendenzen deuten darauf hin, dass soziale Konflikte sich aktuell nicht allein zwischen den Schichten, sondern auch innerhalb der gesellschaftlichen Mitte verschärfen (Münkler 2010: 57).

3. Das Ende der Mittelstandsgesellschaft? Globalisierung spaltet Binnengesellschaften

Die Bundesrepublik hat aufgehört, eine Mittelstandsgesellschaft im eigentlichen Sinne zu sein. So hat sich die Lebenssituation vieler Mittelschichtsbürger deutlich verschlechtert. Hinzu kommt, dass die Mittelschicht keinen nennenswerten Einfluss mehr auf die gesellschaftliche und wirtschaftliche Entwicklung des Landes hat, da es nicht mehr gelingt, das Kapital und seine Eigentümer zu domestizieren. Dies schlägt sich zum Beispiel im Bedeutungsverlust von Gewerkschaften und Volksparteien nieder. Ja, mehr noch: Die Mittelschicht wird durch die Globalisierung aus dem binnengesellschaftlichen Zentrum herausgelöst und in eine transnationale Ordnung eingegliedert, die durch globale Unternehmen und mobiles Kapital erzeugt wird.

Nun ist der Kapitalismus eine Gesellschaftsordnung, die von sich aus kein Maß und keine stabile normative Ordnung herausbildet. Diese muss von außen gegen die Dynamik des Kapitalismus und seine Tendenz, Traditionen und etablierte Strukturen zu untergraben, durchgesetzt werden. In der alten Bundesrepublik geschah dies durch einen beständigen Interessensausgleich zwischen dem Kapital, also den Eigentümern und Managern von Unternehmen, auf der einen Seite und den durch die Gewerkschaften vertretenen Interessen der Arbeitnehmer auf der anderen Seite. Die Ungleichheit (der Klassen, der Berufsgruppen und der Geschlechter) blieb bestehen, wurde aber abgefedert, der bisherige Platz innerhalb einer Hierarchie gestufter Rechte und Pflichten war gesichert (Vester 2010: 58f.).

Zudem gab es einen engen und direkten Zusammenhang zwischen dem Wohlergehen der Konzerne und dem der Bürger. Die großen Konzerne waren innerhalb der »Deutschland AG« Teil eines engen Geflechts von Unternehmen, Gewerkschaften und staatlicher Verantwortung. Mit wachsender Produktivität stiegen auch Löhne und Sozialleistungen und damit wiederum die Kaufkraft, wodurch die unternehmerischen Profite zunahmen. Die meisten Menschen kamen in den Genuss von mehr Sicherheit und Stabilität und eines größeren Anteils am Volkseinkommen als zu irgendeinem anderen, früheren oder späteren Zeitpunkt. Die realen Stundenlöhne stiegen bis Anfang der 1980er Jahre kontinuierlich.[5]

Dieses alte System wird nun durch ein völlig neues ersetzt. Die Internationalisierung von Märkten und der Wettbewerb zwischen Ländern mit unterschiedlichen Lohn- und Produktivitätsniveaus sowie Sozialstandards hat die internationale Konkurrenz entfacht. So wählte Deutschland den Weg des Exportweltmeisters, um im internationalen Wettbewerb konkurrenzfähig zu bleiben. Es bietet hochwertige Produkte zu günstigen Preisen am Weltmarkt an. Dazu wurden Löhne gekürzt und Arbeitskräfte eingespart. In der Folge sinkt der Wohlstand für zahlreiche Arbeitnehmergruppen innerhalb des Landes trotz steigender Produktivität deutscher Unternehmen.

Zwar halten Medien und Politiker nach wie vor daran fest, dass das Bruttosozialprodukt unmittelbar etwas über den Wohlstand der Nation aussagt. Insgesamt ist die deutsche Wirtschaft tatsächlich erheblich produktiver als vor zwanzig oder dreißig Jahren, doch viele Bundesbürger bekommen nichts ab von diesem größer werdenden Kuchen. Die Haushaltseinkommen wachsen nicht mit der Produktivität, die realen Stundenlöhne stagnieren und sinken in vielen Branchen sogar. Gleichzeitig steigt die Zahl der atypischen, also der durch Sozialleistungen und Einkommen nicht mehr hinreichend gesicherten Beschäftigten. In den »Normalarbeitsverhältnissen« werden ebenfalls Sozialleistungen wie Kündigungsschutz und Krankengeld zurückgeschraubt. Trotz eines steigenden Anteils an höher qualifizierten Arbeitnehmern[6] sank insgesamt der Anteil des Einkommens, das aus unselbstständiger Erwerbsarbeit erzielt worden ist, von 71,8 Prozent (2001) auf 64,8 Prozent (2007). Dagegen nahm der Anteil des Volkseinkommens, das aus Vermögen, selbstständiger Arbeit und Transfereinkommen erzielt wurde, in diesem Zeitraum von 28,2 auf 35,2 Prozent zu (Groeschel 2011: 56f.).

Unternehmen scheinen weitgehend das Interesse am Wohlergehen der Mittelschicht verloren zu haben. Damit ist kein böser, ja nicht einmal ein politischer Wille verbunden. Vielmehr hängen der unternehmerische Erfolg und die gesellschaftliche Prosperität objektiv nicht mehr so stark voneinander ab. Exportorientierte, deutsche Unternehmen sind nicht länger auf die Kaufkraft der Deutschen angewiesen, um große Profite zu erzielen. Gleichzeitig ziehen sie sich aus der Solidargemeinschaft teilweise zurück. Infrastruktur- und Bildungsvorzüge des eigenen Landes werden gerne genutzt, während Unternehmensteile in Länder mit niedrigeren Sozialstandards ausgelagert und dort billige Arbeitskräfte gesucht werden, um teure Sozialbeiträge einzusparen. Auf diese Weise geht es den Unternehmen immer besser, das Wohlstandsniveau des Landes bleibt aber gleich oder sinkt sogar. Zynisch formuliert könnte man sagen: Mit dem Niedergang der Massenproduktion büßte die Masse der Bevölkerung ihre Macht ein. Damit werden zugleich die bisher geltenden Leitbilder und Spielregeln entwertet. Die alte gesellschaftliche Ordnung der Bundesrepublik, die sich an Konsens, Normalität und Maßhalten orientierte, ist nicht mehr gefragt.

Die Stärke der Mittelschicht in der alten Bundesrepublik zeigte sich ja nicht nur im wachsenden Wohlstand, sondern auch in der erfolgreichen Durchsetzung einer offiziellen Kultur der Stabilität, der Balance und des Maßhaltens. Alles schien auf Normalität und Durchschnitt getrimmt – der Normallebenslauf, der Normalarbeitstag und der Normalbürger. »Das ist ja nicht normal«, sagte man, wenn man empört war über die Verrücktheiten der anderen. Denn das Bündnis der Normalen war größer als die Zahl derer, die man »die Verrückten« nannte (Steingart 2011: 27). In den 1970er Jahren wurde die Normalität dann zu etwas, vor dessen Hintergrund soziale Abweichungen von Andersdenkenden als *Fortschritt* betrachtet und *politisch eingefordert* werden konnten. Gerade weil die Gesellschaft stabil war, erlaubte sie sich den ausgiebigen Protest gegen das Bestehende. Gerade weil Bescheidenheit und Normalität die Gesellschaftsordnung der Bundesrepublik prägten, wurden die Abweichung, die Herauslösung und das Ausbrechen aus dem Käfig der Normalität für viele erstrebenswert. Diese Situation spiegelte sich auch im politischen Parteienspektrum wider: »Rechts« galt als konservativ, während die Linke auf Veränderung drängte.

Mit den wirtschaftlichen und politischen Veränderungen im Kontext der Globalisierung kehren sich nun diese Maßstäbe um. Die Kultur der Normalität und der Balance wird durch eine von offizieller Seite geförderte Kultur der Flexibilität und der Aktivierung abgelöst. Heute zählen »Eigenverantwortung« und Initiative. Die breite Mittelschicht soll sich nicht länger selbstgenügsam im Bestehenden einrichten, sondern sich freiwillig dynamischen Entwicklungen anpassen. Da das moderne Berufsleben vielfach von unmessbaren Aktivitäten, wie z.B. »Auftreten«, Kreativität, Initiative oder Teamfähigkeit, beherrscht wird, die nicht mehr auf Leistungen basieren, zählt in vielen Bereichen nur noch der Erfolg. Dieser rechtfertigt oft jede Art von Einkommen, ist aber nicht notwendig an Leistung gekoppelt (Neckel 2008). So zählt nicht mehr, wie viel Zeit und Mühe jemand in eine Arbeit investiert, sondern nur noch, ob die entsprechende Tätigkeit zum Ziel führt. Das alte Rahmenwerk der Leistungsgerechtigkeit gerät in Verruf. Wenn zunehmend nur noch das Ergebnis interessiert, unabhängig davon, wie es zustande gekommen ist, entsteht der Eindruck, dass man trotz harter Arbeit nicht vorankommt oder sogar auf die Verliererseite gerät.

Hinsichtlich der Zeitorientierung drehen sich ebenfalls die offiziellen Normen um. Wandel, Überschreitung, Beschleunigung werden zur Regel, Stabilität hingegen zur kostbaren Ausnahme. Flexibilität heißt das neue Maß aller Dinge. Verschwunden sind der Normalbürger, die Normalbiografie und der Normalarbeitstag wie auch der normale Arbeitnehmer und der Durchschnitts-Konsument (Ottonormalverbraucher). Standardisierte Beschäftigungsverhältnisse und Massenproduktion werden durch flexible Produktions- und Beschäftigungsmuster ersetzt. Großunternehmen werden zu »Wertschöpfungsketten«, deren Standorte oft über den gesamten Globus verteilt sind. Damit verliert die Mittelschicht auch in moralischer Hinsicht an Bedeutung. Ihre Wertschätzung von »Normalität« bildet nicht mehr den Maßstab, an dem sich auch die anderen orientieren. Übrig bleibt eine Pluralität von Normalitäten, Beschäftigungsverhältnissen und Konsumstilen.

Einiges spricht jedoch dafür, dass trotz der offiziell geforderten Flexibilität, Eigenverantwortung und Risikokompetenz in der Mitte das Sicherheitsbedürfnis eher wächst: Anders als in den 1980er und frühen 1990er Jahren werden die »postmoderne Vielfalt« und die mit der Beschleunigung einhergehende Auflösung von Normalitäten heute von den meisten Menschen nicht als Fortschritt, sondern als Bedrohung und als Verfall einer guten alten Ordnung empfunden (Sennett 2000; Link 1999: 387; Baumann 2009: 51f.). Selbst die Parteien im linken Spektrum geben sich heute nicht mehr progressiv, da sie kein Leitbild, kein Modell, von einer zukünftigen gerechten Ordnung besitzen. Deshalb befindet sich die politische Linke in einer Krise. In dem Maße, wie das gesellschaftlich destruktive Potenzial der Globalisierung sichtbar wird, kann die Linke nicht mehr als Partei des Fortschritts auftreten. Sie begreift sich nun als letztes Bollwerk gegen den Abbau des Sozialstaats. Oder wie Herfried Münkler (2010: 53) formuliert: »Die großen Erzählungen vom Aufbruch in eine neue Zeit, von Revolution und Fortschritt, sind dahin, und mit deren Verschwinden ist auch die Linke konservativ geworden.«

Empirische Befunde sprechen ebenfalls für die Hinwendung zu konservativen Werten. So gaben in einer Allensbach-Studie 79 Prozent der Befragten an, dass sie ein sicheres Leben in bescheidenem Wohlstand einem Leben mit Risiken, aber großen Chancen vorziehen. Diese Sicherheitsorientierung nimmt mit dem Alter zu. Doch selbst bei den unter 30-Jährigen begnügen sich 68 Prozent lieber mit bescheidenem Wohlstand, während sich lediglich 17 Prozent als risikofreudig beschreiben (Mau 2012: 100).

Die Deutschen scheinen sich nach Stabilität zu sehnen und zugleich an die Rückkehr der Wohlstandsjahre zu glauben. Wohl deshalb verzichten sie trotz gravierender Ungleichheiten, sinkender Reallöhne und unsicherer Erwerbslaufbahnen auf Protest und Widerstand. So können diejenigen, die aktuell in Leiharbeit, geringfügig oder unterwertig beschäftigt sind, immerhin auf baldige Festanstellung im »Normalarbeitsverhältnis« hoffen. Der Glaube an die Wiederkehr des »Wirtschaftswunders« wird von den großen Volksparteien durch Erfolgsmeldungen zu

Wirtschaftswachstum und Wirtschaftsleistung der Deutschen bewusst genährt. Volksvertreter mahnen zum vorläufigen Verzicht im Dienste des Zusammenhalts der Nation. Diskret wird verschwiegen, dass der Wohlstand der Unternehmen mit dem Wohlstand der Nation nicht mehr grundsätzlich verwachsen ist und der Vorteil der einen zum Nachteil der anderen gereicht.

Die Mitte hat aufgehört, moralischer Maßstab, gesellschaftlicher Ordnungsgeber und sozialer Aufstiegsmotor zu sein. Ging es einst darum, die Mitte zu stärken, damit die Gesellschaft nicht – wie etwa in der Weimarer Republik – von ihren Extremen unterlaufen werden kann (Münkler 2010: 75), und die zentrifugalen Kräfte zu bändigen (Vogel 2010), so wird ihre gesellschaftliche und moralische Bedeutung heute eingeschränkt. Die Spitzen, das Außergewöhnliche und Herausragende, gewinnen an Bedeutung. Risikokompetenz und -bereitschaft werden als eine Art Jungbrunnen betrachtet, der eine dynamische Anpassung der Gesellschaft an die Entwicklungen der globalen Welt gewährleisten soll.

Der Preis dafür ist eine stärkere Fragmentierung der Gesellschaft: Die Eliten treten aus ihrer mittelständischen Unauffälligkeit hervor und bekennen sich heute wieder zu ihrem Führungsanspruch, während die Unterschichten aufgehört haben, an ihren sozialen Aufstieg zu glauben und sich den Werten und Tugenden der Mitte nicht mehr verpflichtet fühlen.

Was wird dann aus der Mittelschicht? Hier lassen sich zwei gegensätzliche Strategien erkennen. Verunsicherungen werden im modernen Bürgertum, dessen Vertreter über akademische Bildung und gute materielle Ressourcen verfügen und meist berufliche Führungspositionen innehaben, mit Sicherheitsbestrebungen und Selbstabschließung beantwortet. Das moderne Kleinbürgertum, das sich in Anlehnung an Bourdieu (1982: 561f.) den weniger etablierten Wissens-, Verkaufs- und Kulturberufen mit unterbrochenen Laufbahnen zuordnen lässt, reagiert dagegen im Sinne der Übernahme der offiziellen Moral, also mit der steten Verjüngung durch Flexibilität, Eigeninitiative und Risikokompetenz – häufig allerdings um den Preis der Selbstschädigung.

Kapitel 2

Selbstbehauptung in der gefährdeten Mitte: Drei Milieus im Umbruch

Offensichtlich fühlt sich die Mittelschicht durch die neueren Entwicklungen gefährdet. Die Mehrheit der Deutschen findet, man lebe heute in einer besonders unsicheren Zeit, die langfristige Planungen erschwert (Köcher 2012). So äußerten in einer Repräsentativbefragung der Friedrich-Ebert-Stiftung 63 Prozent der Befragten, dass ihnen die gesellschaftlichen Verhältnisse Angst machten, 59 Prozent gaben an, sich finanziell einschränken zu müssen und 71 Prozent glaubten, dass die Gesellschaft immer weiter auseinandertreibt (Neugebauer 2007).[7]

Wenn man allerdings harte Kriterien von Armut anlegt, sind weite Teile der Mittelschicht gar nicht ernsthaft bedroht, sondern haben es im Gegenteil erstaunlich gut vermocht, Gefährdungen von sich fernzuhalten und auf die »ganz unten« abzuwälzen.[8] Wohlstandssorgen und Abstiegsängste gibt es daher nicht nur bei denen, die tatsächlich vom Abstieg bedroht sind. Holger Lengfeld und Jochen Hirschle (2009: 383) sprechen sogar von einem allgemeinen »Fahrstuhleffekt« der Unsicherheit, wonach die Abstiegsangst von den unteren Schichten auf die mittleren Schichten übertragen wird. Im Widerspruch zu den Abstiegssorgen steht jedoch, dass viele der vermeintlich bedrohten Gruppen ihren Status nicht nur sehr erfolgreich sichern, sondern ihren Vorsprung gegenüber anderen Klassenlagen teilweise sogar ausbauen konnten (Kraemer 2010). Dennoch lassen sich selbst Menschen in privilegierten Lagen von Ängsten anstecken, etwa wenn behauptet wird, dass angeblich besonders häufig Akademiker vom Abstieg betroffen sein sollen. Zwar haben auch Akademiker, vor allem in den geistes- und sozialwissenschaftlichen Berufsfeldern, Einkommens- und Statuseinbußen hinnehmen müssen. Doch sind Akademiker eher seltener arbeitslos und erzielen in der Regel auch höhere Durchschnittsgehälter (Allmendinger/Schreyer 2005). Unsicherheiten und Ängste müssen also nicht mit tatsächlichen Gefährdungen einhergehen.[9]

Deshalb ist zwischen der allgemeinen Stimmung und der Einschätzung der eigenen Situation genau zu unterscheiden: Viele haben zwar Angst vor dem Abstieg – aber abgestiegen sind immer nur die anderen. Ein guter Indikator für den gefühlten sozialen Auf- oder Abstieg ist die Bewertung des eigenen Lebensstandards: Während 34 Prozent der in einer repräsentativen Studie der Friedrich-Ebert-Stiftung Befragten angeben, dass sich ihr Lebensstandard in den letzten Jahren deutlich verbessert hat, sagen 46 Prozent, dieser habe sich bei ihnen verschlechtert, für 20 Prozent der Befragten blieb er konstant (Neugebauer 2007: 39). Am Zugehörigkeitsgefühl der Deutschen zur Mittelschicht hat sich trotz der geäußerten Abstiegsängste nichts geändert, wie Umfragen zeigen: Obwohl die Mitte statistisch schrumpft, verorten sich fast alle dazugehörigen Personen weiterhin in der Mittelschicht (Allmendinger/Puschmann/Hellbig 2008). Deutet man die Gesamtsituation, so muss das Fazit lauten: Stabilität in der Mitte und Gefährdung an den Rändern. Denn Armut, Arbeitslosigkeit und Abstieg konzentrieren sich mehr denn je in den unterprivilegierten Schichten.[10]

Wenn aber die Gefährdung des Sozialstatus für die meisten Angehörigen der Mittelschicht objektiv gering ist – woher stammen dann die Ängste und Unsicherheiten? Viele der Ängste lassen sich darauf zurückführen, dass die Mittelschicht ihren »ständischen« Charakter eingebüßt hat. Eingezwängt zwischen dem mächtiger werdenden transnationalen Kapital und dem auf Niedriglohnniveau abgesenkten Proletariat erfahren die »Normalbürger« heute häufig eine neue, durch keinen Sozialstaat abgepufferte Unmittelbarkeit zwischen Ökonomie und Persönlichkeit. Gesellschaftliche Teilhabe, Wohlfahrt und Aufstiegsoptionen sind nun keine Selbstverständlichkeiten mehr, sondern werden zu Lebensgütern, die erkämpft werden müssen. Zudem ist es unter Bedingungen beschleunigten Wandels kaum mehr möglich, den ausgetretenen Pfaden des »Normallebenslaufs« zu folgen. Biografien sind unvorhersehbar geworden. Aus den institutionellen Halterungen und Traditionen der Industriemoderne gelöst, ist die Mittelschicht heute dazu angehalten, neue Strategien zu entwickeln, um bei der Sicherung von Privilegien und Status nicht zurückzufallen. Die Mittelschicht ist auch gesamtgesellschaftlich betrachtet nicht mehr die tonangebende Klasse, die zwischen den unteren und den oberen Schichten vermittelt. Maßgeblich sind heute wieder die »Eliten« und für viele scheint es nur eine Frage der Zeit zu sein, bis »der Durchschnitt« ausrangiert wird.

1. Gefühlt die Kontrolle über das eigene Schicksal verlieren: Vier Hinweise

Was die Akteure in der Mittelschicht beunruhigt, ist also weniger ein akuter Status- oder Einkommensverlust als die Auflösung altbekannter Normalitäten und Rituale. Sahen die alten Spielregeln vor, dass jeder, der entsprechende Anstrengungen an den Tag legt, auch ein Teilhaberecht an Wohlstand und Aufstieg erwirbt, so erweisen sich Erfolgsordnungen heute eher als willkürlich. Unterschiedliche Hinweise deuten darauf hin:

Der erste Hinweis betrifft die Ausweitung von Projektarbeit. In der Arbeitswelt der alten Bundesrepublik galt das Normalarbeitsverhältnis als das gesellschaftliche Maß der Arbeit und der Arbeitnehmer als Leitfigur der Mittelschicht. Das Normalarbeitsverhältnis war auf eine allgemein geltende Wochenarbeitszeit angelegt, tendenziell unbefristet und rechtlich abgesichert. Es schuf den Normallebenslauf, bestehend aus einer festen Abfolge dreier Phasen – Ausbildung, Erwerbsarbeit und Rentenalter (Kohli 1985). Mit der Projektarbeit ist dieses Maß der Arbeit und die Dreiteilung eines »normalen Lebens« in die Krise geraten. Ausbildungsphasen werden immer länger und nach Abschluss eines Studiums folgt oft nicht die feste Stelle, sondern ein Praktikum. Das eigentliche Erwerbsleben beginnt dann häufig mit dem ersten, zeitlich befristeten »Projekt«. Die Beschäftigten haben allerdings keinen Anspruch darauf, danach in ein neues Projekt übernommen zu werden. Nichtsdestotrotz wird von ihnen erwartet, Engagement und Begeisterungsfähigkeit zu zeigen und bis an ihre Grenzen zu gehen. Es gilt die Devise des lebenslangen Lernens – ohne Sicherheits-, Status- oder Einkommensgarantien.

Die Ökonomie des Sich-Abstrampelns greift auf alle Lebensbereiche über und liefert jeden Einzelnen den marktförmigen Erfolgs- und Konkurrenzbedingungen aus.[11] Er sieht sich einem Bündel von Fragen gegenüber: Nach welchen Prinzipien wird über Auf- und Abstiege entschieden, warum werden bestimmte Mitarbeiter entlassen und andere nicht, und welche Regeln müssen befolgt werden, um »drin« zu bleiben? Wer hat am Arbeitsplatz das Sagen und wer »läuft nur mit«? Wo geht es um Konkurrenz, wo zahlt sich Kooperation aus, und wo entscheidet einfach der oder die Vorgesetzte? Ist es hinzunehmen, dass Akteure in Politik, Wirtschaft und Wissenschaft »kooperative« Teamarbeit unter dem Deckmantel demokratischer Verfahrensweisen nutzen, um vor allem eigene Interessen durchzusetzen?

Bedrohlich für das Ethos von »Mitte und Maß« (Münkler 2010) ist die Projektlogik auch deshalb, weil in ihr immer häufiger Zufälle über das berufliche Weiterkommen entscheiden. Darauf weist auch der zweite Hinweis hin: Neue *Ungleichheitsmuster* setzen sich durch, in denen wenige Gewinner sich fast alles aneignen, während die Mehrheit leer ausgeht. Robert Frank und Phillip Cook (1996) nannten diese neuen Erfolgsordnungen Winner-Take-All-Märkte. Danach räumen die so genannten Top-Performer den Löwenanteil der Gewinne ab, während für die anderen häufig nur ein kleiner Rest bleibt. Diese Ungleichheitsstruktur lässt sich mittlerweile nicht nur im Profi-Sport, bei den Kreativen in Medien und Kultur und in den Unterhaltungsindustrien (Oper, Popmusik, Bestsellerautoren) beobachten, selbst Wissenschaftler, Rechtsanwälte, Architekten und Universitäten sind davon berührt. Hier profilieren sich international renommierte Spitzenleute, die von Spitzenuniversitäten teuer eingekauft werden. In diesen Berufsfeldern produzieren sich Stars, die den Rahm abschöpfen. An deutschen Universitäten macht sich diese Struktur ebenfalls bemerkbar: Einige wenige Universitäten werden mit Mitteln aus den Exzellenzinitiativen überhäuft, während dem Rest der Universitäten droht, auf Lehrbetriebe umgestellt zu werden.

Der dritte Hinweis ergibt sich aus der empfundenen Gefährdung der eigenen Statusposition durch die aufbrechenden Auseinandersetzungen um Bildungs-, Sicherheits- und Gesundheitsprivilegien (Bude 2010). Der Zuwachs an Privatschulen und privaten Sicherheitsdiensten sowie die Notwendigkeit zur privaten Alters- und Gesundheitsvorsorge legen die Vorstellung nahe, dass es gezielter Strategien und umfassender Investitionen bedarf, um das einmal erreichte Wohlstands- und Sicherheitsniveau zu halten. Viele fragen sich, wie sie ihre gesellschaftliche Stellung in der Generationenfolge aufrechterhalten können. Was muss man tun, um den eigenen Kindern eine fördernde Umwelt zu bieten, um selbst fit und attraktiv zu bleiben? Und nicht zuletzt: Ist man überhaupt in der Lage, den erreichten Status der Familie in der Generationenfolge zu sichern? Oder vielleicht sogar auszubauen?

Ein vierter Hinweis manifestiert sich im Wandel der sozialmoralischen Orientierungen in der Mittelschicht. Nicht mehr von den Eliten möchte man sich heute abgrenzen, sondern von den Außenseitern und Unterprivilegierten. Eliteuniversitäten, Eliteschulen und Elitekindergärten werden immer populärer. In den Großstädten entstehen zahlreiche Clubs, die für ihre zahlenden Mitglieder Statuspolitik mittels institutioneller Pflege vermeintlich »nützlicher« Verbindungen betreiben. Auch das Arbeitsleben wird von ähnlichen Schließungs- und Spaltungstendenzen durchzogen. In vielen großen Traditionsunternehmen möchten sich die festangestellten Facharbeiter und Ingenieure, die sich als die Dazugehörigen betrachten, in Kleidung, Aufgabenbereichen und Stellung deutlich von den Kollegen aus der Leiharbeit abgrenzen. Für letztere ist dies umso kränkender, weil sie oft zuvor selbst noch zu den Etablierten gehörten und erst nachträglich zu »Außenseitern« herabgestuft worden sind.

Noch deutlicher zeigt sich der Trend zu Abgrenzung und Ausgrenzung in der Leserschaft der Streitschrift Sarrazins *Deutschland schafft sich ab,* die sich mit den Folgen befasst, die sich seiner Ansicht nach für Deutschland aus dem Geburtenrückgang, einer wachsenden Unterschicht und der Zuwanderung aus überwiegend muslimischen Ländern ergeben könnten. Die Streitschrift gehört heute schon zu den meistverkauften Sachbüchern (im Januar 2012 waren es bereits 1,5 Millionen Exemplare). Sarrazin prognostiziert die abnehmende Produktivität und Leistungsfähigkeit Deutschlands, da überdurchschnittlich viele Kinder in bildungsfernen Schichten mit vermeintlich unterdurchschnittlicher Intelligenz aufwüchsen. Auch sieht Sarrazin in erster Linie Erbfaktoren als Ursache für das Versagen türkischer Migranten im Schulsystem. Eine von der Gesellschaft für Konsumforschung durchgeführte repräsentative Studie zur Käuferschaft der Schrift stellt fest, dass gerade nicht die Arbeiterschicht oder die Menschen in so genannter »einfacher Lage« das Buch gekauft haben, sondern in erster Linie die Besserverdienenden und Menschen mit überdurchschnittlicher Bildung (Kniebe 2011). Zu den Käufern gehören mehr Männer als Frauen, die über 60-Jährigen sind überproportional vertreten, ebenso die Altersgruppen der 20- bis 29-Jährigen, die sich am Berufsstart befinden. Vor allem Aufsteiger und Leistungsorientierte finden sich unter der Käuferschaft. Denn die Mehrheit (74 Prozent) gibt an, dass »in meinem Leben beruflicher Erfolg an erster Stelle« steht. Die Aussage »Ich gehe gerne Risiken ein« wird hingegen von 60 Prozent der Sarrazin-Leser verneint. Es handelt sich bei diesen Menschen also um ein Publikum, das der gehobenen Mittelschicht angehört.

Diese Beispiele zeigen, dass es Irritationen in der gesellschaftlichen Ordnung gibt, die auch die Mittelschicht verunsichern. Bisher geltende Normalitäten und Erwartungen schmelzen dahin, Aufstiegshoffnungen schwinden. Das Unverfügbare, das nicht Vorhersehbare und Unkontrollierbare wird für immer mehr Menschen zum Problem. Es prägt ein völlig neues Lebensgefühl. In der alten Bundesrepublik fragten sich die nachwachsenden Generationen, wie sie gegen die Übermacht des alltäglichen Mittelmaßes ein Stück Selbstverwirklichung und Einzigartigkeit behaupten können. Heute hingegen überwiegt die bange Erkenntnis von Pierre Bourdieu (1998), dass es eines Halts in der Gegenwart bedarf, um die Zukunft zu gestalten. Und für viele ist dieser Halt in der einen oder anderen Form – also in sozialer oder psychologischer Hinsicht – unsicher geworden, da das Regime der Flexibilität alle gesellschaftlichen Institutionen durchdringt und die Welt sich in einem atemberaubenden Tempo wandelt. Fast nichts mehr besteht auf Dauer und niemand weiß, welches Ereignis das globale Kräftegleichgewicht der Nationen, Währungen und Finanzmärkte als nächstes herausfordert. Wird die Welt, wie wir sie heute kennen, in zwanzig Jahren noch bestehen?

2. Sozialmilieus im Umbruch: Selbstbehauptung in den Mittellagen

Auf welche Weise versucht sich die Mittelschicht unter diesen Bedingungen zu behaupten? Wie passen sich die Einzelnen den neuen Spielregeln an? Nicht alle sozialen Gruppen aus der Mittelschicht sind negativ von den Veränderungen betroffen. Während es einigen Gruppen sehr gut gelingt, ihre Privilegien zu erhalten, müssen manche große Anstrengungen unternehmen, um im Spiel zu bleiben. Andere wiederum finden sich plötzlich von jeglicher sozialen Teilhabe ausgeschlossen.

Beschleunigter Wandel hat zu allen Zeiten Verwerfungen im Statusgefüge von Klassengesellschaften nach sich gezogen. Pierre Bourdieu (1982: 210) untersuchte in seinem epochalen Werk *Die feinen Unterschiede,* welche gesellschaftlichen Gruppen von den Veränderungen in Bildung, Beruf und Sozialstruktur in der Phase der Bildungsexpansion seit den 1960er Jahren profitierten. Nach Bourdieu waren es vor allem die bildungsorientierten, modernen Fraktionen des Bürgertums und des Kleinbürgertums, die neue Berufsfelder erobern konnten. Dadurch entstanden für die Besitzer von hohen Anteilen an kulturellem Kapital, also an Wissen und Bildung, neue Aufstiegsmöglichkeiten. Seit den 1990er Jahren werden genau diese Aufstiegsoptionen gekappt zugunsten der Besitzer von ökonomischem Kapital. Insbesondere die nachkommenden Generationen und unteren Einkommensschichten haben heute kaum noch Aufstiegschancen. Massive Umverteilungsprozesse gesellschaftlicher Reichtümer, die den Besitzern von Vermögen zugutekommen, beeinträchtigen den Glauben an soziale Gerechtigkeit.

Die Angst vor dem Abrutschen, die auch auf relativ privilegierte Lagen übergesprungen ist, zieht unterschiedliche Bewältigungsstrategien nach sich. Für die mittleren Generationen der etablierten, meist akademisch gebildeten Mittelschicht, deren Aufstieg durch den Wohlfahrtsstaat flankiert wurde, stellt sich heute vor allem die Frage des Statuserhalts. Soziale Gruppen in weniger gefestigten Positionen, beispielsweise die in den Kultur- und Medienindustrien Beschäftigten, befinden sich dagegen in einem oft wenig aussichtsreichen Kampf um Anpassung und »Selbstoptimierung«. Auf überholte Lebensformen und Einstellungen beharren vor allem traditionelle Milieus, wie die abstiegsgefährdeten Facharbeiter (Kreher 2007) und Führungskräfte (Leibovici-Mühlenberger 2012).

Im Folgenden sollen drei Reaktionen auf Gefährdungsgefühle näher dargestellt werden: Die in der etablierten Mittelschicht (modernes Bürgertum) zu beobachtende *Logik des Erbes*, die im modernen Kleinbürgertum gewählte Strategie der *Selbstoptimierung* sowie die in den Milieus der abstiegsgefährdeten Facharbeiter und der männlichen Führungskräfte vorherrschende *Reaktion der Beharrung.*

3. Die Logik des Erbes: Privatisierungsstrategien innerhalb des modernen Bürgertums

Das moderne Bürgertum ist von allen sozialen Gruppen in der Mittelschicht am deutlichsten daran interessiert, die bestehende Gesellschaftsordnung zu erhalten. Nachdem das persönliche Fortkommen bereits gesichert wurde, konzentrieren sich nun alle Energien auf die Weitergabe des Erreichten an die nächste Generation, also die Lebenschancen zu vererben. Das moderne Bürgertum verfügt über höhere Bildungsabschlüsse (Abitur oder Hochschulabschluss), kann diese profitabel im Berufsleben verwerten, lebt überwiegend in urbanen Zentren und hat in den letzten Jahren den Sinn für Familie und Traditionen wiederentdeckt. Der Verbürgerlichung liegt keine bewusste Strategie der Ausgrenzung zugrunde, vielmehr sorgen hohe Mieten und exklusive Bildungseinrichtungen wie von selbst dafür, dass man unter sich bleibt. Dies hindert keineswegs daran, sich moralischen Grundsätzen wie Toleranz, Nachhaltigkeit und sozialer Gerechtigkeit verpflichtet zu fühlen und aufrichtig an deren Realisierung zu glauben.

Gemäß der Studie der Friedrich-Ebert-Stiftung (Neugebauer 2007: 71ff.) findet sich vor allem in den Milieus der etablierten Leistungsträger (15 Prozent der Bevölkerung), der kritischen Bildungseliten (9 Prozent der Bevölkerung) und des engagierten Bürgertums (10 Prozent der Bevölkerung) eine Affinität zu bürgerlichen Werten im oben genannten Sinne. Diese drei Milieus verfügen über einen überdurchschnittlichen Bildungs- und Berufsstatus, haben ein stark ausgeprägtes Sicherheitsgefühl, interessieren sich für politische und gesellschaftliche Fragen und richten ihr Leben erklärterweise an Konventionen und bürgerlichen Werten aus. Auch der Glaube spielt bei einem gewissen Teil des engagierten Bürgertums und vor allem der etablierten Leistungsträger zunehmend eine Rolle. Diese Milieus lassen sich somit zurecht dem Mentalitätstypus der neuen Bürgerlichkeit zuordnen. Zwar verfügt das Milieu der kritischen Bildungseliten, dem vergleichsweise viele 18- bis 34-Jährige und ein hoher Anteil an Schülern und Studenten mehrheitlich aus großstädtischen Milieus angehören, noch am ehesten über Reste »alternativer« Lebensführung. Sie orientieren sich an Werten der Selbstverwirklichung, der kreativen Persönlichkeitsentwicklung und an postmateriellen Werten (Neugebauer 2007: 73f.). Doch zeigt sich hier auch verstärkt ein Hang zu bürgerlichen Orientierungs- und Mentalitätsmustern: Familiengründung und finanzielle Sicherheit spielen heute eine größere Rolle als noch vor zwanzig Jahren.

Mit einer Rückkehr des politischen Konservativen hat diese, dem Milieu der kritischen Bildungseliten entstammende, neue Bürgerlichkeit häufig gar nichts zu tun. Wie Beobachtungen und Studien zu »Szenevierteln« wie dem Schanzenviertel in Hamburg oder Prenzlauer Berg und Kreuzberg in Berlin zeigen, vollziehen sich die kleinen bourgeoisen Metamorphosen oft in gemäßigten, sich ehemals als »links« verstehenden Milieus. Statt Ostermärschen kultiviert man heute Kirchenbesuche. Vermögen und Besitz sind nicht mehr anstößig. Die intakte Kleinfamilie wird zum höchsten Ideal der Lebensführung erklärt – politische Gesellschaftsbilder sind auf dem Rückzug. Viele, auch akademisch gebildete, Frauen distanzieren sich vom Feminismus der 1970er und 1980er Jahre und halten beruflichen Erfolg, die Vereinbarkeit von Familie und Beruf sowie Familiengründung für ihre Privatsache, wenigstens solange ihre Ehe Bestand hat. Die Reste alternativen Lebens – Ideale wie Kreativität, Autonomie, Selbstverwirklichung und Authentizität – wandern in die Sphäre des Konsums. Man leistet sich biologisch angebaute Nahrungsmittel, den Fußboden aus Terrakotta, das teure Holzspielzeug für die Kinder und den Yogakurs zur Entspannung. Hier verschieben sich die gesellschaftlichen Orientierungsmarken vom Selbstverwirklichungs-Individualismus der 1970er und 1980er Jahre hin zu bürgerlichen Traditionen und Familiensinn.

Wenn heute Anleihen an bürgerliche Traditionen genommen werden, dann entspricht dem keine spezifische Lebensweise mehr. Die Bürgerlichkeit von heute wird nicht durch eine Sozialformation »Bürgertum« getragen, sie ist eher – vergleichbar mit dem alternativen Lebensstil von einst – eine zur Mentalität verdichtete lebensweltliche Bastelarbeit, ein ideologisches Sammelbecken für ganz unterschiedliche Sicherheitsbedürfnisse und Identitätsprojekte. Da Flexibilisierungen auch in die gebildeten Schichten eindringen, soll die inszenierte schützende Bürgerlichkeit ausgleichend wirken (Rehberg 2010: 66). Die Aufsteiger aus der 68er-Generation und der Generation der sozialen Bewegungen richteten sich in bürgerlichen Lebensformen ein. Neue Ansprüche auf Beteiligung verbinden sich in ihren kulturellen Ausdrucksformen meist mit Rückgriffen auf vormals legitime Muster der Statussymbolisierung. Dies zeigt etwa die Nachahmung der Aristokratie durch das Bürgertum seit der frühen Neuzeit oder die Verbürgerlichungstendenzen der Arbeiterschaft im 20. Jahrhundert (ebd.: 58). Die nostalgische Rückwendung auf bürgerliche Werte erfolgt in der Gegenwart häufiger durch bewusste Anleihen an bürgerliche Traditionen und Rituale. Dem gesellschaftlichen Wandel und der Zersetzung von Traditionen und Institutionen soll ein sakraler Kern entgegengehalten werden.

Mindestens drei Spielarten der neuen Bürgerlichkeit lassen sich derzeit unterscheiden. Erstens: das aus der Alternativkultur aufgestiegene, oben bereits skizzierte urbane, meist grün wählende (Walter 2010), *linksliberale Ökobürgertum*, das die Sphären von Arbeit und Konsum nach Gesichtspunkten von Subjektivität, Kreativität und ökologischem Bewusstsein umgestaltet hat und zum wichtigsten Träger der postindustriellen, zunehmend immateriellen, zum Teil virtuellen Ökonomie geworden ist. Zweitens: das eher in mittelgroßen Städten angesiedelte, häufig elitär gestimmte *Bildungsbürgertum,* das den sakralen Kern von Bildung und Wissenschaft gegen die Spielregeln des flexiblen Kapitalismus verteidigt und dabei häufig Anleihen bei bürgerlichen Traditionen nimmt (die nostalgische Pflege von Hausmusik, Salonkultur und Standardtänzen gehört in dieses Milieu). Drittens: das reflexiv *wertkonservative Bürgertum*, das Familiensinn und Traditionen in einer Zeit der Zunahme von Scheidungen und der »Zersetzung« von Gemeinschaften und Generationsbindungen geltend macht. In den letzten Jahren wurde diese Spielart häufiger auch von konservativen Bildungseliten öffentlich diskutiert. Hier wird beispielsweise der Typ eines Bürgers begründet, der formal höher qualifiziert und kulturell gebildet ist, ökonomisch selbstständig sein kann, eigenverantwortlich handelt und sich an Familie sowie anderen traditionellen Werten orientiert (Nolte 2005).

Zu den hier gemeinten Gruppen gehören meist höher qualifizierte Beamte und Angestellte, Ärzte, Rechtsanwälte, Professoren, Selbstständige mit kleinen Firmen und Freiberufler (Weischer 2010). Ihnen gelingt es bislang, ihren relativen sozialen Vorsprung zu sichern.[12] Dennoch fühlen sie sich durch die neueren gesellschaftlichen Entwicklungen bedroht. Für sie, die oft selbst soziale Aufsteiger sind, stellt sich die drängende Frage, ob sie den einmal erreichten gesellschaftlichen Status in der Generationsfolge erhalten können. Hierbei geht es vor allem um die Bildung und Erziehung der Kinder, aber auch um die Wahl der »richtigen« Nachbarschaft. Junge Paare ziehen gerne aus Stadtvierteln mit hohen Anteilen an einkommensschwachen Familien und Familien mit Migrationshintergrund in bürgerliche Wohngegenden, sobald sich Nachwuchs ankündigt. Nach den Ursachen gefragt, wird regelmäßig mit dem Wohl des Kindes argumentiert. Es findet ein Wettlauf um die besten Startchancen der Kinder statt, der sich am Thema Schule entzündet. Der Markt der freien Schulen expandiert. Im Jahre 2007 besuchten 7,8 Prozent der Schüler eine Privatschule, im Jahr 2009 waren es bereits 8,8 Prozent.[13] Privatschulen bieten nicht unbedingt eine bessere Ausbildung als staatliche Einrichtungen, doch sie stiften exklusive Kontakte und Netzwerke, denn die obere Mittelschicht bleibt hier gleichsam unter sich.

Sicherheit, Gesundheit und Vermögen geraten ebenfalls verstärkt in den Sog sozialer Statuskämpfe. Die Brisanz dieser Situation zeigt sich etwa bei Themen der privaten Altersvorsorge, der Vermögensbildung und der Gesundheitsvorsorge. Diese Bereiche werden nicht mehr der staatlichen Fürsorge überlassen, sondern erfordern heute nach Meinung vieler private Anstrengungen (Bude 2010). Um die gesellschaftliche Position zu erhalten, müssen Bereiche sozialer Exklusivität gesichert werden, seien es exklusive Bildungszertifikate, exklusive Schulen, exklusive Finanzanlagen, exklusive Gesundheitsvorsorge oder Alterssicherungen. Soziale Sicherheit und Wohlstand scheinen nicht mehr für alle möglich. Der Widerspruch zwischen der Vorstellung, in einer sozialen Klassengesellschaft zu leben, und dem Wunsch, selbst zu den aufstrebenden Schichten zu gehören, führt vermehrt zu Abgrenzungsbestrebungen. Zwar wurde auch in den Wohlstandsjahren der Bundesrepublik um soziale Unterscheidungen und Lebenschancen gerungen. Neu ist jedoch, dass es in diesem Kampf heute wieder ums Ganze geht. Soziale Grenzen werden nicht mehr in erster Linie durch die subtilen Verhaltenskodes der »feinen Unterschiede« von Geschmack und Lebensstil, sondern durch die Schulbildung und die Zukunft der Kinder markiert. Auch wird soziale Exklusivität, Besitz und Bildung nur noch halbherzig durch Lippenbekenntnisse zu demokratischen Idealen der Gleichheit und Solidarität maskiert. Das Mentalitätsmuster der neuen Bürgerlichkeit trägt dadurch ungewollt dazu bei, die Ungleichheiten zu vertiefen.

Gleichzeitig werden erworbene Privilegien gegenüber »Außenseitern« vehement verteidigt. Und obwohl höhere Bildungsabschlüsse den Zugang zu attraktiven Stellen im Beschäftigungssystem nicht länger garantieren,[14] nehmen die für qualifizierte Positionen erforderlichen Bildungsanstrengungen zu. Offenkundig ist auch, dass die aktuellen Entwicklungen und die auf Statuserhalt gerichteten Anpassungsstrategien die Klassenungleichheiten tendenziell verstärken. Dies gilt auch in den mittleren Lagen, in denen sich vermehrt Schließungsmechanismen gegenüber Randlagen und gegenüber den nächstunteren Schichten abzeichnen.

4. Die Strategie der Selbstoptimierung: Der moderne Kleinbürger als »reflexiver Mitspieler«

Die Strategie der Selbstoptimierung ist auf das individuelle Fortkommen gerichtet. Hierbei wird nicht nur das eigene Verhalten, sondern die ganze Persönlichkeit an sich wandelnde Arbeits- und Lebensumstände angepasst und das eigene Selbst als Ressource betrachtet. Individualität verliert ihren »heiligen« Charakter und wird zum Einsatz im Marktgeschehen. Die Bereitschaft zur Selbstoptimierung findet sich insbesondere in projektförmigen Lebenszusammenhängen, die nur über geringe Zeithorizonte bei der Zukunftsplanung verfügen. Diese bewirken eine situative Bestimmung von Identität und die Bereitschaft zur Identitätsrevision. Wer nach der Logik der Selbstoptimierung handelt, hat die Botschaft des neuen Geistes des Kapitalismus verinnerlicht und versucht, die Kräfte, die sein Leben bewegen, nun durch auf die eigene Persönlichkeit gerichtete Anstrengungen beherrschbar zu machen.

Vermutlich ist die Strategie der Selbstoptimierung in unterschiedlichen sozialen Gruppen anzutreffen. Doch ist davon auszugehen, dass sie sich vor allem in solchen Milieus zeigt, die zwar über Aufstiegschancen verfügen, sich jedoch mangels realer Kontroll- und Einflussmöglichkeiten verstärkt an die Projektlogik anpassen müssen. Berufsfeldstudien belegen, dass die Strategie der Selbstoptimierung hauptsächlich in solchen Gruppen sichtbar wird, die Pierre Bourdieu als modernes Kleinbürgertum bezeichnete (1982: 561ff.) und die in den letzen Jahren als »Kreative« oder »ökonomische Kulturvermittler« besondere Aufmerksamkeit erlangten.[15]

Gemeinsam ist diesen Berufsgruppen, dass sie trotz höherer Bildungsabschlüsse und hervorragender Qualifikationen selten Macht- und Schlüsselpositionen einnehmen, sondern sich mit der eigenen Selbstvervollkommnung begnügen (müssen). Sie präsentieren sich als aktiv, eigeninitiativ und selbstverantwortlich, möchten sich in ihrer Arbeit selbst verwirklichen und ordnen ihre Lebensführung der individuellen Selbstoptimierung unter. Dadurch sind sie besonders empfänglich für die Heilslehren der Wissensgesellschaft. Sie hegen eine enorme Faszination für bisher nicht genutzte Möglichkeiten, die menschliche Leistungsfähigkeit und Kreativität zu steigern. Dabei lassen sie sich von Gesundheitsratgebern, Erfolgsratgebern und psychologischen Sachbüchern inspirieren.

Verblüffend ist, wie sehr die Beschreibung des Kleinbürgertums nach Pierre Bourdieu (1982: 500ff.) auch auf den heutigen Sozialcharakter der mittleren Angestellten in den Kultur- und Kreativindustrien zutrifft. Für Bourdieu ist der Kleinbürger ein Bürger, der sich klein macht, um einmal groß zu werden. In der Erwartung, dass seine Mühen später einmal belohnt werden, scheut er keine Anpassungsleistung – mitunter bis zur Selbstaufgabe. Dabei hält er die Möglichkeiten, an denen er sich orientiert, meist für größer, als sie tatsächlich sind. Für Bourdieu äußert sich so die kleinbürgerliche Ausdrucksform der legitimen Kultur in abhängiger Lage. Diese Abhängigkeit manifestiert sich auch im heutigen neuen Kleinbürgertum der Kultur- und Medienvermittler.

Zwar grenzen sie sich in ihren individualistischen Berufsmilieus klar von »normalen« Angestellten ab, doch verbindet sie mit diesen der Hang zu Askese, die Bildungsbeflissenheit und die Orientierung an Verhaltensmaßstäben, mit deren Hilfe sie ihre gesamte Lebensführung einer strengen Disziplin unterwerfen. Jedoch sind die neuen Heilslehren nicht mehr auf Unterordnung, sondern auf Kreativität, Selbstmanagement und Selbstoptimierung ausgerichtet. Das moderne Kleinbürgertum zeigt sich heute nicht länger von seiner autoritätsgläubigen, überkorrekten und sparsamen Seite. An die Stelle rigider und asketischer Verhaltensmaßstäbe treten Leitbilder der Eigenverantwortlichkeit, Flexibilität und Autonomie. Der Zwang zur Konformität hat sein traditionelles Gewand abgestreift und ist modern, individualistisch und flexibel geworden. Der moderne Kleinbürger ist also ein beflissener Mitspieler, der sozialen Regeln folgt, die andere für ihn festlegen.

Bei seiner Klassenanalyse geht es Pierre Bourdieu allerdings weniger um Zustandsbeschreibungen, als um eine relationale Bestimmung. Er denkt den Raum der Sozialklassen nicht als »Container«, der mit Klassen oder Individuen angefüllt ist, sondern als dynamischen Prozess, in dem sich Klassen gegenseitig positionieren und sich ihr Beziehungsgefüge verlagert. Eine solche Phase der dynamischen Weiterentwicklung findet derzeit statt. Normalitäten und Sicherheiten werden reduziert. Gesellschaftliche Privilegien entscheiden sich nicht mehr allein am materiellen Reichtum, wichtig wird, ob man über Sicherheiten verfügt: Ist man in der Lage, die Zukunft zu gestalten und Planungssicherheiten zu erlangen? Wem ist es vergönnt, eine Familie zu gründen, eine Eigentumswohnung zu kaufen und vielleicht sogar die Zukunft der Kinder zu sichern? Planungssicherheit wird zum Statussymbol. Je privilegierter die soziale Lage, desto größer die *Planbarkeit* der Zukunft und desto eher können eventuelle Gefährdungen in Risiken umgewandelt werden, für deren Bewältigung Handlungsstrategien bereitstehen. Am anderen Pol finden sich prekär beschäftigte Arbeitnehmer, denen es aufgrund ihrer unsicheren sozialen Stellung, eines ungewissen zukünftigen Auskommens und dem Gefühl, die Dinge nicht beeinflussen zu können, unmöglich wird, Pläne zu schmieden und in die Tat umzusetzen.

Die modernen Kleinbürgerinnen und Kleinbürger nehmen hinsichtlich der Planbarkeit von Lebens- und Zukunftsentwürfen eine Mittelstellung ein. Sie arbeiten und leben in Projekten und sind insofern kurzfristigen Erwartungshorizonten ausgesetzt. Gleichzeitig sind sie jedoch in der Lage, die daraus resultierenden Unsicherheiten bis zu einem gewissen Grad aufzufangen, indem sie ihre Kompetenzen und Netzwerke vervielfältigen. Sie machen aus der Not sogar eine Tugend und geben die gesellschaftlichen Forderungen nach Flexibilität und Initiative als Persönlichkeitsideale aus, wobei sie die problematischen Aspekte ausblenden. Das Bekenntnis zum lebenslangen Lernen tritt an die Stelle früherer Loyalitäts- und Konformitätspflichten, die den Einzelnen zwar im Korsett der Institutionen festhielten und ihm Grenzen auferlegten, gerade dadurch aber auch Geborgenheit stiften konnten.

Diese Fähigkeit macht das moderne Kleinbürgertum zur Schlüsselgruppe in einer Gesellschaftsform, in der Wandel auf Dauer gestellt ist und in der Festlegungen gefährlich geworden sind. Sie übernehmen eine Vorreiterrolle bei der gesellschaftlichen Vermittlung des neuen Geistes des Kapitalismus. Indem sie die einst gegen die starren Strukturen formulierten Werte wie Kreativität, Expressivität und Selbstverwirklichung als zentrale Arbeitstugenden ausgeben, werden diese nun dem Kapitalismus einverleibt und selbst zu Investitionsgebieten des Marktes. Für ihre Pionierrolle zahlen sie jedoch einen beträchtlichen Preis, nämlich den der Identitätserosion in einer »Wirtschaftskultur der Zufälligkeit« (Neckel 2008). Herausgelöst aus ständischen und kollektiven Strukturen entwickelt sich das moderne Kleinbürgertum zu einem unbehausten Milieu. Ohne kollektive Arbeits- und Berufsformen und ohne feste Hierarchien in Unternehmen und Organisationen kann es seinem gesellschaftlichen Heimat- und Identitätsverlust wenig entgegensetzen.

Das moderne Kleinbürgertum ist gezwungen, sich zu den gesellschaftlichen Status- und Erfolgsordnungen strategisch zu verhalten und die eigenen Überzeugungen flexibel zu handhaben. Viele bilden eine transitorische Identität aus, die sich den jeweiligen situativen Bedingungen anpasst. Wer sich zu sehr auf moralische Grundsatzfragen, Gewohnheitsrechte oder Charakterfragen festlegt, riskiert die soziale Ausgrenzung. Unsicherheiten entstehen demnach nicht nur aus der Statusangst, sondern primär aus dem Wegfall von Identitätsstützen und sozialmoralischen Bindungen. Das beständige Aufbrechen von Gewohnheiten, das Offenhalten von biografischen Optionen bis ins höhere Erwachsenenalter sowie die ökonomische Verwertung moralischer Überzeugungen verhindern im Extremfall die Kontinuität des Lebenslaufs und die Kohärenz der eigenen Persönlichkeit.

5. Die Reaktion der Beharrung: Verteidigung männlicher Vorherrschaft

Während die Logik des Erbes eine aktive Vergewisserung darstellt und die Strategie der Selbstoptimierung auf Anpassung an flexible Bedingungen zielt, ist die Reaktion der Beharrung defensiv auf das Festhalten am Bestehenden gerichtet. Sie findet sich vor allem in solchen sozialen Gruppen, die durch den gesellschaftlichen Umbruch am stärksten vom Abstieg bedroht sind. Dies gilt gegenwärtig beispielsweise für Facharbeiter, die schrumpfende Sektoren des Arbeitsmarktes besetzen.[16] Zudem weitet sich gerade unter Facharbeitern die Leiharbeit aus. Daher kann das Erwerbssystem eine stetige Karriereentwicklung und eine kontinuierliche Berufslaufbahn für einen Teil dieser Gruppe nicht mehr sicher gewährleisten.

Wie unterschiedliche Studien zeigen, ändern die gefährdeten, überwiegend männlichen Facharbeiter daraufhin jedoch nicht ihre Einstellungen und Haltungen (Dörre 2005; Dörre et al. 2011). Vielmehr bleiben diese trotz prekärer Beschäftigungen alternativlos auf das System der traditionellen Arbeitsverhältnisse und die männliche Rolle als Verdiener und Ernährer fixiert (Kreher 2007: 93f.). Die jungen Facharbeiter orientieren sich auch in anderen Aspekten an überkommenen Mustern, da sie oft nicht bereit sind, ihre Facharbeiteridentität aufzugeben und sich auf einen Beruf im wachsenden, aber meist schlechter bezahlten, Dienstleistungssektor umschulen zu lassen. Auch für die unter dem Begriff des »lebenslangen Lernens« subsumierten Fähigkeiten wie soziale Kompetenzen, Flexibilität und Kreativität (»Weiberkram«) haben sie oft nur Spott übrig.

Für die jungen Facharbeiter geht es dabei um mehr als nur um den Erhalt ihrer Erwerbsposition. Auf dem Spiel steht der harte Kern industriegesellschaftlicher Männlichkeit. Die Grundstruktur der männlichen Sozialisation im Facharbeitermilieu ist eng mit der Herausbildung der Industriegesellschaft insgesamt verbunden, welche die männliche Arbeitskraft privilegierte und auch die Vorherrschaft des Mannes in Ehe und Familie absicherte. Daher halten sich patriarchale Geschlechterverhältnisse im Facharbeitermilieu besonders lang. Für die vom Abstieg bedrohten Facharbeiter kommt die Ausweitung atypischer Beschäftigung einer Krise männlicher Vorherrschaft gleich. Dies konnte Klaus Dörre (2005) anhand einer Fallstudie zu Leiharbeitern in der Automobilindustrie zeigen. Facharbeiter fühlen sich in ihrem männlich geprägten Arbeitsethos entwertet, wenn sie gezwungen sind, sich als Leiharbeiter zu verdingen. Manche bezeichnen Leiharbeit abwertend als Frauenarbeit. Dörre zufolge lässt sich die Weise, in der zu Leiharbeitern herabgestufte Facharbeiter ihre Tätigkeit am Montageband wahrnehmen, mit dem Begriff der »Zwangsfeminisierung« fassen.

Zudem finden sich politische Gräben zwischen jüngeren und älteren Arbeitnehmern. Die junge Generation glaubt nicht mehr an den kollektiven Aufstieg und hofft ebenso wenig auf eine radikale Veränderung der Verhältnisse. Die Politik zum Statuserhalt, nach der die ältere Generation handelt, ruft in der jüngeren, weniger gesicherten Generation Ressentiments hervor. Umso zentraler ist für die jüngere Generation, dass traditionelle Vorrechte und die relative Privilegierung der männlichen Erwerbsarbeit gegenüber der »bloßen Frauenarbeit« erhalten bleiben.

Denn prekäre Beschäftigungsverhältnisse oder gar Erwerbslosigkeit stellen die Rolle des Ernährers und Hauptverdieners in der Familie infrage. Wie versuchen die betroffenen Männer, ihre Position in Familie und Paarbeziehung aufrechtzuerhalten? Eine eigene Studie[17] zu den Auswirkungen männlicher Erwerbsunsicherheiten auf Geschlechterverhältnisse in Paarbeziehungen und Fallberichte aus der therapeutischen Praxis einer Psychologin (Leibovici-Mühlberger 2012) zeigen, dass die Bewältigungsstrategie des Mannes darauf ausgerichtet ist, das vormalige Selbstbild zu erhalten. Eine realistische Einschätzung der eigenen Situation wird dabei teilweise ausgeblendet. Es findet ein »Reframing«, eine Umdeutung statt. Die Männer betrachten den Verlust der Erwerbsposition als vermeintliche »Chance«, eine neue berufliche »Karriere« anzufangen. Viele machen sich selbstständig, ohne dass damit ein einträgliches Einkommen verbunden ist. Sie glauben trotz des Ausbleibens von Aufträgen an den baldigen Durchbruch und halten sich für den »eigentlichen« Verdiener. Die Erwerbstätigkeit der Frau erscheint ihnen von untergeordneter Bedeutung, selbst wenn diese faktisch die Rolle der Hauptverdienerin innehat.

Das Festhalten an traditionellen Mustern findet sich besonders häufig an den äußersten Rändern der Gesellschaft, also bei den »Eliten« (Leibovici-Mühlberger 2012; Böhnisch 1999) und bei den vom Abstieg bedrohten Facharbeitern. In beiden Milieus hat sich die patriarchale Ordnung in Familie und Paarbeziehung besonders lange erhalten (Koppetsch/Burkart 1999). Im Arbeitermilieu leben Männer und Frauen oft in getrennten Sphären und verfügen über je geschlechtstypische Aktivitätsmuster, die sich selten berühren. Die Frau ist für den Haushalt (auch dann, wenn sie erwerbstätig ist), der Mann für den Haupterwerb zuständig. Rituale und Konventionen spielen bei der Symbolisierung von Geschlechtergrenzen eine besondere Rolle: Männliche und weibliche Praxis ist klar unterschieden: Der Haushalt ist »ihr Revier«, sie schraubt nicht an »seinem Auto« herum; der Mann »muss das Geld heimbringen« und »muss gucken«, dass »alles stimmt« (Koppetsch/Burkart 1999: 29).

Verliert der Mann seine reguläre Erwerbsrolle, so findet, anders als in den untersuchten Angestelltenmilieus, meist keine Umorientierung zugunsten eines stärkeren Engagements des Mannes in Haushalt und Familie statt. Vielmehr halten Männer besonders hartnäckig an ihrer Position fest. Sie verbringen weiterhin die meiste Zeit außerhalb des Hauses und konzentrieren alle Energien auf den oft wenig aussichtsreichen Versuch, eine vergleichbare Erwerbsposition wiederzuerlangen. Begründet wird das fehlende häusliche Engagement bisweilen mit der »Naturgegebenheit« von Geschlechterrollen: Einer der Befragten sieht die Tatsache, dass das Einkommen des Mannes allein oft nicht reicht und nun auch »Mütter« zunehmend arbeiten sollen, als »ausgesprochenes gesellschaftliches Problem insgesamt«. Ein anderer äußert Unbehagen, dass sich die traditionellen Familienstrukturen auflösen und begreift dies als gesamtgesellschaftlichen Niedergang. Doch blenden die Befragten dabei aus, dass ihr eigenes Einkommen keinesfalls ausreicht, um die Familie zu ernähren. Sie ignorieren die Tatsache, dass die Frau das Haupteinkommen verdient und nahezu sämtliche Familienausgaben davon bestreitet. Diese Situation führt bei vielen Paaren zu Konflikten, da die Frau erwartet, nach ihrer Heimkehr von der Arbeit wenigstens einen Teil der Hausarbeiten erledigt zu sehen. Manche Frauen verzichten aber darauf, die wirklichen Verhältnisse klarzustellen oder mehr Hausarbeit einzufordern. Sie stützen damit die Fiktion, er trage »seinen Teil« zum Unterhalt der Familie bei. Der Mann bleibt auf diese Weise der gefühlte Ernährer.

Noch stärker lässt sich die Reaktion der Beharrung bei den in der therapeutischen Praxis von Martina Leibovici-Mühlberger (2012) behandelten Führungskräften beobachten. In diesem Milieu besteht ebenfalls oft eine geschlechterhierarchische Sphärentrennung. Obwohl die Frau meist berufstätig ist, bleibt sie für den Haushalt, die Pflege sozialer Netzwerke und Familienbindungen verantwortlich. Der Mann ist ausschließlich erwerbstätig. Sein Selbstbild wird überwiegend von der eingenommenen beruflichen Führungsposition gespeist. Meist hat die Ehefrau keine Einblicke in die Interna der beruflichen Entwicklung des Mannes und seine Konflikte am Arbeitsplatz. Alle sechs von Leibovici-Mühlberger behandelten männlichen Führungskräfte verheimlichten ihren Positionsverlust zunächst vor der Ehefrau und den nächsten Angehörigen. Die Männer verleugneten ihren Misserfolg auch vor sich selbst, indem sie versuchten, eine gleichwertige Position umgehend wiederzuerlangen. Einige Männer eröffneten neue Geschäfte, die jedoch keine Einnahmen erzielten, sondern unter Umständen sogar ersparte Rücklagen aufbrauchten. Ein stärkeres Engagement in Haushalt und Familie strebten sie, trotz des Drängens der Ehefrau, nicht an. Erst nachdem alle Versuche fehlgeschlagen waren, die Rücklagen aufgebraucht und die Ehefrau mit Scheidung drohte, wurde das eigene Scheitern eingestanden. Es folgten der psychische Zusammenbruch und der Gang in die therapeutische Praxis.

Vermutlich wird die männliche Identität im Milieu der Führungskräfte, ähnlich wie bei den Facharbeitern, traditionell bestimmt. Das Selbstbild wird in hohem Maße von der eingenommenen beruflichen Position und der Dominanz gegenüber der Ehefrau gespeist. In beiden Milieus führt der Positionsverlust des Mannes somit nicht dazu, dass traditionelle Rollenstrukturen in Familie und Partnerschaft aufgebrochen werden. Stattdessen wird die tatsächliche Lage ausgeblendet und der Anspruch auf männliche Vorherrschaft verfestigt.

Die Logik des Erbes, die Strategie der Selbstoptimierung und die Reaktion der Beharrung stellen jeweils lagespezifische Antworten auf Gefährdungsgefühle in der Mittelschicht dar. Die Privilegierten reagieren mit räumlicher und sozialer Selbstabschließung, was sie nicht daran hindert, sich tolerant und liberal zu geben und ein Image der moralischen Überlegenheit zu pflegen. Das können sie sich leisten, weil sie in den teuren Wohnvierteln und den privaten Bildungseinrichtungen meist unter sich bleiben und ihre Toleranzgrenzen nur selten herausgefordert werden. Die modernen Kleinbürger versuchen hingegen, sich an die neuen Ordnungen bedingungslos anzupassen. Sie sehen sich als Speerspitze des flexiblen Kapitalismus, dessen unerbittliche Forderung nach Flexibilität und Mobilität sie bis an die Grenze der Selbstzerstörung verinnerlicht haben. Mit offensiver Ausgrenzung reagieren dagegen die Facharbeiter, die männliche Privilegien notfalls auch mit Gewalt verteidigen (Kreher 2007: 96). Da sie befürchten, morgen nutzlos zu sein, werden Schwächere abgewertet, um sich zu beweisen, dass noch jemand unter ihnen auf der Leiter steht.

Kapitel 3

Polarisierung in der Mittelschicht: Transnationalisierung sozialer Ungleichheiten

Was sind die Ursachen für die Verwerfungen in der Mittelschicht? Wie kommt es, dass die Abstände zwischen der unteren und der oberen Mittelschicht größer werden, die oberen Lagen dazugewinnen, während die unteren Lagen weitere Wohlstandsverluste hinnehmen müssen[18] und Gefahr laufen, den Anschluss an die Mitte gänzlich zu verlieren?[19] Häufig wird argumentiert, dass es lediglich eines besseren sozialpolitischen Schutzes der weniger privilegierten Beschäftigungsgruppen, wie etwa der Leiharbeiter oder der geringfügig Beschäftigten bedürfe, um große Einkommensungleichheiten zu verhindern. Doch das Auseinanderdriften von Einkommens- und Lebenschancen hängt heute nicht mehr allein von arbeitsrechtlichen und wohlfahrtsstaatlichen Regulativen in der Bundesrepublik selbst ab. Zunehmend wird dieser Prozess durch die Globalisierung von Unternehmen und Wirtschaftskreisläufen bestimmt, in deren Verlauf sich auch soziale Ungleichheiten transnationalisieren.

Zudem erweist sich die Rede von »der Mittelschicht« streng genommen als irreführend. Die durch die Arbeitnehmergesellschaft formierte homogene Mittelschicht existiert nicht mehr, da die Mittelschicht aufgehört hat, eine Einheit zu sein und eine integrative Rolle innerhalb der Gesellschaftsordnung zu spielen. Vielmehr verläuft die Klassenspaltung heute mitten durch die Mittelschicht hindurch, also zwischen den global konkurrenzfähigen qualifizierten Fachkräften und den gering qualifizierten Arbeitnehmern in einfachen Dienstleistungen, zu denen häufiger Migranten und Migrantinnen gehören. Letztere sind nicht nur wesentlich stärker von Erwerbsrisiken betroffen, oft fehlt ihnen auch der sozialpolitische Schutz. Die Arbeitnehmergesellschaft ist somit nicht mehr die gemeinsame Klammer, die den gesellschaftlichen Status für alle absichert. Manche Beobachter gehen sogar davon aus, dass sich das Bild der Gesellschaft von der Zwiebel (Bolte 1963) auf eine Sanduhr umstellt: Die einst zahlenmäßig größte Gruppe der Gesellschaft schrumpft in Zukunft auf die kleinste zusammen (Münkler 2010: 55f.).

Potenziert werden Polarisierungstendenzen, indem sich enorme Summen von Finanzvermögen in den oberen Einkommensschichten konzentrieren. Noch deutlicher als bei den Erwerbseinkommen findet sich hier eine starke Ungleichverteilung von Reichtümern. Während vor allem die unteren und mittleren Einkommensschichten der konjunkturellen Entwicklung der Löhne und Gehälter unterworfen sind, können sich die oberen Sozialschichten durch Vermögen, Erbschaften und Vermögenseinkünfte aus dieser Abhängigkeit befreien: Da die Summe der Finanzvermögen in Deutschland doppelt so stark gewachsen ist wie das aus abhängiger Arbeit erwirtschafte Volkseinkommen (Ganßmann 2006: 109), gibt es in den oberen Schichten zunehmend mehr Menschen, die durch ihr Vermögen abgesichert sind und auf abhängige Erwerbsarbeit teilweise oder vollständig verzichten könnten.[20] Zusätzlich verzeichnen vor allem die oberen Sozialschichten umfangreiche Erbschaften, wodurch sich Ungleichheiten weiter vergrößern und ein von unten kaum noch aufzuholender Vorsprung geschaffen wird. Interessant ist dabei, dass sich die Vermögensschere beinahe unbemerkt vor den Augen der Allgemeinheit öffnet. Zwar wird über Steuern, Sozialabgaben, Löhne und Gehälter heftig diskutiert, doch die Legitimität der ständig wachsenden Vermögen und ihrer Dividende wird aus der Debatte völlig ausgeklammert.

Obere und untere Mittelschicht entfernen sich nicht nur in ökonomischer Hinsicht, sondern auch in Lebensformen und Lebensstilen weiter voneinander: Der Lebensstil der oberen Mittelschicht ist kosmopolitisch, an Wissensaneignung orientiert, gesundheitsbewusst und vernetzt, während diese Aspekte in der unteren Mittelschicht nicht nur geringer ausgeprägt sind, sondern sogar abnehmen (Köcher 2011). Die aktuellen Entwicklungen beziehen sich also nicht einfach auf Einkommensunterschiede, vielmehr handelt es sich um Spaltungsprozesse, die sich auch lebensweltlich im kulturellen Auseinanderdriften von Milieus niederschlagen.

Die unteren Schichten distanzieren sich von den Werten der Mittelschicht aber nicht etwa, weil sie zu »faul« sind, sondern weil ihnen keine realistischen Aufstiegsperspektiven mehr geboten werden. Für sie lohnt es sich kaum noch, Tugenden wie Selbstdisziplin, Fleiß, Wissensorientierung, Sparsamkeit und Leistungsbereitschaft herauszubilden, denn diese bieten heute keine Gewähr mehr für Aufstiegschancen aus unterprivilegierten Lagen. In der Prosperitätsphase der Bundesrepublik dagegen stellten die Tugenden der Mitte noch ein Versprechen an die Arbeiterschaft dar, »dass wer sie übernehme, gute Chancen habe, sozial aufzusteigen« (Münkler 2010: 69). Diese Offenheit der Mitte verhinderte in Deutschland, dass die Arbeiterschaft protestierte oder einen Klassenkampf begann.

Zudem ist die Bereitschaft der Mitte, sich für soziale Aufsteiger zu öffnen, nicht immer in gleicher Weise gegeben: In Prosperitätsphasen ist sie deutlich größer als in Phasen der Stagnation oder der gesellschaftlichen Verunsicherung (Münkler 2010: 70). Fühlen sich die Angehörigen der Mittelschicht bedroht, so reagieren sie mit Selbstabschließung und Ausschlusstendenzen. Dies ist heute offenkundig der Fall. Jede Gruppe grenzt sich jeweils von einer noch weiter unten angesiedelten Gruppe ab: Die unteren Einkommensschichten reagieren am stärksten mit Fremdenfeindlichkeit und Rassismus (Decker/Kiess/Brähler 2012), die mittleren Lagen mit bedingungsloser Anpassung an neue Spielregeln im Beruf und die privilegierten Lagen mit der Selbstabschließung in teure Wohnbezirke und Bildungsanstalten. Es kommt zur Wiederkehr der Klassengesellschaft, in der sich die Klassen auch in Habitus, Alltagskultur und Lebensstilen immer weiter voneinander entfernen (Köcher 2011). Wie kam es zu dieser Entwicklung und wohin bewegt sich die Gesellschaft der Bundesrepublik zukünftig?

1. Die Herauslösung der Ökonomie aus den Grenzen des Nationalstaats

Eine strukturelle Ursache für die Spaltungstendenzen ist die Herauslösung der Volkswirtschaft aus der gesellschaftlichen Klammer des Nationalstaates (Reich 1993). Innerhalb der sozialen Marktwirtschaft, die in der Bundesrepublik während der prosperierenden Nachkriegsjahre dominierte, waren die großen Konzerne so eng mit den Institutionen des Landes verflochten, dass mit zunehmender Produktivität der großen Konzerne auch Löhne und Sozialleistungen stiegen und umgekehrt.

Selbstverständlich konnte dies nur so lange gut gehen, wie die Unternehmen nicht gegeneinander konkurrierten und gemeinsam die relativ hohen Preise diktierten. Die großen Konzerne konnten sich keinen Wettbewerb erlauben. Sie mussten ihre Produktion weit im Voraus und mit einem hohen Grad an Sicherheit planen, damit die Löhne und Sozialleistungen auch weiterhin gezahlt werden konnten. Auch die Entwicklung der Wohlfahrtsinstitutionen war an den Nationalstaat gebunden. Nur innerhalb des Nationalstaates konnten sozialstaatliche und gewerkschaftliche Institutionen ein hohes Wohlstandsniveau für alle gewährleisten und den Aufstieg der Arbeiterschicht ermöglichen. Zwischen den Profitinteressen der Unternehmen und den ständischen Interessen der Mittelschicht wurde ein Kompromiss auf Sozialausgleich geschlossen (Vester 2010: 58). Orchestriert wurde dieser durch die großen Volksparteien, in denen wirtschaftliche, soziale und politische Interessen permanent aufeinander abgestimmt wurden.

Mitte und mittelständische Wertorientierungen spielten sich in dieser Zeit gegenseitig in die Hände. In der Mittelschicht liefen alle Fäden zusammen – sie avancierte zur wichtigsten politischen und gesellschaftlichen Instanz und prägte das bundesrepublikanische Selbstverständnis. Diese Rolle übte sie jedoch nur solange aus, wie Unternehmen vor allem nationale Unternehmen waren und nicht Teil globaler Wertschöpfungsketten. Ebenso musste dafür die Politik innerhalb der Landesgrenzen agieren und der soziale Ausgleich und die Wohlfahrt im nationalstaatlichen Rahmen eingeschlossen sein.

Genau diese wirtschaftliche und gesellschaftliche Einheitsfunktion der Mitte löst sich auf, sobald Unternehmen den nationalen Rahmen verlassen, eine weltweite Konkurrenz um die billigsten und die fähigsten Arbeitskräfte entsteht und Politik nicht mehr nur innerhalb des Nationalstaates stattfindet. Dadurch treten auch die Arbeitnehmer aus dem nationalen Wirtschaftsraum heraus, sie verlieren ihre Rolle als Gegenspieler zu den Kapitalinteressen und finden sich im globalen Rahmen unversehens in zwei Klassen aufgespalten: in begehrte Fachkräfte, die hohe Einkommen erzielen, und in einfache Angestellte und Arbeiter, die durch die internationale Lohnkonkurrenz herabgestuft wurden. In den oberen und unteren Segmenten konkurrieren Arbeitnehmer nun nicht mehr nur mit Arbeitnehmern innerhalb des eigenen Landes, sondern mit vergleichbar qualifizierten Arbeitskräften auf der ganzen Welt. Dadurch können Arbeitnehmer gegeneinander ausgespielt und sozialpolitische Regulative im Beschäftigungssystem ausgehebelt werden.

Welche weltwirtschaftlichen Zusammenhänge führten nun zu dieser Entwicklung? Mindestens drei unterschiedliche, aber voneinander abhängende Prozesse verstärkten diese Transnationalisierung von Ungleichheitsstrukturen: Erstens wurden globale Lieferketten aufgebaut, zweitens neue Technologien in praktisch allen Unternehmensbereichen eingesetzt und drittens die regulierenden Maßnahmen in den Märkten aufgehoben, wodurch eine Preis- und Lohnkonkurrenz entfacht wurde.

Durch den Aufbau globaler Lieferketten werden die alten Produktionssysteme des Konzernkapitalismus in Einzelteile zerlegt und rund um den Erdball neu aufgebaut, wo immer sich Produkte am besten oder billigsten fertigen lassen. So können Designer in einem Land Prototypen für ein neues Produkt entwerfen, Ingenieure in einem zweiten Land die erforderlichen Maschinen und Produktionsstätten entwickeln, woraufhin das Produkt schließlich in einem dritten Land hergestellt wird. Eine solche Lieferkette existiert zum Beispiel für die Laptops der Firma Dell. Diese wurden in Austin/Texas konzipiert, aus Chile und dem Kongo stammen die metallischen Rohstoffe und aus China das Plastik, sie werden in Korea oder Taiwan gefertigt, in Polen zusammengebaut und schließlich in Deutschland verkauft. Auf diese Weise können große

Industrieunternehmen wie Dell Arbeitskräfte aus der ganzen Welt in das Unternehmen einbinden und die hohen Löhne umgehen, dic in reichen Industrieländern gezahlt werden.

Zudem wurden durch neue Technologien und die Computerisierung insgesamt die Produktionskosten gesenkt, sodass auch kleine Unternehmen, die nicht in Massen produzieren, Produkte und Dienstleistungen preiswert anbieten können. Die Globalisierung findet somit auch im Kleinen statt. Verschlankte und technologisch optimierte Produktionsprozesse erlauben die Herstellung geringer Mengen bei niedrigen Stückkosten. Außerdem fördert der kommerzielle Einsatz von Computern und Software den Vertrieb von Waren und Dienstleistungen über das Internet. Diese Entwicklungen ließen das alte System der Massenproduktion zusammenbrechen und verschärften den Wettbewerb dramatisch.

Die Deregulierung der Märkte trug zusätzlich dazu bei, dass globale Wertschöpfungsketten und in deren Folge globale Ungleichheitsstrukturen entstanden. So traten seit den 1990er Jahren verstärkt kleine Unternehmen in den Wettbewerb mit großen Konzernen, wodurch die großen Konzerne nicht mehr willkürlich die Preise diktieren konnten. In Deutschland ist eine solche Entwicklung beispielsweise im Bereich der Telekommunikation, des Flugverkehrs und des Fernsehens nach der Einführung privater Sender zu beobachten.

Prototypisch zeigte sich dieser Prozess innerhalb Deutschlands in der Werbeindustrie, die wie andere Kulturindustrien und High-Tech-Unternehmen eine Vorreiterrolle bei der Durchsetzung neuer Betriebs- und Arbeitsformen einnahm. Während bis in die 1980er Jahre die großen Agenturen aus der Rhein-Main-Region dominierten, gelang es kleineren Agenturen, den so genannten Kreativagenturen oder Boutiquen, in den 1990er Jahren große Auftraggeber zu gewinnen und quasi über Nacht zu wichtigen Akteuren innerhalb der Branche zu werden (Koppetsch 2006, 2008). Sie nutzten neue Technologien, wie Desk-Top-Publishing oder Controlling, konnten so ihre Arbeitsprozesse verschlanken und ihre Dienstleistungen billiger anbieten. Dies zwang die großen Agenturen mitzuziehen, um weiterhin konkurrenzfähig zu bleiben. Flexible Betriebs- und Arbeitsformen wiederum wurden zunächst in den IT- und Beratungsindustrien wie auch in den Bereichen Medien, Verkehr, Finanzen und Kultur durchgesetzt. Neuere Studien zeigen, dass inzwischen auch klassische Industriezweige, wie die Pharmaindustrien oder Auto- und Energieriesen, dereguliert und nach dem oben beschriebenen Schema umgestaltet werden (Kotthoff/Wagner 2008).

In der Folge sind die Unternehmen heute zwar erheblich produktiver als vor zwanzig oder dreißig Jahren, doch viele Angestellte ziehen daraus keinen Vorteil. Im Gegenteil: Sie werden effizienter, da sie mehr Aufgaben übernehmen (weshalb dann in ihren Abteilungen weniger Beschäftigte benötigt werden). Trotz ihrer höheren Produktivität erhalten sie heute aber geringere Einkommen und weniger Sicherheit als vor zwanzig Jahren. In den Kreativindustrien zeigt sich dies besonders drastisch. Hier werden relativ niedrige Gehälter an hoch effiziente Angestellte gezahlt, die sich glücklich schätzen, »kreativ« arbeiten zu dürfen, indem sie »freiwillig« extrem lange Arbeitszeiten und ein hohes Maß an Selbstausbeutung auf sich nehmen. Die effizientesten Mitarbeiter unter ihnen werden von Geschäftsführern gefördert und von Headhuntern hofiert. Diese Mitarbeiter sind in der Lage, sich schnell in neue Softwareprogramme und Technologien einzuarbeiten und eine weitgehende Bündelung von unterschiedlichen Aufgabenfeldern vorzunehmen (Koppetsch 2006a, 2008). Dennoch ist ihr Einkommen vergleichsweise bescheiden. Die höhere Produktivität von Unternehmen wird hier auf Kosten derjenigen erzielt, deren Reallöhne faktisch sinken.

Darüber hinaus wird es heute immer schwieriger, nationale Unternehmen und nationale Produkte zu identifizieren, weshalb nicht mehr einsehbar ist, welche Ungleichheits- und Beschäftigungsstrukturen sich hinter einzelnen Produktionsprozessen verbergen. Die Firma Müller etwa, die Milch von Milchbauern aus Russland bezieht, die wiederum ihre Kühe mit Sojabohnen aus Paraguay füttern, beschäftigt so gut wie keine deutschen Bauern mehr. Hinter »deutschen« Produkten verbergen sich also zunehmend transnationale Liefer- und Wertschöpfungsketten, die auf einem globalen System der Arbeitsteilung basieren.

2. Territoriale Zuordnungen: transnationale Klassen und exterritoriale Räume

Mit der Herausbildung transnationaler Wirtschaftsketten werden auch Ungleichheitsstrukturen transnational. Dieser Prozess ist nicht mit Migration gleichzusetzen. Vielmehr wird über wirtschaftliche und berufliche Positionen bestimmter Arbeitnehmergruppen nicht länger im nationalen Wirtschaftsraum entschieden, wodurch sich diese Positionen dem Einflussbereich nationalstaatlicher Wohlfahrts- und Sozialpolitik entziehen. Neue Kommunikationstechnologien wie das Internet begünstigen zusätzlich, dass Arbeitszusammenhänge aus räumlichen Bezügen herausgelöst und überall auf dem Erdball verfügbar werden. Konkurrenz- und Kooperationsbeziehungen sind nicht mehr an nationale Zugehörigkeit gebunden. Dadurch entstehen neue, transnationale Klassen. Und es scheint nur eine Frage der Zeit zu sein, bis diese Gruppen auch gesellschaftlich und politisch aus den nationalstaatlichen Begrenzungen heraustreten.

Vor allem gering und hoch qualifizierte Arbeitnehmergruppen sind von diesem Prozess betroffen. Erstere, weil sie sich der Konkurrenz durch so genannte Niedriglohnländer ausgesetzt sehen, letztere, weil sie in transnationalen Wirtschaftsräumen und Unternehmen arbeiten oder Tätigkeiten ausüben, die zwar national verankert sind, aber zunehmend in virtuellen Räumen stattfinden.

Zunächst zu den Geringqualifizierten: Sie werden vermehrt durch besser Qualifizierte mit geringeren Gehaltsansprüchen aus weniger entwickelten Ländern ersetzt, sodass die Einkommenschancen der einfachen Arbeitnehmer sinken. Langfristig gleichen sich ihre Löhne vermutlich an die internationalen Maßstäbe an (Werding/Müller 2007: 131f.).[21] Für diese Personen existiert die »soziale Rolltreppe« nach oben nicht mehr. Von der Mittelschicht trennt sie eine kulturelle, doch vor allem eine ökonomische Kluft, da sie wirtschaftlich betrachtet nicht mehr unter dem Dach ihrer »heimischen« Volkswirtschaft angesiedelt sind. Ihre Arbeitsplätze werden entweder in so genannte Niedriglohnländer ausgelagert oder qualifizierte Migranten aus weniger privilegierten Ländern wandern ein und bieten die gleiche Arbeit günstiger an.

Die geringer qualifizierten Arbeitnehmer aus Deutschland verlieren somit wichtige Wohlstandsprivilegien, die sich bislang aus ihrer Staatsbürgerschaft ableiteten.

Durch diese Entwicklungen verschieben sich auch die Machtkonstellationen am Arbeitsmarkt. Die Arbeitgeber wälzen nun verstärkt ihre eigenen, im Globalisierungsprozess gestiegenen Marktrisiken und die erforderliche Flexibilität auf die Arbeitnehmer ab (Blossfeld et al. 2007: 669). Die Arbeiterklasse wird dadurch aus dem nationalen Rahmen gelöst und im globalen Raum neu verteilt. Wachschützer, Raumpfleger, Altenpfleger, Kellner, Köche, Hotelfachkräfte und andere Arbeitnehmer in ungeschützten Beschäftigungsverhältnissen laufen Gefahr, in eine zunehmend durch Migranten geprägte, neue »Unterschicht« von Geringverdienern abgedrängt zu werden.

Bei den hochqualifizierten Arbeitnehmern findet ebenfalls eine Transnationalisierung von Wirtschaftsbeziehungen und Beschäftigungsbedingungen statt. Allerdings meist zum Vorteil der Arbeitnehmer. Sie treten mit anderen Arbeitnehmern unterschiedlicher Länder in den Wettbewerb. In den transnationalen Dienstleistungszentren der Global Cities (Sassen 1997) wird die territoriale Herkunft von Beschäftigten eher zweitrangig. Auch dies ist keine direkte Folge von Migration. Eine Unternehmensberaterin in Frankfurt, ein Investmentbanker in London und eine Architektin in Taiwan bewohnen einen gemeinsamen wirtschaftlichen Verkehrs- und Transaktionsraum, selbst wenn sie sich nie persönlich begegnen und stets innerhalb ihrer Länder verbleiben. Häufig teilen die transnationalen Experten, die sich vorrangig in den Beratungs-, Finanz- und Kulturindustrien finden, nicht nur eine gemeinsame professionelle Identität, sondern auch einen gemeinsamen Lebensstil, der aus dem Leben in den Global Cities resultiert (Sassen 1997). Zudem sind sie durch das Internet miteinander verbunden. Dadurch werden sich ihre Lebensbedingungen zukünftig noch stärker international angleichen (Koppetsch 2009, 2011). Ihr Zugehörigkeitsgefühl zur eigenen Nation lockert sich in demselben Maße, wie ihre transnationale Verflechtung innerhalb der Global Cities zunimmt.

Da unterschiedliche Länder an ihrem Bleiben interessiert sind, steht es ihnen frei, sich dort niederzulassen, wo sie die besten Arbeits- und Lebensbedingungen vorfinden. Folglich sind sie schwerer dazu zu motivieren, sich an der Produktion von Kollektivgütern innerhalb ihrer Nation zu beteiligen, etwa das politische und soziale Leben zu verbessern und allgemeine Wohlfahrtsinstitutionen herauszubilden. Ihr Leben spielt sich in städtischen Arealen ab, in denen sie in eigenen, privat finanzierten Sozial-, Bildungs- und Freizeiteinrichtungen unter sich bleiben. Die transnationalen Experten bewegen sich nicht länger auf nationalen Arbeitsmärkten, weshalb ihre Identifikation mit dem Nationalstaat und seinen Sozialleistungen zusätzlich geschwächt wird. Häufig werden sie auch als »globale Eliten« bezeichnet (Dahrendorf 2000; Münch 2009).

Die Transnationalisierung von Ungleichheiten geht mit territorialen Verschiebungen innerhalb von Nationalstaaten einher. Vermutlich kommt es zukünftig zu einer deutlichen Aufspaltung sozialer Räume in transnationale, nationale und lokale Zonen. Soziale Klassen unterscheiden sich dann in der Frage, in welcher Zone sie ansässig sind. Je privilegierter die soziale Lage, desto höher die Wahrscheinlichkeit, eine globale Zone mit kosmopolitischer Ausrichtung zu bewohnen, die transnationale Verflechtungsmöglichkeiten mit anderen Privilegierten bereithält. In der Mitte befinden sich die Bewohner von Nationen im engeren Sinne, deren wirtschaftliche Aktivitäten sich innerhalb des eigenen Landes abspielen und die sozialpolitisch auf ihren Nationalstaat angewiesen sind.

Doch nicht alle transnationalen Klassen sind privilegiert. Arbeitsmigranten beispielsweise wandern als Teil der informellen Ökonomie in reiche Länder ein, verlieren dabei aber nationale Privilegien ihrer Heimatländer, ohne automatisch von denen des Einwanderungslandes zu profitieren. Zwar halten sie sich physisch innerhalb der Grenzen des Einwanderungslandes auf, doch partizipieren sie nicht an dessen Wohlfahrtsleistungen. Sie befinden sich buchstäblich zwischen den Nationen und bilden insofern eine transnationale Klasse (Weiss 2005).

Die Oberschicht formt eine transnationale Klasse unter anderem Vorzeichen. Anders als die Arbeitsmigranten ziehen sich hier die Akteure selbst aktiv aus nationalgesellschaftlichen Strukturen zurück. Durch die Konzentration von Privilegien in den oberen Schichten entstanden prosperierende Regionen (Reich 1993: 232ff.), in denen es den Erfolgreichen gelungen ist, eine »Sezession« (Bauman 2009: 63), also eine soziale und räumliche Abspaltung ihrer gemeinschaftlichen Ressourcen von den Infrastrukturen des Landes zu vollziehen. Sie verfügen über ihre eigenen Kindergärten, Schulen, Freizeitanlagen, Sicherheitsdienste, Krankenhäuser und Betreuungseinrichtungen, die sie privat und unabhängig von staatlicher Unterstützung finanzieren. Auf diese Weise sind sie auch in politischer Hinsicht nicht mehr auf den Nationalstaat angewiesen.

Unterdessen versuchen die weniger Begüterten, die Lücken zu schließen, die der Rückzug des Wohlfahrtsstaats hinterlassen hat. Sie organisieren Nachbarschaftsnetzwerke, karitative Aktivitäten und Selbsthilfegruppen. In Deutschland befindet sich diese Entwicklung noch in den Anfängen, wobei sich auch hier bereits ein Trend zur Abspaltung der Privilegierten von den nationalgesellschaftlichen Infrastrukturen zeigt. Auch hier entstehen vermehrt überwachte Wohnanlagen und urbane Wohlstandsviertel.

Dabei geht es nicht allein um die Bewahrung von Besitzständen. Das »Sekundärproletariat« von Einwanderern und Flüchtlingen, das gleichermaßen als kulturell unterlegen und als beängstigend empfunden wird, soll auf Abstand gehalten werden. Da es – zumindest in der oberen Mittelschicht – nicht legitim ist, diese Gruppen rassistisch oder ethnisch zu kennzeichnen, bedarf es anderer Mittel, um sich abzugrenzen. In den meisten Regionen geschieht dies ohne großen ideologischen oder politischen Aufwand durch die Abschließung von Nachbarschaften und die Nutzung privater oder konfessionell gebundener Bildungsinstitutionen. Dabei wird keineswegs immer bewusst eine Strategie verfolgt. Doch indem man die Mieten im Zuge einer stärkeren Konkurrenz um attraktive Stadtquartiere und Wohngegenden anhebt, erreicht man, dass man »unter sich bleibt«. Auch die Kultivierung einer »neuen Bürgerlichkeit« als traditionsgesättigtes Kulturmuster ist, wie im letzten

Kapitel bereits gezeigt, ein wirksames – wenn auch nicht unbedingt bewusst gewähltes oder strategisches – Mittel der Ausgrenzung.

Ein weiterer sozialräumlicher Aspekt der Transnationalisierung von Ungleichheitsstrukturen ist die bereits erwähnte räumliche Konzentration der Ausgeschlossenen in Vierteln, die nicht mehr in die integrierten Strukturen ihres Landes eingebunden sind. Dieses Muster zeigt sich in vielen europäischen wie auch amerikanischen Großstädten. Die Ausgeschlossenen sind endgültig aus dem Spiel herausgefallen (Bude 2006: 306f.). Da sie weder als Produzenten noch als Konsumenten gebraucht werden und sie ihren Zorn nicht gegen Politiker, Chefs oder Arbeitgeber richten können, bleibt ihnen oftmals nur die blinde Zerstörungswut, die sie aus reiner Verzweifelung häufig gegen ihre eigene Umgebung richten. Denn oft sind es die Schuleinrichtungen und städtischen Infrastrukturen, die verwüstet werden. Im Teufelskreis von Armut, Gewalt und Ausgrenzung gebannt, sehen sie für sich keine Möglichkeiten mehr, in die integrierten gesellschaftlichen Zonen zurückzukehren. So sammeln sich die »Überflüssigen« in den Vororten großer Städte (etwa den Banlieues in Frankreich) oder in den durch Migranten geprägten Armenvierteln in den USA. Es kann kein Zufall sein, dass die Konzentration in Armenvierteln besonders in solchen Ländern verbreitet ist, die über einen starken kolonialen Hintergrund verfügen wie Frankreich, Großbritannien, die Niederlande oder die USA mit ihrer Geschichte der Sklaverei. In diesen Ländern führen Konflikte mit ethnischen Minderheiten immer wieder zu Ausschreitungen (Schultheis/Herold 2010: 248). Aus diesen Armenvierteln haben sich nahezu alle gesellschaftlichen Strukturen und Institutionen der Industriegesellschaft – Parteien, Gewerkschaften, öffentliche Verkehrsmittel, Ämter – zurückgezogen. Die Viertel werden quasi zu extraterritorialen Räumen.

3. Die kulturelle Spaltung: Globalisierungsgewinner und -verlierer

Das ungebrochene Zugehörigkeitsgefühl der Deutschen zur Mittelschicht verdeckt somit, dass diese keine Einheit mehr bildet. Größere Teile der oberen und unteren Mittelschicht sind in Deutschland nicht mehr primär dem nationalen Wirtschafts- und Gesellschaftsraum zuzurechnen und daher nur noch lose miteinander verbunden. Über deren soziale Lage wird immer weniger allein im eigenen Land entschieden. Die globale Klassengesellschaft zerfällt in Ausgeschlossene, nationale und transnationale Klassen. Sie spaltet sich in ein transnationales Oben (transnationale Eliten und die obere, kosmopolitische Mittelschicht), ein transnationales Unten (Migranten auf dem informellen Arbeitsmarkt und Geringverdiener) und eine nach wie vor in den nationalen Wirtschafts- und Wohlfahrtsraum eingebundene Mittelschicht, deren Wohlstandsniveau vorläufig noch primär durch innerstaatliche Institutionen geprägt wird.

Wer findet das Szenario der Globalisierung sozialer Lagen besonders bedrohlich? Es sind nicht nur die Ausgeschlossenen und die neuen Unterschichten, welche die massiven Spaltungstendenzen beklagen. Sichtbar wird vielmehr auch ein erbitterter Kampf zweier Kulturen innerhalb der Mittelschicht. Die traditionsbestimmte, meist lokal verwurzelte Heimatschicht, die durch die klassischen Volksparteien, die Christlich-Demokratische Union (CDU) und die Sozialdemokratische Partei Deutschland (SPD), vertreten wurde, bildete ehemals das gesellschaftliche und wirtschaftliche Zentrum der Bundesrepublik. Heute wird sie durch eine moderne, kosmopolitisch gesinnte Mittelschicht mit Abitur und Hochschulabschluss herausgefordert und kulturell an den Rand gedrängt.

Die traditionellen Volksmilieus gehören daher meist zu erbitterten Gegnern der durch die Globalisierung ausgelösten Veränderungen, denn durch sie verliert der Wertekatalog der Bonner Republik an Bedeutung. Die großen Mythen der Aufbaujahre sind verblasst. Das Kleinbürgertum, das für Fleiß, Disziplin und Ordnung eingetreten ist und seine berufliche Laufbahn durch Vereine, Kirche und Ortspolitik stützte, dominiert nicht mehr. Es wird durch die neue Mitte, also durch die jüngeren Generationen der Gebildeten und Erfolgreichen mit großstädtischen Umgangs- und Lebensformen herausgefordert, die im globalen Konkurrenzkampf mitmischen und deren Lebensstil sich radikal von der behäbigen Kleinbürgerlichkeit und Provinzialität der alten Bundesrepublik unterscheidet. Sie empfinden die Prozesse in Politik, Gesellschaft und Wirtschaft als zu langsam und zu schwerfällig. Diese neuen Milieus stellen das Ferment der Wissensgesellschaft dar.

Besonders deutlich zeigt sich der Milieuwechsel der tonangebenden Schichten im Rückgang der politischen Massenintegration durch die großen Volksparteien CDU und SPD (Walter 2009) und im Aufstieg der FDP und vor allem der Grünen zu Parteien der Besserverdienenden (Walter 2010). Die letztgenannten Parteien gewannen kontinuierlich Wählerschichten hinzu (während CDU und SPD weiter schrumpfen) und sind inzwischen in der Mitte der Gesellschaft angekommen. Sie repräsentieren die obere, gut verdienende, kosmopolitische Mittelschicht mit jeweils unterschiedlichen Schwerpunkten. Die Grünen als die Partei der »angepassten Unangepassten« (Walter 2010) weist unter ihren Wählerschichten die höchste Konzentration von Besserverdienenden und Hochgebildeten auf, die überwiegend fest abgesichert sind, da sie leitende Stellen des öffentlichen Dienstes innehaben. Oder wie Franz Walter konstatiert: »Der Kern der grünen Anhängerschaft hatte privilegierte Positionen erreicht und goutierte sie jetzt. Das Rebellionsmilieu von 1983, als noch zwei Drittel der Grünen-Wähler ohne Erwerb waren, hatte sich im nachfolgenden Vierteljahrzehnt zum Elitenmilieu gewandelt und ist nun zum Statusmilieu des avancierten Bildungsbürgertums der 1950er und 1960er Geburtsjahrgänge geworden« (Walter 2010: 94).

Auch die FDP ist in erster Linie eine Partei der neuen Mitte geworden, doch ist ihr Profil ein anderes: Eher männlich als weiblich, eher individualistisch und erfolgsorientiert als bildungsorientiert und eher in der »freien« Wirtschaft als im öffentlichen Dienst tätig, vertritt die FDP in der jüngeren Generation vor allem das Milieu der jungen Leistungsindividualisten, das überwiegend den Geburtsjahrgängen 1967 bis 1979 angehört und sich nicht auf moralische Grundsätze einengen lassen, geschweige denn Verpflichtungen eingehen möchte (Neugebauer 2007). Sie sind schroffe Gegner staatlicher Regelungen und grenzen sich von solidarischen Werten ab. Ihr Haushaltseinkommen ist überdurchschnittlich und selbstverständlich haben sie privat für ihr Alter vorgesorgt. In diesem Milieu dominiert nicht nur der Primat der Ökonomie, es besitzt eine hohe Internetaffinität und nutzt die interaktiven Dialogangebote im Netz, etwa Foren und Blogs, am ausgiebigsten.

FDP- wie auch Grünen-Wähler repräsentieren somit auf ihre Weise globalisierungsaffine Milieus: Sie gehören zu den Gewinnern der Globalisierung und teilen den gutbürgerlichen Status der Arrivierten, obgleich sie unterschiedlichen Lebenswelten in der Schicht der Besserverdienenden angehören. Bei den Grünen dominieren die Beamten des höheren öffentlichen Dienstes, es überwiegen Frauen mittleren Alters. Diesen ist eine ordentliche staatliche Infrastruktur, die ausbalancierte Lebensmodelle unterstützt, wichtiger als ökonomische Vorteile für den Einzelnen. Sie denken kosmopolitisch und konsumieren im globalen Rahmen, arbeiten aber zumeist im staatlichen Sektor. Demgegenüber gehören die FDP-Wähler zur Speerspitze der mit der Globalsierung verbundenen wirtschaftlichen Veränderungen, sowohl als Produzenten als auch im Hinblick auf die Kultur des Neoliberalismus. Mit anderen Worten: Während die Grünen-Wähler eher zur kulturellen Kosmopolitisierung der Gesellschaft beitragen, bilden die FDP-Wähler die Avantgarde der ökonomischen Globalisierung. Doch im Prinzip arbeiten beide an der Globalisierung der Gesellschaft.

Die Einheitlichkeit und Stabilität der Mittelschicht in modernen Industriegesellschaften resultierte einst aus ihrer starken Verflechtung mit den politischen und wirtschaftlichen Mächten innerhalb des Nationalstaates. In dem Augenblick, in dem sich Wirtschaft und Politik aus dem nationalstaatlichen Raum herauslösen, verliert die Mittelschicht jedoch ihren Einfluss auf die Geschicke des Landes. Der Wohlfahrtsstaat zieht sich zurück, soziale Ungleichheiten vergrößern sich und es bilden sich transnationale Unter- und Oberschichten heraus. Über Lebenschancen und Ressourcenzuteilungen entscheiden nun verstärkt globale Wirtschaftsverflechtungen und transnationale Institutionen. Und die Mittelschicht spaltet sich zunehmend in Traditionalisten, die an der alten Ordnung festhalten möchten, und Kosmopoliten, die, wenn auch nicht immer beabsichtigt, das Projekt der Globalisierung vorantreiben.

Kapitel 4

Die erschöpfte Mitte: Psychische Problemlagen in einer individualisierten Gesellschaft

Nicht alle Menschen in der Mittelschicht teilen die konservative Sorge um den Verlust der Normalität und der sozialen und ethischen Maßstäbe. Die Auflösung von festen Institutionen und Traditionen birgt für manche Menschen, insbesondere aus der jüngeren Generation und aus den kreativen Berufsfeldern der Kultur- und Medienindustrien, auch Chancen. Sie begründet die Faszination eines vielfältigen Lebens durch die Explosion von Möglichkeiten und die Überschreitung von Grenzen. Jeder hat eine Chance auf ein eigenes Leben, jede kann ihr Schicksal selbst in die Hand nehmen. Gerade für soziale Aufsteiger ist diese Aussicht attraktiv. Freiheit wird dabei oftmals als grenzenlose Erfolgsgarantie verstanden, die ein Scheitern ausschließt. Für jeden scheint es möglich, die eigene Individualität zu entfalten. Doch kann es nicht jedem gelingen, einzigartig und außergewöhnlich zu sein. Die paradoxe Forderung, stets nur man selbst zu sein, führt häufig zu psychischen Problemen. Gerade die Erfolgreichen scheinen davon betroffen zu sein.

Prominente, wie der Fußballtorwart Robert Enke, der Bundesliga-Trainer Ralf Rangnick oder die Medienwissenschaftlerin Miriam Meckel, haben die kritische Sicht auf moderne Erfolgskulturen und das Bekenntnis zum psychischen Leiden populär gemacht. Sie überbringen der Allgemeinheit die Botschaft, dass das Risiko von Depressions- oder Burn-Out-Erkrankungen nicht mehr auf gesellschaftliche Randgruppen und psychisch verwundbare Personen beschränkt ist, sondern immer häufiger auch erfolgsorientierte Menschen trifft, die hohe Anforderungen an sich stellen und daran scheitern. Bestätigt wird dies von neueren Untersuchungen aus dem Gesundheitssystem, wonach Depressionen in den entwickelten Industrieländern in den letzten Jahren rasant zugenommen haben und heute den Hauptteil an psychischen Erkrankungen ausmachen.[22]

1. Depression als Krankheit der Verantwortlichkeit? Alain Ehrenbergs Theorie des »erschöpften Selbst«

Diese Auffassung wird von dem französischen Soziologen Alain Ehrenberg geteilt, der in seinem Buch *Das erschöpfte Selbst* (2004) eine gesellschaftliche Analyse psychischer Erkrankungen vornimmt. Die Ursache für die Zunahme psychischer Erkrankungen, insbesondere von Depressionen, wird von Ehrenberg in den gestiegenen Anforderungen an Autonomie, Selbstverantwortung und Eigeninitiative gesehen, wobei diese gegenwärtig immer schwieriger zu realisieren sind. In der Folge sei die Depression, die ganz unterschiedliche Symptome wie Niedergeschlagenheit, Antriebsmangel, Schlaflosigkeit, Aktivitätsminderung umfasst, zur häufigsten psychischen Störung geworden. Nach Ehrenbergs Verständnis ist die Depression eine »Krankheit der Verantwortlichkeit« (ebd. 2004: 4). Der heutige Mensch lebe in dem Glauben, dass jeder die Möglichkeit haben sollte, sich selbst zu verwirklichen und autonom über sein Schicksal zu bestimmen, statt sein Leben gesellschaftlichen Normen und Strukturen unterzuordnen. Daraus resultiert ein neues Persönlichkeitsideal: Es geht nicht mehr um Gehorsam, Disziplin und Konformität mit der Moral, sondern um Flexibilität, Initiative und Handlungsfähigkeit.

Ehrenbergs Analyse ist insofern stichhaltig, als das Ideal der individuellen Autonomie tatsächlich ins Zentrum der modernen Persönlichkeit getreten ist. So boomt aktuell die Ratgeberliteratur zu Themen wie »Ichstärke« und »Selbstmanagement« (Mau 2012: 137; Bröckling 2007). Arbeitgeber verlangen von ihren Beschäftigten ständig mehr Engagement und Initiative. Gleichzeitig und im Widerspruch dazu sieht sich der Einzelne jedoch einer wachsenden Unübersichtlichkeit und Zufälligkeit von Ereignissen und Handlungsfolgen gegenüber, die es ihm erschweren, den allseits geforderten Handlungs- und Gestaltungskompetenzen nachzukommen. Viele empfinden die Unmöglichkeit, das eigene Leben in erwünschte Bahnen zu lenken, daher als persönliches Versagen und entwickeln Gefühle der Unterlegenheit und Minderwertigkeit. Sie rechnen sich ihr Scheitern selbst zu.

Rituale und Institutionen, die den Einzelnen vom Erfolgsdruck entlasten, sind zudem kaum verfügbar, um im Falle des Scheiterns Trost zu spenden. In Freundeskreisen, und selbst in Familie und Paarbeziehung, zählt oftmals nur der Erfolg. »Jammerlappen« werden eine Weile geduldet, doch irgendwann ausgegrenzt. Große Energien müssen daher auf die Selbstinszenierung als autonomes und zielstrebiges Subjekt verwendet werden. Unsicherheiten, Rückschläge und fehlende Initiative bleiben sorgfältig hinter der Fassade des souveränen Individuums verborgen. Ein Teufelskreis wird in Gang gesetzt. Die Stimmung verdüstert sich. Stimmungsstörungen führen zu Handlungsstörungen. Die Unsicherheit der Identität und die damit verbundenen Minderwertigkeitsgefühle können verhindern, mit einer Tätigkeit überhaupt anzufangen. Was als Freiheit begann, endet als Unfähigkeit zum Handeln. Diese ist aber nicht mehr das Resultat der gesellschaftlichen Unterdrückung übermächtiger Triebe, sondern basiert auf dem Gefühl, den Anforderungen des Alltags nicht länger gewachsen zu sein.

Die mit Minderwertigkeitsgefühlen einhergehende Handlungshemmung resultiert nach Ehrenberg also nicht aus gesellschaftlichen Verboten, sondern aus der Überforderung des Subjekts. Dies unterscheidet die moderne Problematik auch von der klassischen psychischen Krankheit in der ersten Hälfte des 20. Jahrhunderts: der Neurose. Diese war Ausdruck eines innerpsychischen Konflikts, dem Probleme der Ich-Werdung und des Ich-Erhalts im Kampf mit den persönlichen Trieben einerseits und den Autoritäten und starken gesellschaftlichen Repräsentanten andererseits zugrunde lagen. Es war eine Krankheit des Verbots, die heute jedoch an Bedeutung verliert. Heute sind es die scheinbar unbegrenzten Möglichkeiten, an denen das Individuum leidet, und das

Gefühl der Unzulänglichkeit in dem äußeren und inneren Zwang, man selbst sein zu müssen: »Wenn die Neurose das Drama der Schuld ist, so ist die Depression die Tragödie der Unzulänglichkeit« (Ehrenberg 2004: 12). »Das Individuum wird institutionell gezwungen, um jeden Preis zu handeln und sich dabei auf seine inneren Antriebe zu stützen. Es ist eher initiativ als gehorsam, es fragt eher, was zu tun möglich, als was zu tun erlaubt ist. Daher ist die Unzulänglichkeit für die heutige Person, das, was der Konflikt für die Person der ersten Hälfte des 20. Jahrhunderts war« (ebd.: 261).

Die Bezüge zu den oben genannten gesellschaftlichen Veränderungen der letzten Jahrzehnte – die Globalisierung von Ökonomie und Arbeit sowie die Flexibilisierung von Organisation und Beschäftigung, welche die Zufälligkeit und geringe Planbarkeit von Lebenswegen und Handlungskontexten forcierten – sind für Ehrenberg deutlich sichtbar. Die moderne Gegenwartsgesellschaft mache in ähnlicher Weise depressiv, wie die Gesellschaft der ersten Hälfte des 20. Jahrhunderts Neurosen hervorrief. Orientierungsverluste im Alltagsverhalten, biografische Destabilisierungen durch Beschäftigungsunsicherheiten, Probleme der Identitätsbildung, Gefühle des Scheiterns – all dies können Auslöser sein von Ängsten, Konkurrenzgefühlen, Stressbelastungen, Mobbing, die unter bestimmten Bedingungen zu depressiven Erkrankungen führen.[23] Ehrenberg ist somit von den pathogenen Wirkungen des modernen flexiblen Kapitalismus generell und den gegenwärtigen Formen von Arbeit und Beschäftigung im Besonderen überzeugt.

Dennoch ist die Gesellschaftsanalyse der Depression nach Ehrenberg in einigen Hinsichten zu pauschal geraten. So kann er nicht erklären, warum manche Individuen bei Gefühlen des Versagens an Depressionen erkranken, während andere, nicht weniger an ihren Maßstäben gescheiterte Personen, davon verschont bleiben. Sehr viele Menschen fühlen sich im verschärften Wettbewerb und bei zunehmenden Unsicherheiten starken psychischen Belastungen ausgesetzt, ohne dass daraus notwendig eine Depression erwächst. Hinzu kommt, dass nicht jedes Leiden an der Gesellschaft oder dem Selbst notwendig auch in eine psychische Erkrankung führen muss. Schließlich wäre genauer zu untersuchen, welche konkreten Veränderungen der Arbeits- und Lebensbedingungen Auslöser für Leidensprozesse oder psychische Erkrankungen sein können (Schmiede 2011: 127).

Wenig befriedigend für eine gesellschaftliche Analyse psychischer Erkrankungen erscheint auch der an Ehrenberg anschließende Erklärungsversuch von Elisabeth Summer (2008). Demnach habe ein Mensch mit Depressionsneigung schon in der frühen Kindheit ein negatives Selbstkonzept erworben, das sich in moralischen Abqualifizierungen des eigenen Selbst sowie Gefühlen der Wertlosigkeit und des Versagens äußert. Nicht das Versagen an sich sei problematisch, sondern die ungeprüfte und reflexhafte Annahme, das Versagen sei Ausdruck eigener Defizite. Das depressive Individuum leide unter seiner vermeintlichen Unfähigkeit zum Handeln und vollstrecke dieses Urteil am eigenen Ich. Doch werden in dieser Analyse gesellschaftliche Bedingungen für psychische Erkrankungen ausgeblendet. Wenn Depressionserkrankungen lediglich eine Frage der in der frühen Sozialisation erworbenen Persönlichkeitsstruktur sind, erübrigt sich eine Analyse gesellschaftlicher Bedingungen, die im Erwachsenenalter psychische Erkrankungen auslösen können. Summer läuft somit Gefahr, die Ursachen für das Leiden erneut primär in der Persönlichkeit des Subjekts zu suchen und gesellschaftliche Bedingungen lediglich als ergänzende Erklärungsfaktoren zu behandeln.

Darüber hinaus wird in der Analyse Ehrenbergs auch nicht deutlich, unter welchen Bedingungen Erfahrungen des Scheiterns, oder Abweichungen von dem Persönlichkeitsideal der Autonomie und Aktivierung, von den Betroffenen als psychisches Leid erfahren werden und in therapiebedürftigen Krankheiten kulminieren. Warum akzeptieren die Einzelnen, dass gesellschaftliche Ausschluss- und Selektionsprinzipien als Mangel an Eigenverantwortung und Initiative ausgelegt werden und übernehmen diese Sichtweise in ihr Selbstkonzept? Welche Machteffekte sind hier im Spiel? Insbesondere bei erfolgsorientierten Menschen, wie bei den oben erwähnten Prominenten, wäre zu untersuchen, warum die Einzelnen eher eine Erkrankung in Kauf nehmen, als problematische Lebensumstände und Arbeitsbedingungen zu hinterfragen oder sich diesen zu widersetzen. Möglicherweise sind es nicht zuletzt die Betroffenen selbst, die gesellschaftliche Machteffekte, wie sie in den modernen Arbeitswelten auftreten, ungewollt verstärken, indem sie ihre eigenen Verstrickungen in die Anforderungen, in den Suchtcharakter der Arbeit und die beruflichen Hierarchien ausblenden (Graefe 2011).

2. Die neuen Leiden an der Gesellschaft: Burn-Out-Erkrankungen, Drift und Prozesse der negativen Individualisierung

Aus diesem Grund erscheint es sinnvoll, zwischen unterschiedlichen psychischen Erkrankungen und Leidenszuständen zu differenzieren und die gesellschaftlichen Bedingungen ihres Auftretens genauer zu untersuchen. Neben den Depressionserkrankungen erlangten auch andere psychische Problemlagen in den letzten Jahren öffentliche Aufmerksamkeit. Dazu gehört auch das *Burn-Out-Syndrom,* das in Medien und Öffentlichkeit meist als Erschöpfungssyndrom der Vielbeschäftigten und Erfolgreichen beschrieben wird. Darüber hinaus wird in einigen sozialwissenschaftlichen Entwürfen auch das Leiden an der *Drift* thematisiert. Die Drift ist im Erleben von Betroffenen mit dem Verlust einer kohärenten Identität verbunden und wird als Problem der Kurzfristigkeit und des Loyalitätsverlusts betrachtet (Sennett 2000).

Depressionen, Burn-Out-Syndrome und die *Drift* können als unterschiedliche »pathologische« Reaktionen der Persönlichkeit auf aktuelle Gefährdungen interpretiert werden. Aus Sicht der Betroffenen besitzen diese unterschiedliche Auslöser, Schweregrade und Auswirkungen: Während die Depression von den Betroffenen eher als vollständige Handlungshemmung bis hin zur Ausschaltung der Persönlichkeit erlebt wird, werden Burn-Out-Erkrankungen und Drift-Erfahrungen von den Betroffenen meist als temporäre Krisen- oder Entfremdungszustände gesehen, die keinen vollständigen Verlust des Selbstwertgefühls nach sich ziehen müssen und umso besser bewältigt werden, je vielseitiger die Persönlichkeit und je größer die Ressourcen sind. Burn-Out-Zustände können mit psychischen Zusammenbrüchen einhergehen, führen aber, anders als die Depression, in der Regel nicht zur Handlungshemmung und umfassenden Selbstabwertung des Individuums.

3. Burn-Out-Erkrankungen: Die verlorene Balance zwischen Arbeit und Leben

Erstmals wurde das Burn-Out-Konzept durch den Psychoanalytiker Freudenberger (1974) popularisiert, der damit den vollständigen und zunächst unerklärlichen Motivationsverlust von ehrenamtlichen Sozialarbeitern beschrieb. Deren großer beruflicher Idealismus konnte in der Alltagspraxis der Helfer dauerhaft nicht eingelöst werden. Die Helfer scheiterten an ihren eigenen, hochgesteckten Ansprüchen. Sie mussten wiederholt mit ansehen, dass sie ihren hilfebedürftigen Klienten nicht nachhaltig helfen konnten, dass die Süchtigen rückfällig wurden, die geschlagenen Frauen zu ihren gewalttätigen Männern zurückkehrten oder Obdachlose wieder auf der Straße landeten. Das vermeintliche Unvermögen der Helfer wurde nicht als grundsätzliches und strukturelles Problem erkannt, sondern mündete in einen Teufelskreis, bei dem jede Enttäuschung noch stärkere Anstrengungen nach sich zog. Dies führte über kurz oder lang zu emotionalen Leidenszuständen, die heute überall als Burn-Out-Syndrom bezeichnet werden: Zustände der Erschöpfung, Gefühle der Depersonalisation, der Verlust von Empathie oder Achtung für den Klienten gelten als die wesentlichen Merkmale des Burn-Out-Syndroms (Burisch 2010: 17).

Bis heute sind von Burn-Out-Erkrankungen Helferberufe, also die Professionen im Bildungs- und Sozialwesen (Hochschule und Schule, Seelsorge, Pflege, Gesundheitswesen, Sozialarbeit im weiteren Sinne, Rettungsdienste) und Dienstleistungsberufe in kundenorientierten Branchen überdurchschnittlich oft betroffen (ebd.: 23). Gefährdet sind diese Berufsgruppen vor allem deshalb, weil sie die schwierige Balance zwischen Engagement und Distanzierung, zwischen Identifikation mit Klienten einerseits und der notwendigen Abgrenzung andererseits, nicht immer herstellen können. Viele der zunächst sehr engagierten

Helfer, die sich übermäßig für ihre Schüler oder Studenten, Klienten oder Patienten eingesetzt und dabei die eigenen Bedürfnisse permanent zurückgestellt haben, geraten in dem Augenblick in eine Krise, wo sie feststellen, dass die erzielten Resultate in keinem Verhältnis zu den hohen, von ihnen selbst gesteckten Zielen stehen. Dann kann Idealismus in radikalen Zynismus, Fürsorge in Hass und Engagement in Erschöpfung umschlagen.

Wenn in den letzten Jahren von Burn-Out-Krisen zunehmend auch bei Managern, Prominenten und anderen erfolgsorientierten Menschen die Rede ist, dann zeigt sich hier eine Verschiebung des öffentlichen Diskurses. Mit der medienwirksamen Thematisierung von Burn-Out-Krisen sollen überfordernde Arbeitsbedingungen und exzessive Arbeitsformen öffentlich angeprangert werden, die sich in den letzten Jahren mit der Expansion der Finanz- und Beratungsindustrien ausgeweitet haben. Besonders häufen sich Burn-Out-Krisen in den Berufsfeldern der New Economy, wie im Bankenwesen, in den IT-Berufsfeldern (Schmiede 2011), in den Berufen der Organisations- und Unternehmensberatung und bei den Kreativen. Zwar weisen diese Berufe keinerlei Beziehung zu den Helferberufen auf, doch werden auch hier massiv Grenzen verletzt. Allerdings betrifft die Grenzverletzung nicht vorrangig die Balance zwischen Engagement und Distanzierung gegenüber Klienten, sondern das individuelle Versagen, Arbeit und Leben, Beruf und Persönlichkeit in ein sinnvolles Gleichgewicht zu bringen.

Im Jahre 2011 wurde am Institut für Soziologie der Technischen Universität Darmstadt eine explorative Studie durchgeführt und 20 Beschäftigte in großen und mittleren Unternehmensberatungen sowie Beschäftigte in Investmentabteilungen großer Frankfurter Banken zu den Themen Work-Life-Balance, Arbeitsanforderungen, Erfolgsorientierungen, Beruf und Identität befragt.[24] Die Interviews zeigten, dass die Beschäftigten zwischen Beruf und Privatleben oft nicht ausgleichen können, da beruflicher Erfolg und Aufstieg einen überdurchschnittlichen Arbeitseinsatz verlangen. Hinzu kommt insbesondere bei den jüngeren Beschäftigten die Tendenz, nur noch für die Arbeit zu leben und andere Lebensbereiche auszublenden. Der Arbeitseinsatz gewinnt für diese oftmals suchtähnliche Züge und führt zu einer spezifischen Form des Unvermögens, »man selbst zu sein«. Dazu tragen auch die sektenartigen Berufsmilieus der Unternehmensberater und Investmentbanker bei, die oftmals die gesamte Person und alle ihre Lebensbezüge binden und die Persönlichkeitsentwicklung damit verhindern. Dies gelingt, weil die Berufe der neuen Ökonomien ihren Mitarbeiten vermitteln, zur »Elite« zu gehören, »alles« zu geben und den höchsten Leistungsanforderungen gerecht zu werden. Typisch für das Charakterprofil der Experten der neuen Ökonomie ist der »insecure overachiever« (Leif 2006), der unsichere Höchstleister, dessen Selbstbild überwiegend oder ausschließlich aus beruflicher Bestätigung gespeist wird. Mobilität und Termindruck führen überdies dazu, dass Angestellte buchstäblich keine Zeit mehr für anderes haben und von einem Projekt zum nächsten fiebern.

Ein Leben außerhalb der Arbeit findet oftmals gar nicht mehr statt. Arbeitstage bis Mitternacht sind keine Seltenheit. Bei Beratern kommt noch hinzu, dass diese an drei bis vier Tagen pro Woche auswärts »auf Projekten beim Kunden« sind und nach Arbeitsschluss mit ihrer Zeit oft nichts anfangen können, da rund um die Hotels oft keine Freizeiteinrichtungen existieren. Die Arbeit besitzt für viele Suchtcharakter. Viele benötigen nach der Arbeit daher zusätzliche Zeit, um »vom Projekt runterzukommen« und manchen gelingt dies gar nicht. Mit dem Suchtcharakter einher geht zumeist eine elitäre Abgrenzung von den »normalen Angestellten«. Es gehört beispielsweise nach Aussage eines Beraters zur »Natur der Berater«, immer »top« sein zu wollen. Die Kreativen in der Werbung sehen sich als expressive Elite des Landes (Koppetsch 2006), Investmentbanker rühmen sich ihrer hohen Konzentrations- und Belastungsfähigkeit (T., Anne 2009; Anderson 2010).

Die Experten der Beratungs-, Finanz- und Kulturindustrien sind meist jung und flexibel, ihre Karrieren sind rasant und können ebenso schnell wieder beendet sein. Aufgrund der hohen Arbeitsbelastung und der hohen Mobilität können diese Berufe oft nicht ein ganzes Leben lang ausgeübt werden, viele verlassen bereits nach wenigen Jahren das Berufsfeld oder wechseln auf die Kundenposition. Offen bleibt, wie oft dem Ausstieg eine berufliche Krise oder ein psychischer Zusammenbruch vorangegangen sind. Wiederholt wird von den Betroffenen hervorgehoben, dass sich die Berufswelt der Berater und Investmentbanker, wie auch die der Kreativen, mit einem Familienleben nicht vereinbaren lässt und Freundschaften nicht mehr ausreichend gepflegt werden können. Hier wie auch in anderen Berufen (Haffner 2008) gilt: Je höher der Arbeitseinsatz und je höher die Anzahl der mit Arbeit verbrachten Stunden, desto größer der berufliche Erfolg. Die Einzelnen geraten leicht in einen Sog, der sie aus dem bürgerlichen Leben hinausführt in eine Welt, in der nur noch die Arbeit und das Arbeitsumfeld zählen.

Wie die eigene Befragung von Unternehmensberatern und Investmentbankern sowie Erfahrungsberichte von Betroffenen (T., Anne 2009; Anderson 2010) dokumentieren, stellen Burn-Out-Erkrankungen mittlerweile ein zentrales Thema in den Personalabteilungen der Beratungs- und Finanzindustrien dar, da sich Ausfalltage durch psychische Probleme häufen und Fehlzeiten zu einem Geschäftsrisiko werden können. Arbeitgeber ergreifen zunehmend präventive Maßnahmen, sie richten Sabbaticals ein oder ermöglichen Heimarbeitstage, um die Beschäftigten zu entlasten. Die meisten der befragten Banker und Unternehmensberater haben in ihrer Karriere »viele Burn-Out-Fälle gesehen« und manchmal sogar »an sich selbst Symptome festgestellt«. Kollegen würden plötzlich unvermittelt kündigen oder krank geschrieben. Selten bekennen sich die Befragten jedoch zu einer eigenen Krankheitsepisode. Einig sind sie sich darin, dass die Betroffenen lange selbst nicht merken, dass sie sich auf dem Weg in eine psychische Krise befinden. Nach Meinung einer der Befragten merke man, dass man kurz vor einem Burn-Out stehe, wenn das Wochenende anfange zu stören, weil es einen aus dem Rhythmus bringe. Erholungszeiten werden nicht mehr eingehalten und die Arbeit übernehme das gesamte Leben. Bei den meisten Menschen führe dies dazu, dass sie noch mehr arbeiteten, um voranzukommen, doch mache sie dies in Wirklichkeit langsamer.

4. Die persönliche Drift: Der Verlust des roten Fadens und die Ausweitung von Zwischenräumen

Wenn die Burn-Out-Problematik ein Phänomen der Überidentifikation und des zu großen Engagements innerhalb des Berufs darstellt, dann besteht die *Erfahrung des Driftens* eher in einer zu geringen oder oberflächlichen Identifikation, genauer: Die persönliche Drift äußert sich in dem Unvermögen, unter den gegebenen Bedingungen eine kohärente Identität und einen festen Persönlichkeitskern überhaupt zu entwickeln. Definiert man Identität als etwas, was dem Subjekt über wechselnde Kontexte und Situationen hinweg Kohärenz und Kontinuität verleiht, dann besteht die Drift in dem Verlust des handlungsbegleitenden Identitätsgefühls.

Für Richard Sennett (2000) liegt die Ursache für die Drift in der Kultur des flexiblen Kapitalismus begründet, in der das Leben des Einzelnen immer häufiger zum Spielball nicht kontrollierbarer Marktkräfte wird. Der flexible Mitarbeiter soll sich je nach Umständen unterschiedlichen Situationen anpassen, soll also polyvalent und fähig sein, Vorgehensweise und Werkzeuge zu wechseln. Damit wächst die Distanz zwischen dem Subjekt und seiner Umwelt, denn die Identität zieht sich aufgrund der Beschleunigung des Lebens immer weiter aus ihrer Umgebung zurück. Für viele Akteure, die in der modernen Arbeitswelt erfolgreich sind und durch deren berufliche Laufbahnen sich zahlreiche Orts- und Stellenwechsel ziehen, wird es zunehmend schwierig, eine kohärente Biografie zu entwickeln, dauerhafte soziale Beziehungen aufrechtzuerhalten und feste Verbindlichkeiten einzugehen. Der rote Faden ihres Lebens droht verlorenzugehen, da ein übergreifender Bezugsrahmen der eigenen Lebensgeschichte fehlt. Wer in seinem Leben schon viele Umzüge erlebt hat, wird vielleicht bemerken, dass er nicht nur Beschäftigungsverhältnisse, Nachbarn und Freunde jeweils auswechselt, sondern dass die Zahl der Personen, die Zeugen des gesamten Lebenslaufs oder wichtiger Lebensabschnitte sind, sinkt oder diese bereits nicht mehr vorhanden sind. Lebenskreise und Lebensphasen berühren sich nicht länger, weil man immer wieder von vorne anfängt.

Doch die Gefahr der Drift besteht nicht nur in dem Verlust einer kohärenten Lebenserzählung, sie durchsetzt zunehmend auch die Alltagswirklichkeit. Der amerikanische Psychologe Kenneth Gergen (1996: 39ff.) und der deutsche Literaturwissenschaftler Jürgen Link (1999: 387f.) zeigten unabhängig voneinander, unter welchen Bedingungen die sich ausweitenden Normalitäts- und Wirklichkeitshorizonte zu einer quälenden Verletzung des Identitätsgefühls führen können. Einerseits stellt sich den Einzelnen ihr Normalitätsfeld als ein offener Raum dar (Link 1999: 388) (»das darf man nicht so eng sehen«), der die Faszination eines vielfältigen Lebens begründet, andererseits lauern in den großen Zwischenräumen scheinbar unendlicher Möglichkeiten und Horizonte besondere Gefährdungen wie Entfremdung, Drift und Vereinsamung. Die vielen Erfahrungen und Wirklichkeiten schaffen zwar die Grundlage für eine facettenreiche Identität, doch gerät die moderne Persönlichkeit so auch zunehmend in den Widerspruch zu sich selbst.

Abweichungen von der Normalität im Sinne erweiterter Möglichkeiten sind in der Mittelschicht durchaus gewünscht. So werden punktuelle Unterschiede wie Homosexualität, gelegentlicher Drogenkonsum, ungeregelte Beschäftigungsverhältnisse, Partnerwechsel, soziale und räumliche Mobilität zunächst als Bestandteil eines »erweiterten Horizonts« wertgeschätzt. Gleichzeitig herrscht aber panische Angst vor einer »falschen Richtung« der Vita. So wehrt sich eine Mutter gegen eine progressiv orientierte Lehrerin, weil diese ihre Tochter nach ihrer Ansicht in die Rolle einer »Karrierefrau« drängen möchte. Oder eine seit Kurzem arbeitslose Journalistin jagt von einem Termin zum nächsten, um Müßiggang und Leerlauf, die ihrer Meinung nach zur unausweichlichen Verfestigung ihres Status führen würden, im Keim zu ersticken. Die offenen Normalitätshorizonte erzeugen somit ein symbolisch verbreitertes Feld, gleichzeitig sind Schwebezustände jedoch tabuisiert und führen reflexartig zu Neukupplungen. Die Loslösung von einem spezifischen gesellschaftlichen Normalitätsstandard (in diesen Beispielen: die Abweichung vom normalen Arbeitstag, einem normalen Lebenslauf, einer normalen Ehe) führt zu Anstrengungen der Re-Normalisierung. Zu groß ist die Angst vor Realitäts- oder Identitätsverlust, also einem auf Alltagsroutinen und Normalitätsannahmen gestützten identitären Gravitationszentrum zu entgleiten.

Als problematisch werden die sich ausweitenden Normalitätshorizonte und Zwischenräume vor allem dann empfunden, wenn diese den hochgetriebenen Erwartungen an Selbstverantwortung und rationaler Lebensplanung entgegenstehen und Ängste sowie Gefühle des Kontrollverlustes hervorrufen. Die durch Unsicherheiten enttäuschte Erwartung, sein Leben planen und rational gestalten zu können, schlägt sich oft auch in der fixen Idee nieder, vom sozialen Abstieg bedroht zu sein. Vermehrt suchen die Einzelnen Berater auf, die etwa als Coaches, Therapeuten oder Bewerbungstrainer arbeiten. Diese und andere »Experten der Subjektivität« (Bröckling 2007: 41) werden in Zeiten der Verunsicherung verstärkt konsultiert. Sie übertragen die existenzielle Frage nach dem Sinn des Lebens in technische Handlungsanweisungen und Verfahrensweisen, die den Einzelnen in die Lage versetzen sollen, Dysfunktionen zu managen und die »Qualität des Lebens« möglichst effizient zu steigern.

Welche Konsequenzen erwachsen daraus für die Vorstellung von der Persönlichkeit? Heute wird das Selbst weniger als persönliches Eigentum mit einem festen Persönlichkeitskern betrachtet, der unabhängig von anderen, gleichsam tief im Inneren, existiert. Wo Vergangenheit, Gegenwart und Zukunft ständig neu verknüpft und gedeutet werden, ändert sich auch das Gefühl dessen, wer man war, ist und sein wird, stets aufs Neue. Der Einzelne wird dazu gezwungen, seine Zeithorizonte und Identitätskonzepte flexibel und variabel zu halten. Ausprägung und Gewichtung der Identitätsparameter ändern sich von Situation zu Situation. Laut Kenneth Gergen (1996) entwickelt sich die moderne Persönlichkeit zu einem Beziehungsselbst, das primär durch das soziale Umfeld und die jeweilige Beziehung definiert wird. Das Beziehungsselbst besitzt viele unvereinbare Facetten und im Extremfall fehlt ihm ein Objekt (wahres Selbst), auf das es sich beziehen kann.

Sicherlich wird die Vorstellung eines Beziehungsselbst in der Gesellschaft (noch) nicht weiträumig geteilt. Auf verschiedene Weise spürt man jedoch seine Gegenwart, etwa in der Frustration darüber, dass man Begebenheiten des Lebens mangels Publikum nicht mitteilen kann, was die Ereignisse selbst auszulöschen droht, oder in dem man in seiner Trauer über den Tod eines anderen erkennt, dass ein gewisser Teil des eigenen Selbst mit ihm gestorben ist. Das Beziehungsselbst schwingt auch in der Erkenntnis mit, dass man nicht »anziehend« sein kann, wenn andere sich nicht angezogen fühlen, dass man kein Führer sein kann, ohne andere, die einem folgen. Für manche ist die Vorstellung, sich über seine Beziehungen selbst zu erzeugen, attraktiv und sie geraten in den Rausch einer gemischten Persönlichkeit (Gergen 1996: 255f.). Die gespielte Rolle wird für sie zur dominierenden Befriedigung – das präsentierte Image.

Andere jedoch, die an der Vorstellung eines festen Persönlichkeitskerns festhalten möchten und sich nach tiefen Bindungen und Wahrheiten sehnen, fühlen sich durch den zunehmenden gesellschaftlichen Druck, die Vervielfältigung und Optimierung des eigenen Selbst voranzutreiben, um das Wesentliche im Leben betrogen. Sie unterliegen einer schleichenden Entfremdung, in der sich feste Wahrheiten und Identitäten auflösen. Denn wenn alles zum Image wird, dann verliert die Unterscheidung zwischen dem wahren und falschen Selbst, zwischen dem Wirklichen und dem bloß Vorgetäuschten an Kraft. Es gibt kein grundlegendes »Ich«, keine Identität mehr, die allen Selbstkonstruktionen zugrunde liegen würde. Das Selbst wird zum Terminal multipler Netzwerke und der Einzelne gerät fortwährend in Widersprüche zu sich selbst. Und je weiter die »Explosion der Identitäten« (Kaufmann 2005) voranschreitet, desto weniger vermag der Einzelne, sich auf sich als ein kohärentes Selbst, als eine Person mit Identität zu beziehen – es entsteht die Situation der Drift. Das Ergebnis dieses Prozesses ist ambivalent: Einerseits werden Handlungsspielräume durch wissenschaftliche Methoden der Selbstkontrolle und Selbstoptimierung erweitert, andererseits wird es schwieriger, langfristig bindende, kontextübergreifende Lebensziele zu verfolgen.

Doch wie können sich die persönlichen Beziehungen vor dem auf Kurzfristigkeit basierenden Verhalten und dem Mangel an Loyalität und Verbindlichkeit schützen? Einige Personen versuchen die Identitätserosion einzudämmen, indem sie auf Traditionen und festgefügte Existenzformen zurückgreifen. Gegen die nur oberflächlichen Bindungen im »Projekt«, gegen die schleichende Erosion des Lebenslaufs durch die stete Abfolge von Lebensmittelpunkten und Lebensabschnittspartnerschaften setzen sie die Idee bleibender Werte und Ordnungen. Jean-Claude Kaufmann (2005: 87) spricht in diesem Zusammenhang von Konterrevolution. Fundamentalismus, als eine historische Rückwendung zur religiösen Begründung von Solidaritäten, ist nur eine – die extremste – Form einer Identitäts- und Gemeinschaftsbildung, die sich auf die Wiederherstellung hierarchischer und patriarchalischer Ordnungen richtet (ebd.: 87). Weniger extrem scheint die Rückkehr zu kollektiven Identitäten, etwa traditionellen Geschlechtsidentitäten, oder der Bezug auf holistische Gesellschaftsentwürfe (Esoterik oder fernöstliche Religionen) zu sein.

Je stärker sich die Gemeinschaften in den Ereignissen auflösen, desto mehr sehnen sich die Einzelnen nach der gesellschaftlichen Umhüllung und nach verlorenen Wertesystemen. Auf der Suche nach Rückversicherung und Gewissheiten wird die Konterrevolution auf die Gesellschaft heute zunehmend attraktiver als die Revolution der Identität. Dies erklärt auch die neue Popularität religiöser Rituale wie Gottesdienstbesuche, Pilgerreisen und kirchliche Übergangsriten wie Konfirmationen und Taufen, selbst bei Menschen, die vor einigen Jahren religiöse Handlungen und Einstellungen strikt zurückgewiesen hätten.

5. Depressionen: Flugbahnen negativer Individualisierung

Unsicherheiten, die aus der Drift oder aus der Angst vor sozialem Abstieg resultieren, wie auch Burn-Out-Zustände können in schwerwiegenden Fällen zu Depressionserkrankungen führen. Dies ist aber nur dann der Fall, wenn, wie Elisabeth Summer (2008) dargelegt hat, zu den Krisenerfahrungen und emotionalen Leidenszuständen Gefühle der persönlichen Wertlosigkeit und verallgemeinerte Schuldzuweisungen an die eigene Person hinzutreten. Entleerung, Entfremdung und Erschöpfung allein führen nicht automatisch in die Depression. Auch der soziale Abstieg mündet nicht zwangsläufig in eine psychische Erkrankung. Hinzu kommen müssen moralische Abqualifizierungen und ein negatives Selbstkonzept. Das Subjekt muss zutiefst davon überzeugt sein, dass es sein Unglück oder Leiden selbst verursacht hat, und schlimmer noch, dass es aufgrund von schweren Persönlichkeitsdefiziten nicht fähig ist, glücklich oder erfolgreich zu leben.

Nach Summer (2008: 223ff.) wird die Neigung zur Selbstabwertung in der persönlichen Biografie, meist in der Familie, erworben. Dazu tragen familiäre Konstellationen bei, in denen die Bedürfnisse des Heranwachsenden nicht beachtet werden, von ihnen beispielsweise stets ein angepasstes Verhalten gefordert und Widerspruch bestraft wird. Auf diese Weise verinnerlichen Heranwachsende ein negatives Selbstbild und es entsteht die »neurotische« Neigung, auch im späteren Leben Rückschläge, Krisenerfahrungen und Misserfolge als Konsequenz einer defizitären Persönlichkeit zu interpretieren.

Allerdings geht diese Sichtweise nicht auf die gesellschaftlichen Ursachen von Minderwertigkeitserfahrungen ein. Ein negatives Selbstkonzept wurzelt nicht notwendig in problematischen Kindheitserfahrungen, es hat seine Ursachen mindestens ebenso in den gesellschaftlichen Institutionen (Schule, Arbeitsplatz, Öffentlichkeit) außerhalb der Familie. Hier lässt sich häufiger beobachten, dass Personen auf subtile Weise stets selbst für ihr Scheitern verantwortlich gemacht werden. Wer seinen Arbeitsplatz oder seinen Partner verliert, wer trotz großer Anstrengungen beruflich auf keinen grünen Zweig kommt oder wer in Anbetracht unsicherer und ständig wechselnder Lebensumstände ziellos geworden ist, wird zwar im engeren Kreis zunächst auf mitfühlende Reaktionen stoßen. Unausgesprochen wird jedoch oft davon ausgegangen, dass der oder die Betreffende das Unglück zu einem gewissen Grad mit verschuldet hat. Auch wird von ihm oder ihr erwartet, initiativ zu werden, um sich aus der Misere zu befreien, selbst wenn reale Handlungsoptionen für den Einzelnen objektiv kaum oder gar nicht vorhanden sind. Insofern kann durchaus in Übereinstimmung mit Alain Ehrenberg (2004) davon ausgegangen werden, dass dem Einzelnen unabhängig von seiner Lage und tatsächlichen Handlungsmöglichkeiten ein hohes Maß an Eigenverantwortung zugemutet wird. Übernimmt der Einzelne diese Erwartung in sein Selbstkonzept, kann dies bei wiederholtem Scheitern leicht zur moralischen Selbstabqualifizierung und zum Verlust der Handlungsfähigkeit führen.

Aus diesen Gründen wäre es zu einfach, ein negatives Selbstbild mit einer neurotisch-verzerrten Persönlichkeitsstruktur und ein positives Selbstbild mit psychischer Gesundheit gleichzusetzen. Mindestens zwei Argumente sprechen ebenfalls dagegen. Zum einen unterscheiden sich Personen durchaus in den verfügbaren Möglichkeiten und Ressourcen, ihr Leben selbst zu bestimmen. Zum anderen hat das Festhalten an Gestaltungs- und Kontrollüberzeugungen trotz des Scheiterns, das bei Psychologen als ein Zeichen von psychischer Gesundheit gewertet wird, nicht in jedem Fall etwas mit Rationalität oder mit einer zutreffenden Realitätssicht zu tun.

Bekanntlich können kritische Lebensereignisse oder traumatische Erfahrungen, wie der Verlust eines Lebensgefährten oder des Arbeitsplatzes oder eine Krankheit, auch bei »gesunden Menschen« häufig eine depressive Episode auslösen (Burisch 2010). Ob sich die Episode zu einer ernsthaften depressiven Erkrankung verfestigt oder nicht, hängt nicht, so die soziologische Auffassung, von neurotischen Dispositionen ab, sondern vielmehr von den Ressourcen, über die der Einzelne verfügt: Gibt es genügend Freunde, Beziehungen und Netzwerke, die ihn auffangen, gibt es ausreichend materielle und kulturelle Ressourcen, durch die er Handlungsspielräume wiedererlangen kann, um die Krise zu bewältigen?

Für eine solche Sichtweise spricht zudem, dass Menschen aus unterprivilegierten Sozialschichten, die über nur geringe Ressourcen verfügen, sich tatsächlich von den gegenwärtigen gesellschaftlichen Umwälzungen besonders bedroht fühlen (Heitmeyer 2010: 59) und am häufigsten von psychischen Erkrankungen betroffen sind. Laut einer Analyse der Bundespsychotherapeutenkammer (2010) stieg die Zahl der psychischen Erkrankungen vor allem bei Arbeitslosigkeit dramatisch an – sie ist drei- bis viermal so hoch wie bei Beschäftigten. In den unterprivilegierten Schichten häufen sich zudem oft die Gefährdungslagen. Der Verlust der Erwerbs- und Berufsrolle zieht oft weitere Gefährdungen nach sich, wodurch sich der Kontrollverlust zwangsläufig ausweitet. Nicht selten geht mit dem Verlust des Arbeitsplatzes auch der Entzug der materiellen Existenzgrundlage *und* der gesellschaftlichen Anerkennung (Status) einher, dem dann nicht selten noch der Verlust des Partners folgt. Nach Robert Castel (2000: 401ff.) kann in diesem Zusammenhang auch von Verläufen *negativer Individualisierung* gesprochen werden, da hier keine Freisetzung in die Autonomie, sondern eine schrittweise Entkopplung vom Sozialen, gewissermaßen eine De-Sozialisierung des Individuums stattfindet. Typische und oft zitierte Bespiele sind prekäre Lebensläufe, die durch lange Phasen der Arbeitslosigkeit oder geringfügige Beschäftigungen gekennzeichnet sind und schließlich in sozialer Isolation, also in einem vollständigen Ausschluss von gesellschaftlichen Bezügen münden.[25]

Doch ist die Erfahrung des ohnmächtigen Scheiterns wie gesagt nicht hinreichend, um Depressionen auszulösen. Erst wenn das Scheitern mit einer negativen Selbstbewertung einhergeht, wenn Gefühle der eigenen Schwäche oder Inkompetenz hinzukommen, ist der Weg in die Depression gebahnt. Depressionen entstehen aufgrund der tief verwurzelten Annahme, das Individuum *persönlich* sei die Ursache der Probleme. Ironischerweise hat gerade der Depressive die normativen Ideale der Gesellschaft mehr als andere bis in seine Emotionen hinein verinnerlicht, da er sich selbst die Schuld für sein Versagen, also für seinen wahrgenommen Mangel an Kontroll- und Handlungsmöglichkeiten, gibt.

Von daher spricht ein aufrechterhaltenes positives Selbstbild trotz vieler Misserfolge nicht zwangsläufig für eine »bessere« Realitätssicht. So bleiben unter Bedingungen des Scheiterns meist solche Menschen von Depressionen verschont, die von ihren Gestaltungsmöglichkeiten überzeugt bleiben, obwohl ihnen die Handlungsoptionen fehlen. Wer nicht merkt, dass er keinen Einfluss auf den Verlauf bestimmter Dinge hat, wird kaum Zweifel an seinen Fähigkeiten hegen. Selbstüberschätzung schützt in gewisser Weise auch vor Selbstzweifeln. In unserer Gesellschaft wird zudem sehr viel dafür getan, um Einzelne in dem Glauben zu lassen, sie seien »Herr« ihrer Lage und könnten über ihr Leben bestimmen. Wie sozialpsychologische Untersuchungen zeigen, überschätzen viele Menschen regelmäßig ihre eigene Selbstwirksamkeit, das heißt ihre Möglichkeiten, die Dinge zu beeinflussen (Schwarzer 1993; Sherer Maddux 1982). Psychische Gesundheit hat also nicht zwangsläufig etwas mit Rationalität und rationaler Lebensführung zu tun. Im Gegenteil: Manchmal sind irrationale Überzeugungen überlebenswichtig. Je stärker an Kontrollüberzeugungen auch kontrafaktisch festgehalten wird, desto eher kann eine Erschöpfung der Handlungsfähigkeit vermieden werden.

Die Tendenz zur »gesundheitsförderlichen« Realitätsverleugnung zeigt sich zum Beispiel aktuell darin, wie gesellschaftliche Krisen wahrgenommen werden. Die anlässlich der Finanzmarktkrise 2008 durchgeführten Umfragen belegen (vgl. Spiegel-Umfrage 2009; Heitmeyer 2010), dass die Einzelnen zwar von einer negativen gesellschaftlichen Entwicklung in den nächsten Jahren ausgehen, sich selbst und ihre persönliche Zukunft aber häufig in einem überraschend positiven Licht sehen. Damit kann ein positives Bild der eigenen Situation und des Selbst aufrechterhalten werden. Viele Menschen scheinen davon überzeugt zu sein, dass ihre Fähigkeiten sie vor Gefährdungen auch dann schützen, wenn alle anderen negativ betroffen sind. Diese Form der Kontrollüberzeugung ist in der gegenwärtigen Sozialforschung ein fast durchgängig zu beobachtendes Phänomen. Sichtbar wird die Aufspaltung der wahrgenommenen Realität in eine persönliche kontrollierbare und eine unkontrollierbare gesellschaftliche Sphäre. Das Motto lautet »Der Gesellschaft geht es schlecht, mir aber geht es gut« (Heitmeyer 2010: 22), oder wie Klaus Dörre (2011: 36) gezeigt hat – »guter Betrieb, schlechte Gesellschaft«. Oder: »Die Zukunft ist ungewiss, aber meine Kinder haben die besten Startchancen« (Spiegel-Umfrage 2009). Offenkundig verfügt die Mehrheit der Bevölkerung nach wie vor über wirksame Schutzmechanismen gegen psychisches Leid.

6. Schlussfolgerungen: Psychisches Leid und soziale Lage

Die Analysen zeigen, dass sich das Ausmaß und die Art des psychischen Leidens zu einem gewissen Grad auf die soziale Lage, die damit einhergehende Problemsituation und die bereitstehenden Ressourcen zurückführen lässt. Daher greift es zu kurz, wenn die Depressionserkrankung, die nach wie vor in den benachteiligten Schichten häufiger auftritt, als »Krankheit der Verantwortlichkeit« betrachtet wird.

Zwar fühlen sich Mittelschicht und Menschen aus unterprivilegierten Soziallagen gleichermaßen von Erschöpfungszuständen, Unsicherheiten und Abstieg bedroht. Die dahinterstehenden Problemlagen und Ängste unterscheiden sich jedoch gravierend. Während sich benachteiligte Schichten angesichts geringer Einkommen, drohender Arbeitslosigkeit und verfestigter Armut häufiger in aussichtslosen Lagen wiederfinden und sich Depressionen, sobald diese sich im Leben eingenistet haben, unwiderruflich festsetzen, sind die emotionalen Verwerfungen in den privilegierten Lagen subtiler und meist weniger zerstörerisch.

Dieser Befund kann mittels des Konzepts der »erlernten Hilflosigkeit« des amerikanischen Sozialpsychologen Martin Seligman (1975) erklärt werden. Nach Seligman entwickeln Menschen, die wiederholt die Erfahrung machen, negative Ereignisse nicht kontrollieren zu können, eine Haltung der Passivität und Hilflosigkeit. Sie haben »gelernt«, keine Kontrolle über ihr Leben zu haben. Kontrollüberzeugungen, also das Gefühl, das eigene Leben im Griff zu haben, sind jedoch unverzichtbar, um ein positives Selbstbild aufrechtzuerhalten. Wo sich jedoch Verluste häufen und auf bestehende Benachteiligungen weitere folgen (dies ist bei Arbeitslosigkeit in den unterprivilegierten Schichten oft der Fall), können Kontrollüberzeugungen und mithin ein positives Selbstbild nicht langfristig bewahrt werden. Ein negatives Welt- und Selbstbild ist in diesen Soziallagen keine neurotische Einbildung, sondern die logische Konsequenz einer vollständig deprivierten Lage. Die Tatsache, dass verstärkt Personen in verfestigter Armut von Depressionen betroffen sind, kann dann nicht verwundern.

Demgegenüber sind Burn-Out-Episoden eher in der Mittelschicht anzutreffen, nämlich in klientenbezogenen, »helfenden« Dienstleistungsberufen und in hochqualifizierten Berufen mit entgrenzten Arbeitszeiten. Auch die Erfahrung der Drift, also das Gefühl der Identitätserosion, dürfte häufiger in der hochmobilen, meist akademisch gebildeten Mittelschicht vorkommen. Gerade für diejenigen, die in der modernen Arbeitswelt erfolgreich sind und durch deren berufliche Laufbahnen sich zahlreiche Orts- und Stellenwechsel ziehen, öffnen sich die Normalitätshorizonte und die Lebenskreise. Mit jedem Projekt, jeder neuen Stadt oder jedem neuen Job stellen sich neue Sozialpartner, Werthorizonte und Normalitäten ein. Doch mit zunehmendem Alter empfinden die Personen es als problematisch, über keine kohärente Biografie, keine dauerhaften sozialen Beziehungen und feste Verbindlichkeiten zu verfügen. Oftmals ausgelöst durch kritische Lebensereignisse wie die Trennung von Partner oder Familie wird der ständige Wechsel leicht als Entwurzelung erlebt. Dennoch verfügen Personen aus der Mittelschicht in der Regel über genügend Ressourcen, um größere Katastrophen abzuwenden und psychische Leiden einzudämmen.

Ausgeschlossen ist der Abstieg in die Depression jedoch auch in den privilegierten Lagen keineswegs, zumal sich gerade in der gehobenen Mittelschicht häufig individualistische Deutungen biografischer Krisen oder kritischer Lebensereignisse finden. Entsprechend versucht der Einzelne, seine Krise durch persönliche Bewältigungsmechanismen, durch Therapien oder psychologische Ratgeber zu überwinden. Damit läuft er jedoch Gefahr, die in der depressiven Spirale enthaltene Tendenz zur destruktiven Selbstbezüglichkeit zu verschärfen und die Krisensituation als persönliches Versagen zu bewerten. Der geläufige therapeutische Diskurs lädt zur psychologischen und nicht zur politischen Problembehandlung ein und fordert, die Ursachen für Gelingen und Misslingen zunächst bei sich selbst zu suchen.

Gerade in den privilegierten Lagen geht man davon aus, dass das Scheitern an den hochgetriebenen Anforderungen der neuen Lebens- und Arbeitsformen zumeist selbst verschuldet wurde. Darin manifestiert sich eine gesteigerte Anpassungsbereitschaft an die Spielregeln moderner

Lebensformen. Der Weg in die psychische Erkrankung ist dann ein sehr hoher Preis, den das Individuum dafür zahlt. Denn statt gegen den übermäßigen Leistungs- und Erfolgsdruck und gegen gesellschaftliche Ausschlussprinzipien zu rebellieren, verinnerlichen die Einzelnen ihr Scheitern in ihr Selbstkonzept und sind nur allzu schnell bereit, das daraus resultierende Leid als psychische und therapiebedürftige Krankheit zu betrachten. Wo sich das Individuum für Fehlschläge selbst verantwortlich glaubt, nehmen die Wiederkehr der Konformität und die Abkehr von politischen Gesellschaftsentwürfen selbstzerstörerische Züge an.

Teil II: Wandel von Lebensformen: Fallstudien

Kapitel 5

Biografische Illusionen: Singles aus der Baby-Boom-Generation

Das Single-Leben scheint heute keine attraktive Lebensform mehr zu sein. Galt der Single in den 1980er Jahren als Leitfigur, so wird er heute in der Öffentlichkeit eher als defizitäre Person wahrgenommen (Hradil 2003). Singles sind für Existenzrisiken in Zeiten allgemeiner Unsicherheit besonders anfällig, seien es Risiken der Vereinsamung, des emotionalen Abstiegs und der sozialen Entkopplung. Zwar sind Einkommen und Lebensstandard bei Singles überdurchschnittlich hoch. Allerdings sind sie in ungünstigen Erwerbssituationen stärker sozial verwundbar, da sie Gefahr laufen, zu »aktiven Verlierern« zu werden, paradoxerweise gerade *weil* sie die Botschaft der autonomen Lebensführung zu ernst genommen, sich zu lange zu viele Optionen offen gehalten, zu schnell und zu viel riskiert und sich dadurch die Rückkehroption in ein »normales Leben« verbaut haben.

Dies gilt zum Beispiel für Sibylle Raschke,[26] 47 Jahre alt, Single, in Berlin lebend und zurzeit arbeitslos. Sie ist eine typische Bildungsaufsteigerin. Ihre persönliche Selbstständigkeit stand immer im Zentrum ihres Lebensentwurfs. Von ihrem Elternhaus und ihrer Herkunft aus dem Arbeitermilieu hat sie sich weit entfernt. Nach dem Studium der Architektur schienen zunächst alle Wege offen. Sie arbeitete in einem Museum, wechselte bald in die Bauwirtschaft. Es folgten mehrere gut bezahlte Jahre. Doch die Arbeitsbedingungen waren schwierig: »Die Bauwirtschaft ist eine reine Männerwirtschaft, mir wurde es dort zu hart.« Sie arbeitete Anfang der 1990er Jahre als Architektin in Berlin, hörte damit, als der Bauboom im Osten sich erschöpfte, wieder auf und gründete eine PR-Firma, die sich mit Vermarktungskonzepten für

Immobilien befasste. Doch das Geschäft entwickelte sich schlecht. Aufgrund der mageren Auftragslage musste sie ihre PR-Firma nach zwei Jahren schließen. Nach einer längeren Bewerbungsphase trat sie mit 45 Jahren eine Stelle in einer Unternehmensberatung in München an. Ein Posten, der gemessen an den sonst in dem Unternehmen üblichen Gehältern zwar nicht üppig bezahlt, aber nichtsdestotrotz ein »absoluter Glücksfall« war, wie sie sagt. Es sei wie ein später Aufbruch in eine normale, gefestigte Existenz gewesen.

Nach eineinhalb Jahren wurde sie dort wieder »freigesetzt«. Ihre neu bezogene Wohnung in München musste sie aufgeben und zurück in ihre Einzimmerwohnung in Berlin-Kreuzberg ziehen. Sie erlebt dies als persönliche und nicht nur als berufliche Niederlage, ein Scheitern bei der späten, doch auf hohem Niveau erfolgten Etablierung: Sie sei es leid, mit fast 50 Jahren noch wie eine Studentin zu leben. Ihre Chancen, in naher Zukunft eine adäquate Stelle zu finden, schätzt sie gering ein. Eine die Existenz sichernde Rente wird sie später nicht erhalten. Eine dauerhafte Partnerschaft kommt nicht zustande und wird mit fortschreitendem Alter unwahrscheinlicher.

Aus Enttäuschung wurde bald Verzweiflung: Sibylle sieht sich heute an einem Tiefpunkt ihrer Entwicklung. Von manchen Freunden, die ihr »gute Ratschläge« erteilen und sie schulterklopfend bemitleiden, hat sie sich distanziert. Sie fühlt sich nicht geborgen: Es gibt keinen Partner, der sie auffängt, keine Familie, die ihr Mut zuspricht, keine Kirche, die Trost spendet, und vor allem kein Milieu, das mit ihren Misserfolgen umgehen könnte. Die strukturelle Tatsache der Beschäftigungslosigkeit nimmt sich neben den introspektiven, selbstquälerischen Aspekten ihres Werdegangs nahezu harmlos aus: Sibylle fragt sich heute, warum es ihr nicht gelingt, ein »normales« Leben mit Partnerschaft und Beruf zu führen.

1. Die Wohlstandsentwicklung in der Bundesrepublik und die Problematik der Bildungsaufsteiger

Wie viele Singles verfügt auch Sibylle über ein großes Netzwerk von Kollegen, Freunden und Bekannten. Ihrer Einsamkeit liegt daher kein Kontaktdefizit, sondern die spezifische Logik ihrer »Flugbahn der Autonomie« (Kaufmann 2002: 159) zugrunde, die sie mit vielen anderen Angehörigen ihrer Generation teilt. Wie bei vielen aus der Baby-Boom-Generation, also der ab 1960 Geborenen, erwiesen sich der Aufbruch aus dem Elternhaus und das Studium als Befreiungsprojekt, als Wegweiser in ein selbstbestimmtes Leben. Meist aus provinziellen Lebensformen oder beschränkten sozialen Lagen stammend erlebten sie als junge Erwachsene zunächst einen beträchtlichen sozialen und beruflichen Aufschwung. Dabei waren sie keineswegs nur von Ehrgeiz getrieben. In ihrer Berufs- und Partnerwahl folgten sie ganz dem Prinzip der individuellen Autonomie. Die Selbstverwirklichung hatte Vorrang vor lebenslangen Bindungen an Beruf, Partnerschaft oder Familie. Diese sollten in erster Linie der inneren Selbstentfaltung dienen. Das Einkommen war oft zweitrangig. Für die meisten Angehörigen dieser Generation ging die Rechnung zunächst in finanzieller und in persönlicher Hinsicht auf: Sie konnten sich die Selbstverwirklichung beruflich leisten und wurden zu moralischen Instanzen, zu Normgebern einer alternativen, postmaterialistischen Lebensweise.

Erst als Ende der 1990er Jahre die Erwerbsunsicherheiten zunahmen und Aufstiegsmöglichkeiten versperrt waren, erwiesen sich die Lebens- und Identitätsentwürfe dieser Generation als problematisch. Die romantischen, vielfach durch die *Neuen Sozialen Bewegungen* transportierten Ideale von Individualismus und Selbstverwirklichung mussten sich plötzlich am kapitalistischen Markt bewähren. Die richtige Gesinnung, die höhere Bildung und die alternative Lebensweise verhalfen nicht mehr automatisch zu höheren Einkommenspositionen. Die Beschäftigungsmöglichkeiten im öffentlichen Dienst, ein wichtiger Arbeitgeber der neuen Mitte, wurden geringer und die Gehälter schrumpften. Die Generation spaltete sich nun in »Gewinner«, die den Absprung in die gesicherten Lebensumstände noch rechtzeitig geschafft hatten und über ein festes Einkommen, Beruf und häufig auch Familie verfügten, und »Verlierer«, wie Sybille Raschke, die in unkonventionellen Lebensformen »stecken« geblieben waren. Sie bekommen die Härte fehlender biografischer Festlegungen und kollektiver Einbindungen zu spüren. Viele fühlen sich mit ihrem Lebensentwurf allein gelassen und von Freunden und Kollegen, die einen neuen Weg einschlugen, verraten.

In dem Schicksal der Bildungsaufsteiger aus den Generationen der 68er und der Baby-Boom-Generation dokumentiert sich ein Stück Geschichte der Bundesrepublik: Zwischen 1960 und 1989 vervielfachten sich die Realeinkommen innerhalb weniger Jahrzehnte. Eine Phase der beispiellosen Wohlstandsexpansion begann, in der sich soziale Mobilitäts- und Bildungschancen ausweiteten und sich die sozialen Gegensätze abschwächten. Gleichzeitig expandierten die Berufe in den öffentlichen Dienstleistungsbranchen, etwa im Bildungs-, Sozial- und Gesundheitswesen (Vester et al. 2001: 398), wodurch sich neue Wege auch für Bildungsaufsteiger eröffneten. Vor allem die »neuen Berufe« expandierten, also die sich im weiteren Sinne mit Kommunikation, Information, Gesundheit oder Wissen beschäftigen und dafür Bildung sowie kulturelles Kapital voraussetzen. Das Bildungssystem erwies sich daher für viele Personen aus der Arbeiterklasse und dem Kleinbürgertum als Drehscheibe für einen Milieuwechsel. In den Städten entstanden neue, autonome Lebensformen und neue Subjektmodelle. Eine neue nachindustrielle Mittelschicht bildete sich heraus, die Werte wie Selbstverwirklichung, Bildung und Individualität verkörperte.

Dies änderte sich in den 1990er Jahren. Die Reallöhne sanken und immer häufiger fanden sich auch Hochschulabsolventen, vor allem aus den sozialpflegerischen und kultur- wie geisteswissenschaftlichen Berufen, unter ihrer Qualifikation beschäftigt. Das Selbstbewusstsein der nachindustriellen Mittelschicht schrumpfte. Nach wie vor besaßen die Hochschulabsolventen zwar noch die besten Berufsaussichten. Allerdings nicht alle. Wer den Einstieg verpasst hatte und in einem bestimmten Alter nicht über einen adäquaten Lebenslauf verfügte, durfte kaum noch mit Chancen rechnen. Außerdem stellte eine kontinuierliche Berufslaufbahn keine Selbstverständlichkeit mehr dar, sondern eine Errungenschaft, die dem Leben abgetrotzt werden musste. Nicht überall war Unsicherheit daher mit faktischer Deklassierung und sozialem Abstieg verbunden, auf dem Spiel standen vielmehr *Gestaltungsspielräume* und langfristige Lebensplanung (Castel 2000).

Dadurch kam es zur Entwertung gerade auch alternativer Lebensformen. Dies lässt sich sozialstrukturell am Verschwinden des »alternativen« Milieus in Deutschland aufzeigen. Laut Sinus-Milieustudie umfasste dieses Milieu 1982 noch 5 Prozent der Bevölkerung, seit 2000 ist es gar nicht mehr feststellbar (Hradil/Schmidt 2007: 215). Ein Teil davon hat sich seit den 1990er Jahren von der Protestkultur hin zum »postmodernen Milieu« entwickelt, das alternatives Leben als ästhetisches Projekt weiterführt und in die Konsumsphäre integriert, ohne damit noch einen politischen Anspruch zu verfolgen. Der Druck ist zu groß, um sich politische Ansichten in Arbeit und Beruf noch leisten zu können. Zahlreiche Beschäftigungsnischen wie Arbeitsbeschaffungsmaßnahmen wurden geschlossen. Universitäten und andere öffentliche Einrichtungen sind keine kulturellen Schmelztiegel mehr, sondern unterliegen dem ökonomischen Wettbewerb. Diejenigen, die am Gestus des Politischen festhalten, rücken ins Abseits.

Einige der Personen, die in der Studie der Technischen Universität Darmstadt befragt wurden und einen Hochschulabschluss haben, waren noch nie unbefristet beschäftigt, wurden als Künstler oder Wissenschaftler arbeitslos oder verpassten den Einstieg in eine geregelte Berufstätigkeit nach einem Berufswechsel. Manchmal wurden sie durch eine längere Krankheit, manchmal durch einen plötzlichen Stellenverlust ins berufliche Aus katapultiert. Offiziell leben sie von Alleinselbstständigkeit, Autorenhonoraren oder einem eigenen, kleinen Geschäft. Doch ein Blick hinter die Kulissen offenbart zumeist, dass diese beruflichen Tätigkeiten kein existenzsicherndes Einkommen erzielen und manchmal auch nur Alibifunktionen erfüllen. Die wahren finanziellen Verhältnisse werden zumeist verschwiegen – das Leben in alternativen Lebensformen, also das Leben als Boheme, hat in der Lebensmitte keine Berechtigung mehr.

Dies gilt auch für Thomas Merzen, 47 Jahre, der aus gutbürgerlichen Verhältnissen kommend beruflich als Drehbuchschreiber tätig ist, von seinen bislang nur für kleine Filme verwendeten Drehbüchern jedoch keinen Lebensunterhalt bestreiten kann. Auch er ist Single, lebt in einer kleinen Einliegerwohnung zur reduzierten Untermiete bei einem Freund und Mentor in Berlin-Charlottenburg. Vom »kleinbürgerlichen« Lebensentwurf trennen ihn vermeintlich Welten. Unstandesgemäße Aspekte seiner Lebensführung weiß er geschickt hinter seinem Auftreten zu verbergen. Er brilliert in einem großen Netzwerk aus Akademikern, Schriftstellern und Intellektuellen als charismatischer Künstler und ist gern gesehener Gast in den »Berliner Salons«, die seit den 1990er Jahren eine »Renaissance« erfahren haben. Wiederentdeckt wurde die Salonkultur des 19. Jahrhunderts nicht nur aufgrund des Wunsches nach Kommunikation, intellektueller Anregung und Netzwerkpflege, sondern auch aufgrund des gewachsenen Bedürfnisses nach Vergewisserung der Zugehörigkeit zum bürgerlichen Milieu.

Thomas Merzen fühlt sich den Kreisen aus der Oberschicht zugehörig, die er von Kindheit auf kennt, denn er besitzt seiner Meinung nach die entsprechenden besonderen Fähigkeiten. Es sei nur eine Frage der Zeit, bis man ihn als Drehbuchautor für das große Kino entdecke. Hinter der Fassade seines bürgerlichen Habitus lauert jedoch die Angst vor der sozialen Degradierung, was sich vor allem in der Weigerung, über seine finanziellen Verhältnisse zu reden, dokumentiert. Die Herkunft seiner bescheidenen Mittel bleibt verborgen. Einer Nebenbeschäftigung geht er nicht nach. Im Interview lässt er die Frage unbeantwortet, ob er von seinen wohlhabenden Eltern unterstützt wird oder von staatlichen Transferleistungen lebt. Materielle Dinge seien für ihn ohne Belang – sie ändern seiner Meinung nach nichts an seiner Zugehörigkeit zur bürgerlichen Elite. In seinen Kreisen sei »Geist« wichtiger als Geld.

Gemeinsam ist den Beispielen das Bewältigungsmuster der »biografischen Illusion« (Bourdieu 1990): Soziale Herkunft oder Universitätsdiplome nährten in diesen Personen oft unrealistische Erwartungen an ihren zukünftigen Sozialstatus. Auf der Suche nach einer angemessenen, den individuellen Fähigkeiten und Bedürfnissen entsprechenden

Berufstätigkeit wird der Einstieg in eine feste Erwerbsposition hinausgeschoben. Schließlich ist der biografische Zeitpunkt verstrichen, eine reguläre Berufslaufbahn und damit die Option auf ein »normales Leben« wurden verpasst.

Für die zuvor mit hohen Ansprüchen an Autonomie und Selbstverwirklichung Gestarteten wird das Berufsleben zu einer Kette unbefriedigender Arbeits- und Erwerbsverhältnisse, die immer wieder aufgegeben werden, da sie nicht den eigenen Idealen entsprechen oder in eine Sackgasse münden. Dieses Muster zeigt sich bei manchen auch hinsichtlich der Paarbindung, etwa bei Sybille. Der fortwährende Aufschub, sich endgültig an einen Partner zu binden, führt jedoch erst dann in eine persönliche Krise, wenn die objektive Verengung der biografischen Horizonte auch subjektiv wahrgenommen wird.

Mit dem Lebensmuster der biografischen Illusion geht einher, dass die Personen erst relativ spät die eigene »prekäre Lebenslage« erkennen und dies nicht selten eine persönliche Krise nach sich zieht. Damit verbunden ist eine Leugnung des »sozialen Alterns« (Bourdieu 1982: 237ff.), was sich in einer unrealistischen Berufswahl und einer fehlenden Festlegung auf eine eindeutig geschnittene berufliche und soziale Identität und die darin enthaltenen Begrenzungen manifestiert. Der fortwährende Aufschub geht mit der Notwendigkeit einher, die eigene Jugendlichkeit zu erhalten, um sich und anderen zu dokumentieren, dass man noch nicht fertig, noch nicht am Ende seiner Entwicklung angelangt ist (ebd.: 260). Indem man die Erwartungen bezüglich der eigenen biografischen Zukunft im Unklaren lässt, wird versucht, der drohenden Deklassierung (etwa durch vorzeitige Festlegung auf eine Berufstätigkeit unterhalb der eigenen Qualifikation) zu entgehen. Eine Bilanzierung der eigenen Situation in Gegenwart und Zukunft wird hinausgezögert. Oft werden so die noch verbleibenden Möglichkeiten überschätzt.

2. Globalisierung als Autonomieverlust: Die Re-Provinzialisierung von Lebensformen und Lebenslagen

Wieso war das Modell der autonomen Lebensführung verstärkt in den 1970er und 1980er Jahren für eine breitere Bevölkerungsschicht attraktiv? In kultureller Hinsicht ging es dabei in erster Linie um den Ausbruch aus der beklemmenden Provinzialität der deutschen Nachkriegsepoche, wie sie durch Mainzelmännchen und Gartenzwerge, Einfamilienhaus und Einkaufszone repräsentiert wurde (Bohrer 2000). Flankiert wurde diese Bewegung durch die Bildungsexpansion, die eine Abwanderung junger Erwachsener in die Großstädte ermöglichte. Sie lösten sich aus ihren Herkunftsbindungen und schufen sich eigene, individuelle Lebensläufe (Beck 1986).

Diese Individualisierung bedeutete jedoch nicht, dass sie sich *grundsätzlich* von Kollektivbindungen oder sozialen Zwängen *überhaupt* befreiten. Vielmehr setzte die damalige Individualisierung eine »Verstaatlichung« und »Vergesellschaftung« von Kollektivbindungen und Abhängigkeiten voraus. Das Modell der autonomen Lebensführung konnte sich deshalb verbreiten, weil an die Stelle regionaler, ständischer und herkunftsbedingter Gemeinschaften die Bindung an den Wohlfahrtsstaat trat.

Der junge Mann verließ zum Studieren seinen Heimatort, statt die Metzgerei seines Vaters zu übernehmen, und begab sich, ausgerüstet mit *Bafög,* in die Obhut des *staatlichen* Bildungssystems. Studiengebühren gab es noch nicht. Die Ehefrau und Mutter, die von ihrem Mann wiederholt betrogen wurde, reichte die Scheidung ein und lebte mit den Kindern von den Alimenten des Mannes, statt wie ihre eigene Mutter, in einer »unglücklichen Ehe« auszuharren. (Nach dem heutigen Scheidungsgesetz würde sie diesen Schritt eventuell nicht mehr tun, da sie für ihren Lebensunterhalt selbst aufkommen müsste.) Die unterbezahlte Angestellte ging zum Betriebsrat und wurde durch die Gewerkschaft unterstützt. (Heute arbeiten viele Beschäftigte in gleichsam rechtsfreien

Räumen, die oft keine Handhabe gegen Unterbezahlung und Ausbeutung mehr bieten.)

Immer mehr Personen konnten in den »goldenen Jahren« der Bundesrepublik die durch Herkunft und Geschlecht vorgezeichneten Wege verlassen und ihr »eigenes Leben« leben. Dadurch vervielfältigten und öffneten sich die Lebensformen. Herkunftsbindungen konnten gekappt und eine wachsende individuelle Autonomie gelebt werden, soweit und solange der Sozialstaat einsprang, beispielsweise das elternunabhängige Bafög die materielle Basis für den Auszug aus dem Elternhaus sicherte. Die Bindungen an Ehe, Region und Herkunftsfamilie konnten gelöst werden, weil die individuelle Existenz nun durch den Wohlfahrtsstaat und sozialstaatliche Regelungen gewährleistet war. Letztlich lagen der Individualisierung, also dem Weg in die Selbstbestimmung, Kollektivbindungen an den Wohlfahrtsstaat zugrunde: Diese schufen Freiheitsräume für die persönliche Autonomie, allerdings nur solange die nationale Einhegung der Versorgungs- und Anrechtsgemeinschaft gegeben war.

Globalisierung kann nun als der Prozess verstanden werden, durch den diese nationalen und wohlfahrtsstaatlichen Einhegungen aufgehoben, Existenzrisiken wieder privatisiert und die Einzelnen in Notsituationen und riskanten biografischen Umbrüchen erneut in traditionelle Abhängigkeiten von Familie, Herkunft oder Geschlecht zurückfallen. Klassenzugehörigkeiten und Herkunftsbindungen entscheiden nun stärker über Lebenschancen. Der einst durch den Wohlfahrtsstaat aufgespannte soziale Raum zerfällt wieder in ethnische und klassenspezifische Lagen. Dies zeigt sich besonders plastisch in sozialräumlichen Umschichtungen, wie sie in modernen Großstädten zu beobachten sind: Wo wohlfahrtsstaatliche Transferleistungen und Eingriffe unterbleiben, werden städtische Quartiere mit vielen sozialen Problemen verstärkt von Quartieren mit weniger sozialen Problemen abgeschottet.

3. Das Versagen der »schwachen Bindungen«

Vor allem soziale Aufsteiger aus der Baby-Boom-Generation wurden von der Krise der Erwerbsarbeit getroffen. Dies überrascht wenig, denn sie haben sich ganz auf den Ausbau der Bildung und des Wohlfahrtsstaates verlassen. Heute verfügen sie über weniger Ressourcen bei der Bewältigung von Krisen als die sozialen Erben, die stärker ihrem Herkunftsmilieu verhaftet bleiben. Wenn sie an alternativen Lebensentwürfen und emanzipatorischen Bildungsidealen festhalten, bezahlen sie dies häufig mit dem Risiko des sozialen Abstiegs.

Weniger offensichtlich ist, dass der Rückbau des Wohlfahrtsstaates in allen sozialen Lagen der Mittelschicht einen Traditionalisierungsschub von Lebensformen und Mentalitäten nach sich zog. Je mehr sich das Leitbild des »flexiblen Menschen« (Sennett 2000) durchsetzte, umso unverbindlicher gestalteten sich im allgemeinen gesellschaftliche Beziehungen: Patienten, Klienten, selbst Studenten wechseln aus der zugestandenen Abhängigkeit in den neutralen Status des Kunden, der eine Leistung einkauft. Sie erhalten kaum mehr Schutz, sondern sollen nun selbst wissen, was gut für sie ist (Lessenich 2008). Die losen Netzwerke und Projekte, die an die Stelle der alten Verbindlichkeiten treten, erzeugen keine milieuhafte Zugehörigkeit mehr, ihre Integrationskraft bleibt gering. Damit wächst die Bedeutung von Herkunft und Familie, die Sehnsucht nach Traditionen und Ritualen nimmt zu. Hierin äußert sich nicht nur ein »irrationaler« Wunsch nach Sicherheit und festen Ordnungsgrößen, vielmehr handelt es sich um die konsequente Rückverwandlung wohlfahrtsstaatlicher Kollektivbindungen in traditionell-ständische Herkunftsbindungen.

Der von Ulrich Beck (1986) diagnostizierte Individualisierungsprozess kehrt sich somit um. Der Einzelne kann sich nicht länger aus traditionellen Bindungen herauslösen, sondern wird wieder an »Klasse und Stand« verwiesen. In Notfällen muss er sich zur Existenz- und Statussicherung zumeist erneut in sein Netz persönlicher Abhängigkeiten begeben: Frauen werden wieder häufiger abhängig von Männern und junge Erwachsene sind finanziell länger auf ihre Eltern angewiesen, wenn es um Ausbildung oder Berufseinstieg geht (Austermann/Woischwill 2010).

Ambivalenzen entstehen vor allem aus der Forderung nach Flexibilität und Eigenverantwortung im beruflichen und öffentlichen Leben. Viele Werte und Apelle der neuen Arbeitswelt wie »Bleib in Bewegung, geh keine langfristigen Verpflichtungen ein und bring keine Opfer«, »Sei jederzeit bereit, dich Veränderungen anzupassen«, »Sei in der Lage, jederzeit einen neuen Arbeitsplatz, einen neuen Arbeitgeber zu finden«, blenden die Tatsache aus, dass Identität sich nur durch Bindungen und Routinen entwickeln kann und Gemeinschaft nur in gemeinsamen Lebensräumen möglich ist. Auch Handlungssicherheit ist nicht ohne ein Minimum an Erwartungssicherheit zu erlangen.[27]

Aufgrund ihrer Flüchtigkeit können die sozialen Netze und Projekte der flexiblen Arbeitswelt weder Geborgenheit noch Gemeinschaft, weder Sicherheiten noch Wertorientierungen stiften. Dies ist umso bedrückender, als der Einzelne gerade in dem historischen Augenblick aus den Versorgungsbindungen des Staates entlassen wird, in dem nicht nur die soziale Sicherung und die Erwerbsbiografie, sondern auch der andere Stabilitätskern der Industriemoderne (Castel 2000) – die Familie – Erosionsprozessen ausgesetzt ist. Der mehrfache Wechsel von Beziehungspartnern, Arbeitgebern und Wohnorten ist längst zum Normalfall im Lebenslauf von höheren Angestellten geworden. Damit wächst jedoch das Risiko, in biografischen Krisen sozial verwundbar zu sein. Lebensformen werden irregulärer.

Flexibilität hält somit Einzug in den gesamten Lebensverlauf. Je kurzfristiger die Bindungen an Arbeitskollegen, Partner oder Freunde, desto eher kann es vorkommen, dass Ehekrisen oder berufliche Misserfolge für den Einzelnen zum Verhängnis werden, zumal sich Misserfolge in den netzwerkförmigen Strukturen der lockeren Bindungen oft in alle Richtungen ausweiten: Freunde werden rar oder erweisen sich als »falsche« Freunde. Verdachtsmomente verdichten sich zu einem Bild mangelnder Kompetenz. Neue Kontakte und Bindungen, die zusätzliche Energien kosten, sind nicht sofort zur Stelle. Gleichzeitig gilt es, die Haltung zu wahren, da eine gedrückte Ausstrahlung in den auf expressive Kompetenz getrimmten Arbeitsbereichen, in denen Begeisterungsfähigkeit und Teamfähigkeit als oberstes Gebot gelten, weitere Beschämungen und Ausgrenzungen nach sich ziehen können.

Spätestens in diesem Moment werden »echte« Bindungen und »feste« Institutionen wieder aufgewertet. Oft sind es nun die Herkunftsbindungen, die über Wohl und Wehe des weiteren Lebenswegs entscheiden, denn meist sind es Eltern, Geschwister, Tanten und Onkel, Großeltern, Jugendfreunde, später die eigenen Kinder, an die man sich in Notzeiten wendet. Die Beziehungen zu ihnen sind weniger kündbar und tragen somit den Charakter einer Institution, der den modernen Arbeitsbeziehungen und Freundschaften fehlt. Auf der Suche nach Haltepunkten für die Lebensgestaltung wird das Individuum von seinen Herkunftsbindungen eingeholt, zum Beispiel die junge Architektin (32), die von ihrem Gehalt die Miete nicht zahlen kann und von den Eltern mit monatlichen Beträgen unterstützt wird, oder der Firmenkundenberater (56), der vor einigen Jahren seinen Arbeitsplatz in der Bank verlor, inzwischen nicht mehr mit einer neuen Anstellung rechnet und sich sein Erbe vorzeitig auszahlen ließ, um seinen Lebensunterhalt (und den seiner Familie) zu gewährleisten.

Handelt es sich um Bindungen, die bereits vor langer Zeit als Sicherheitsnetz aufgespannt wurden und Notlagen erst gar nicht aufkommen lassen? Um Bindungen, die akute Notlagen abwenden und vielleicht sogar beruflich weiterführende Kontakte vermitteln können? Doch was passiert, wenn es sich um Bindungen handelt, die nur wenig Unterstützung geben können, da die Personen selbst mit sozialen Problemlagen kämpfen oder aus anderen Gründen über geringe Ressourcen verfügen? Die Frage ist bedeutsam, denn die Ressourcen des Herkunftsmilieus entscheiden nun darüber, ob es dem prekären Individuum gelingt, in der Mittelschicht zu verbleiben oder ob der Ausschluss aus dem normalen Erwerbsleben mit einem sozialen Abstieg einhergeht. Kann das von den Eltern in den Wohlstandsjahren angesammelte Vermögen, vielleicht deren Einfamilienhaus oder deren Eigentumswohnung, den sozialen Abstieg der Nachwuchsgeneration auffangen? Dies wird in einigen Fällen gelingen, in anderen nicht.

Hier zeigt sich in aller Deutlichkeit: Beschleunigung und Flexibilisierung sind Übergangs- und Durchgangsphänomene. Die globale Netzwerkgesellschaft führt nicht zur *Aufhebung*, sondern zur *Privatisierung* von Abhängigkeit und bedeutet die erneute Hinwendung von der Gesellschaft zur Gemeinschaft. Die verlangte Risiko- und Mobilitätsbereitschaft lässt nicht nur frühere Statuspositionen einer mittel*ständischen* Lebensführung erodieren, sie schafft sofort neue Abhängigkeiten und Institutionen. Eine Theorie, die Flexibilität und Beschleunigung als das Merkmal der globalen Gesellschaftsordnung ausgibt, täuscht sich daher über den institutionellen Fundierungsbedarf dynamischer und fragmentierter Gesellschaften. In der alten Bundesrepublik konnte die kollektive Fundierung einer unabhängigen Lebensführung für viele nur deshalb verborgen bleiben, weil die Strukturen von Sozialstaat und Lohnarbeitsgesellschaft mitsamt den Flächentarifverträgen, den Berufsverbänden und den Standardlebensläufen zugleich einen »kollektiven Individualismus« etablierten.

In unsicheren Zeiten hingegen zahlen vor allem Aufsteiger den Preis der Individualisierung. Sie begingen »Verrat« an den Werten und Institutionen ihres Herkunftsmilieus und erhalten nun die Quittung. Sobald sie sich in den locker gestrickten Netzwerken und Beziehungen verheddern oder beruflich scheitern, müssen sie heute mit den Konsequenzen ihrer mangelhaften Unterstützung und unzureichenden sozialen Absicherung leben. Die flexiblen Netze sind nur solange hilfreich, wie sie ermöglichen, von einem Projekt zum nächsten zu gelangen – sie haben den Status eines Kapitals. Doch wer sich in Notsituationen auf sie verlässt, merkt, wie leicht sie zurückweichen.

Pointiert formuliert: Globalisierung entlässt den Einzelnen nicht in größere Freiheit, sondern verweist ihn paradoxerweise verstärkt an seine Herkunftsbindungen und damit in die Abhängigkeit von Klasse und Stand zurück. Dies gilt insbesondere in finanzieller Hinsicht. Vermögende Eltern können ihre Kinder ein Leben lang unterstützen. Meist konzentrieren sich Vermögen in den ohnehin schon privilegierten Schichten,[28] was soziale Ungleichheiten in der Kindergeneration beträchtlich vergrößert.[29] Neben finanziellen Ressourcen (kann man sich den Privatkindergarten, den Tennisclub, die Privatuniversität leisten?) werden kulturelle Mitgiften (Bildungshintergrund, exklusive Netzwerke) und soziale Reputation wichtiger.

Wie werden sich also soziale Ungleichheiten zukünftig entwickeln, wenn der Wohlfahrtsstaat weiter zurückgebaut wird und sich soziale Mitgiften ungleich vererben? Sollte sich der Trend zu Erwerbsunsicherheiten fortsetzen, wird die Chance auf ein autonomes Leben zu einem Privileg, welches mit größerer Wahrscheinlichkeit in den besser gestellten Schichten anzutreffen ist.

4. Individualistische Berufskulturen: Die Ökonomie der Talente

Warum halten dennoch so viele Menschen am Leitbild der autonomen Lebensführung fest? Warum glauben sie, trotz struktureller Barrieren und mangelnder sozialer Mitgiften, persönlich für ihre Situation verantwortlich zu sein? Viele sind davon überzeugt, dass sie den gewünschten Erfolg erzielt hätten, wenn sie sich nur genug angestrengt hätten. Trotz ihres hohen Bildungsniveaus deuten sie ihren Abstieg nicht in gesellschaftlichen oder politischen, sondern in persönlichen Kategorien.

Gesellschaftliche Institutionen üben hier einen wesentlichen Einfluss aus. Besonders eindrucksvoll manifestiert sich die Übersetzung sozialer Risiken in individuelle Problemlagen in den Feldern »symbolischer Arbeit« der Kultur- und Medienökonomien (Manske 2003; Koppetsch 2006, 2008), in denen es meist keine Beschäftigungs- oder Sicherheitsgarantien gibt. Wurde die intellektuelle, künstlerische und kulturbezogene Arbeit einst als Gegenwelt zum Kapitalismus verstanden (Menger 2006), so prallen hier heute Ökonomie und Persönlichkeit direkt aufeinander. Es herrschen individualistische und stark konkurrenzbestimmte Karrieremuster vor. Da es meist weder möglich noch erwünscht ist, sich auf eine stabile Arbeits- und Berufsidentität festzulegen, beziehen sich berufliche Leistungen und Erfolge nicht auf klar umgrenzte Sachverhalte und Gebiete, vielmehr geht es jeweils um Erfolg und Misserfolg überhaupt – die ganze Persönlichkeit gerät in den Strudel ökonomischen Erfolgsstrebens.

Dabei sind die Grenzen zwischen kreativer und prekärer Arbeit fließend geworden (Dörre 2005, 2009: 45). Die Beschäftigten leben und arbeiten in Projekten, stets darauf bedacht, sich alle Möglichkeiten offenzuhalten und das Spektrum der Kontakte und Beschäftigungschancen zu erweitern. Anders als bei den Geringverdienern des Dienstleistungssektors und den Leiharbeitern im Produktionsgewerbe betrachten die Beschäftigten des Kreativsektors sich nicht als Opfer von Umständen, sondern als Handlungssubjekte – mit dem Risiko, die eigenen Karriere- und Aufstiegsmöglichkeiten zu überschätzen.

Oft stehen hier wenige Gewinner vielen Verlierern gegenüber – und am Ende entscheidet häufig der Zufall über das Berufsschicksal. Doch werden Abhängigkeiten zumeist geleugnet. Es herrscht die Illusion der Machbarkeit. Umso tiefer ist der psychische Absturz im Falle des Scheiterns und desto beschämender sind Misserfolge. In den Kreativbranchen, also in Literatur, Medien, Kunst und Wissenschaft, bilden sich Talentbörsen heraus: Steigt der Kurswert der eigenen Persönlichkeit, so bekommt die berufliche Laufbahn einen Auftrieb, sinken hingegen die »Aktien«, leiden auch beruflicher Status und Einkommen. Berufliche Arbeit besteht hier nicht mehr in objektivierbaren, von der Person ablösbaren Leistungen, sondern in der Arbeit an dem persönlichen Marktwert.

Die Berufsbiografie stellt sich dadurch weniger als eine Kette von vorab definierten Etappen, sondern als das Produkt eines Spiels dar, bei dem die »Arbeitswelt« ebenfalls ein Spieler ist und sich wie alle anderen Spieler nicht in die Karten schauen lässt (Bauman 2003: 162). Die Zukunft lässt sich nur kurzfristig gestalten und erfasst nur die unmittelbar nächsten Züge. Dabei muss auch die Möglichkeit kumulativer Misserfolge mitgedacht werden. Wer hier alles aufs Spiel setzt, kann auch alles verlieren. Die Angestellten der neuen Ökonomie laufen daher stets Gefahr, zu typischen Individualisierungsopfern zu werden, da sie trotz ihrer großen Initiative und ihres Engagements, obwohl oder gerade weil sie eigenverantwortlich entscheiden, durch die »nicht-normativen«, also die unvorhersehbaren Lebensereignisse aus dem Gleis gebracht und ins berufliche Abseits manövriert werden können. Schnell wird aus der Welt allgemeiner Flexibilität eine Welt auswegloser Unsicherheit, in der das Individuum für sein Scheitern ganz allein die Verantwortung trägt – vor allem der eigenen Ansicht nach. Aus dem Individualismus der triumphierenden Selbstverwirklichung wird so der negative Individualismus der zerstörerischen Selbstanklage.

Kapitel 6

Eine Generation der Nesthocker? Junge Berufseinsteiger jenseits von Rebellion und Weltverbesserung

Maria aus Heidelberg ist 30 Jahre alt, hat ein Einserdiplom in Pädagogik und ist nun bereit, ihrem Partner und zukünftigen Mann nach Barcelona zu folgen. Vereinbarkeit von Familie und Beruf – für sie kein Problem. Vorläufig arbeitet sie als Hostess in einem internationalen Hotel in Barcelona. Das Übrige wird sich finden. Als Erstes muss Paulo, ihr spanischer Freund, seine Doktorarbeit abschließen, denn sonst wird das Geld knapp. Sie will anders sein als ihre Mutter, die als Schuldirektorin, Karrierefrau und Feministin nach Marias Ansicht zu viel Selbstbewusstsein, zu viel weltanschauliche Überzeugung und zu viel Frauenpower nach außen demonstriert. Das hat Maria nicht nötig. Sie möchte ihren zukünftigen Mann nicht »klein« machen, sondern diesen auch beruflich fördern. Seine Karriere hat zunächst Vorrang – ihre kommt später dran. Als Hostess verdient sie nicht viel und verfügt kaum über Aufstiegschancen. Sie wird von ihrer Mutter finanziell unterstützt und ist jederzeit zu Hause willkommen. Familie, Kinder und Freunde – das ist für sie das Wichtigste im Leben.

Auch Patrick, 28 Jahre, sieht seine Zukunft optimistisch. Er studiert in Frankfurt BWL, lebt aber meist bei seiner Mutter in Darmstadt und muss sich weder um Einkauf noch um Wäsche oder Wohnung kümmern. Er hat es im häuslichen Rahmen gern bequem, so kann er sich ganz auf sein Studium und die Tennisstunden, die er gibt, konzentrieren. Er zieht das Leben in der geräumigen Fünfzimmerwohnung seiner Mutter bei weitem dem in seiner kleinen Studentenbude vor. Seine Mutter sei »sehr tolerant«, er dürfe kommen und gehen, wann er wolle, und sie mische sich auch nicht in sein Leben ein. Klar müsse er zu Hause auch mal mit anpacken, Geschirr spülen oder abtrocknen. Ansonsten lasse ihn die Mutter aber in Ruhe. Das Leben zu Hause habe viele Vorteile: So bleibe mehr Geld für ihn selbst, für Klamotten und Sport übrig. Eine Freundin hat er noch nicht. Was er unter »selbstständig werden« verstehe? Einen Beruf ergreifen, Geld verdienen, eine Familie gründen. Doch das sei alles noch sehr, sehr weit entfernt.

Die 25-jährige Janine in Aschaffenburg lebt auch noch bei ihren Eltern. 1.000 Euro verdient sie als Trainee in einer Frankfurter Bank. Nebenbei besucht sie eine Privatschule, um ihre Ausbildung als Investmentbankerin voranzutreiben. Sie erhofft sich später ein gutes Einkommen und eine berufliche Karriere, doch ist sie nicht bereit, auf Familie und Kinder zu verzichten. Die Eltern sind stolz auf sie und haben Janine im großen Haus die Einliegerwohnung (zwei Zimmer mit Bad) überlassen. Sicher sei auch Bequemlichkeit dabei, zu Hause zu wohnen. Doch die Mieten in Frankfurt seien auch sehr hoch.

Patrick und Janine sind keine Ausnahmen. Von den 18- bis 25-jährigen Deutschen leben mehr als zwei Drittel der Männer und 57 Prozent der Frauen noch zu Hause. Selbst in der Altersgruppe der 25- bis 30-Jährigen sind es noch 27 Prozent der Männer und 12 Prozent der Frauen (Statistisches Bundesamt 2010). Insbesondere junge Männer schätzen also das »Hotel Mama« und verlassen ihr Elternhaus später als gleichaltrige Frauen. Walter Bien (1996) vom Deutschen Jugendinstitut in München sieht das durchschnittliche Auszugsalter für Frauen inzwischen bei 24 Jahren und für Männer bei 26 Jahren. Tendenz steigend. Als Grund geben die Nesthocker vor allem die Kosten der Lebensführung an. Dagegen hält Bien, dass 87 Prozent der Nesthocker über ein eigenes Einkommen verfügen, bei den Nestflüchtern sind es 95 Prozent. Auch die Psychologin Christiane Papastefanou (1997) sieht die Ursache weniger in finanziellen Engpässen. Sie spricht von einer Adoleszenzverspätung. Merkmale dafür seien ein verzögerter erster sexueller Kontakt, spätere Selbstständigkeit und ein tendenziell jüngerer Freundeskreis. Der Spätauszug sei der Endpunkt einer verzögerten Ablösung. Diese jungen Menschen ziehen zumeist erst dann aus, wenn sie schon einen

Partner haben. Im Grunde gehen sie von einer Familiensituation in die nächste.

Doch greifen psychologische Erklärungen zu kurz, wenn es darum geht, die Zunahme von Nesthockern gerade unter den 25- bis 30-Jährigen zu erklären. Warum ist der Wunsch nach Aufbruch und Selbstständigkeit in dieser Generation so gering ausgeprägt? Warum ist das Leben zu Hause so angenehm? Warum gibt es so wenig Konflikte zwischen den Generationen? Wie Maria, Patrick und Janine haben sich viele junge Deutsche um die dreißig von politischen Ideen und politischen Gesellschaftsbildern verabschiedet und gehen auf im Privaten. Ihre Träume sind überschaubar. Sie wollen einen Job, eine Familie und einen annehmbaren Lebensstandard. Sie streben nicht nach Utopien, sondern konzentrieren sich auf das Realisierbare. Sie haben keinen Entwurf von der Welt, wie sie sein sollte, sondern nehmen diese so hin, wie sie ist. Es ist eine Generation, die sich nach Sicherheit sehnt und dafür einiges in Kauf nimmt.

Was sind die Ursachen für diese erstaunliche Angepasstheit und Abkehr vom politischen Denken? Woher kommt die Konformität? Wo bleibt der Gemeinsinn? Repräsentative Untersuchungen, wie die Spiegel-Umfrage 2009, die Einstellungen und Orientierungen der 25- und 30-Jährigen ermittelte, und die Shell-Studie, die in Abständen von vier Jahren jeweils 2.500 Jugendliche in Deutschland befragt, zeichnen das Portrait einer »pragmatischen« Generation. Obwohl sie die Zukunft der Gesellschaft, insbesondere den Arbeitsmarkt, durchaus kritisch einschätzen, stellen viele junge Erwachsene eine positive Haltung zur Schau, gepaart mit einer hohen Leistungsorientierung (Hurrelmann/Albert 2006: 39). Hinzu kommt: Junge Menschen, die heute erwachsen werden, empfinden sich nicht als geschlossene Generationseinheit. Sie verbindet kein Protestgefühl, keine Wortführer, keine Ideologie, keine gemeinsame politische Haltung. Sie sind nur Einzelne, die sich gleichen und dabei in Konkurrenz zueinander stehen.

Dennoch sind sie eine Generation im Sinne einer durch gemeinsame gesellschaftliche Bedingungen geformten Persönlichkeit: Sie sind die erste Generation, die mit dem globalen Kapitalismus aufwächst und für die Arbeit und Beruf, ja die gesamte Welt jenseits von Familie und Nahwelt, zu einem Ort der Unsicherheit und der subtilen Entfremdung geworden ist. Als junge Erwachsene verweilen sie über viele Jahre in Ausbildung, Praktika, Nebenjobs und befristeten Arbeitsverhältnissen ohne erkennbare Aussicht auf eine gefestigte Position im Erwerbsleben. Das unterscheidet sie wesentlich von den beiden Vorgängergenerationen – von der Generation der *Neuen Sozialen Bewegungen*, also der zwischen 1960 und 1969 in Westdeutschland Geborenen, und der *APO-Generation*, den zwischen 1949 und 1955 geborenen Westdeutschen, die maßgeblich durch die Studentenbewegung und die Ereignisse im Umfeld des Jahres 1968 geprägt wurden.

Unter einer Generation sind nach Karl Mannheim (1970) eng benachbarte Geburtsjahrgänge zu verstehen, die in den formativen Jahren ihrer Persönlichkeitsentwicklung durch gemeinsame historische Erfahrungen, so genannte Kollektivereignisse, geprägt wurden und daher eine Generationseinheit bilden, die gegenüber anderen Generationen deutlich unterscheidbare Wertorientierungen, Einstellungsmuster und Lebensziele aufweist. Generationen entstehen also nicht bereits durch die Tatsache der zeitlich eng beieinander liegenden Geburtskohorten, hinzukommen müssen einschneidende historische Ereignisse oder gesellschaftliche Veränderungen, die die Angehörigen einer Generation in einem Alter erleben, in dem sie in ihrer Persönlichkeitsentwicklung für äußere Einflüsse besonders empfänglich sind. Welche Ereignisse prägten nun die Jahrgänge der zwischen 1975 und 1990 Geborenen? Wie unterscheiden sie sich von den vorangehenden Generationen?

Der Kontrast der jüngeren Generation zu den beiden vorangehenden Generationen könnte kaum größer sein: Die 68er wuchsen auf mit dem Vietnam-Krieg, der fehlenden Aufarbeitung des Nationalsozialismus und dem Wirtschaftswunder, sie glaubten, mit ihrem Kampf für mehr Freiheit und gegen deutsches Spießertum das Land zu verändern. Sie empfinden sich als die letzte heroische Generation und als Prototyp all dessen, wie Jugend seitdem vermeintlich zu sein hat: Politisch engagiert, idealistisch und nonkonformistisch. Die neue Generation hingegen gibt sich betont unpolitisch. Die Parteiendemokratie interessiert sie nicht, ebenso wenig geben sie vor, die Gesellschaft revolutionieren zu wollen (Spiegel-Umfrage 2009). Sie sind nicht politikverdrossen, sie wissen nur nicht, warum sie sich mit Dingen beschäftigen sollen, die offenkundig mit ihrem eigenen Leben nichts zu tun haben. Viele kommen aus einer heilen Welt und verbrachten ihre Kindheit in den Wohlstandszeiten der 1980er und 1990er Jahre, mit sozial und wirtschaftlich gut situierten Eltern, zu denen sie eine respektvolle und tolerante Beziehung aufbauen konnten. Ihr Bedürfnis, sich gegen die Eltern aufzulehnen, ist entsprechend gering. Sie suchen keine Rebellion und keine Auseinandersetzung, sie wollen nichts zerstören. Und vor allem wollen sie keinen Bruch mit der Lebensweise und dem Lebensstandard ihrer Eltern. Und diejenigen, die aus weniger gut situierten Elternhäusern stammen, müssen heute größere Risiken eingehen, wenn sie sozial aufsteigen wollen.

Genau umgekehrt stellte sich im Nachkriegsdeutschland die Situation der 68er-Generation und der Generation der *Neuen Sozialen Bewegungen* dar. Sie erfuhren in Kindheit und Jugend oft das Gegenteil von Toleranz und Respekt: Ihr Start gestaltete sich mühsam, sie wuchsen auf unter schwierigen wirtschaftlichen und sozialen Bedingungen. Oft hatten sie mit ärmlichen Verhältnissen und einer autoritären Elterngeneration zu kämpfen, die durch Krieg und Nationalsozialismus traumatisiert war und wenig Verständnis für die Haltungen und politischen Überzeugungen ihrer Kinder aufwiesen. Auflehnung gegen repressive Erziehung, autoritäres Gehabe und rigide Reglementierungen waren selbstverständlich in den 1950er und 1960er, mancherorts sogar noch in den 1970er Jahren. Dennoch schafften diese beiden Nachkriegsgenerationen im Wirtschaftswunder-Deutschland den sozialen Aufstieg. Eine zentrale Rolle spielte dabei das Bildungssystem, das vielen einen Milieuwechsel ermöglichte und eine selbstbestimmte Lebensweise unterstützte, die postmaterielle Werte, Selbstverwirklichung und Engagement in den Mittelpunkt rückte. Politisches Engagement sowie wahrgenommene Bildungs- und Mobilitätschancen führten zu einem Bruch mit der Lebensweise der Elterngeneration. Dabei gelang es den beiden Nachkriegsgenerationen zunehmend, auch in kultureller Hinsicht den Ton anzugeben. Viele von ihnen haben es heute auf die gesellschaftlichen Logenplätze in Politik, Wirtschaft, Wissenschaft und Kultur geschafft.

Daher wundert es nicht, wenn die »emanzipierten«, älteren Generationen den Jüngern nun vorhalten, sie seien zu weinerlich, zu verwöhnt und zu angepasst. Doch vielleicht machen es sich die älteren Generationen zu einfach, wenn sie kritisieren, dass die Berufswünsche der Jüngeren Geld und Sicherheit heißen. Sie übersehen ihre eigene Rolle dabei. Ist es nicht merkwürdig, wenn ausgerechnet jene, die auf den gesellschaftlichen Logenplätzen sitzen, den Nachfolgern vorwerfen, dass sie genau dies anstreben? Und ist es nicht eigenartig, dass die Älteren, für die Kündigungsschutz, Renten, Krankenversicherung und steigende Löhne selbstverständlich bleiben, den Jüngeren vorwerfen, dass sie sich in erster Linie nach sozialer Sicherheit sehnen? Warum geht der Umbau der Gesellschaft zu Lasten der nachwachsenden Generationen, die zu sehr viel schlechteren Bedingungen in das System hineinwachsen und trotz höherer Qualifikation mit viel kleineren Gehältern, ungesicherten Beschäftigungsverhältnissen und schließlich auch geringeren Renten leben müssen? Warum findet kein Ausgleich zwischen den Generationen statt?

Die Jüngeren haben die kränkende Erfahrung gemacht, dass ihre Leistungen und »Ansprüche« entwertet wurden. Sie wissen, dass sie trotz bester persönlicher und intellektueller Voraussetzungen das Niveau ihrer Eltern nicht erreichen oder halten können. Für sie ist der Start ins Berufsleben häufig mit einem Schock verbunden. In Wohlstand, behütet, ohne Zwänge und Tabus aufgewachsen, sind sie auf die Krise des Erwerbssystems und ihre Rolle darin nicht vorbereitet. Sie erleben daher eine herbe Enttäuschung, wenn sie nach dem Examen feststellen, dass sie während Schule und Studium mehr Geld hatten, als sie nun in den ersten Jahren ihrer Berufstätigkeit bekommen. Zudem kränkt die lange Abhängigkeit von den Eltern, die einst Wohnung, Auto und Praktika in aller Welt bezuschussten. Wenn die Jüngeren nun auf eigenen Füßen stehen wollen, müssen sie mit herben materiellen Einschränkungen leben. Dabei wünschen sich die jungen Erwachsenen zwischen 25 und 30 oft nichts sehnlicher, als Lebensformen und Lebensstandard der Eltern beizubehalten (Hurrelmann/Albert 2006: 32).

Umgekehrt betrachten die Älteren die materialistische Haltung der Jüngeren nicht ohne Herablassung. Je weniger die junge Generation provoziert, desto mehr fühlen sich die Älteren provoziert, da sie deren Haltung mit ihrem eigenen Verhalten als junge Erwachsene vergleichen. Sie fragen sich, warum die Jungen bereit sind, bis zur Charakterlosigkeit jede Bedingung zu akzeptieren? Warum setzen sie sich nicht zur Wehr? Wieso sind sie trotz ihrer enormen Anpassungsbereitschaft nicht erfolgreich und stattdessen so lange von den Eltern abhängig? Dabei übersehen sie jedoch, dass die wirtschaftlichen und gesellschaftlichen Rahmenbedingungen heute völlig andere sind als vor dreißig Jahren. Bildung und Wissen führen nicht mehr automatisch zu Status und Ansehen, »postmaterialistische« Werthaltungen zahlen sich heute weder in wirtschaftlicher noch in ideologischer Hinsicht aus.

Es mutet an wie eine Ironie der Geschichte, dass ausgerechnet die durch die 68er-Generation und die Generation der *Neuen Sozialen Bewegungen* errichtete Gesellschaftsordnung heute komplett von konservativen und restaurativen Kräften beherrscht wird. Dies gilt trotz oder auch gerade weil dem Einzelnen ein hohes Maß an Flexibilität und Mobilität abverlangt wird. Viele spüren nicht länger das Bedürfnis, sich selbst zu verwirklichen. Auch »Individualisierung« ist kein erstrebenswertes Ziel mehr. An deren Stelle sind vielfach Gemeinschafts- und Sicherheitswerte getreten. Sozialforscher bilanzieren daher einen deutlichen Mentalitätswandel in der Bundesrepublik (Hurrelmann/Albert 2006: 39). Dominierten bis in die 1980er Jahre Werte wie Selbstverwirklichung, Engagement und Expressivität, kehrte sich dies Mitte der 1990er Jahre um. Vor allem die jüngere Generation orientiert sich heute an Werten wie Leistung, Sicherheit und Macht, auch Tugenden wie Fleiß und Ehrgeiz erleben eine Renaissance. Darüber hinaus tendieren die Einzelnen zu einem Rückzug aus dem öffentlichen Leben. Familie, das eigene Heim, das Private rücken ins Zentrum des Lebens. Auch die Geschlechterrollen werden wieder traditioneller. Während Geschlechterrollen im Arbeitermilieu immer schon traditioneller waren, vertreten heute mehr junge Männer als zuvor – auch aus der Mittelschicht – die Ansicht, dass sich die Frau um den Haushalt und die Kinder kümmern solle und der Mann um das Einkommen (Hurrelmann/Albert 2006).

Allerdings darf man sich von der restaurativen Stimmung nicht täuschen lassen. Die junge Generation ist auf ihre Weise sehr modern. Sie hat sich der Dynamik des modernen Kapitalismus vollständig angepasst. Die Rückkehr zu Tradition, Familie und Privatheit bedeutet nicht, dass junge Erwachsene zur Passivität neigen. Sie suchen lediglich Identität und Lebensglück nicht mehr vor allem im Beruf, sondern im Privatleben. Diese junge Generation hat vollständig begriffen, dass »Modernisierung« unter globalen Bedingungen – also die gewaltige Steigerung der ökonomischen Effizienz, die Verdichtung technischer Innovationen sowie die Verflüssigung sozialer Ordnungen – erstmals dazu führt, dass die Möglichkeiten einer selbstbestimmten Lebensführung abnehmen, statt zu wachsen. Im globalen Kapitalismus drohen die Gestaltungsspielräume der Politik und die Freiheitspotenziale des Individuums radikal zu erodieren. Der Einzelne muss sein Leben so gestalten, dass er in der Lage ist, »im Rennen zu bleiben«. An einen autonomen Lebensentwurf ist dabei oft nicht mehr zu denken. Um konkurrenzfähig zu bleiben, ist es notwendig, sich an den kurzfristigen Optionen zu orientieren.

Dadurch wird auch das Projekt autonomer Lebensführung, wie es für die Generationen der *68er* und der *Neuen Sozialen Bewegungen* noch maßgeblich war, für die jüngere Generation in struktureller Hinsicht fraglich. Es wäre für die meisten jungen Erwachsenen heute fatal, einem »Lebensplan« zu folgen oder an einer persönlichen Selbstentfaltung festzuhalten, wenn diese den äußeren Umständen oder Erwartungen anderer entgegenstehen. Ein solches Verhalten wäre geradezu anachronistisch. Das heißt natürlich nicht, dass die junge Generation über einen schwachen Charakter oder geringe Fähigkeiten verfügt: Im Rennen zu bleiben erfordert die ganze Kraft, man muss Optionen und Gelegenheiten erkennen und ergreifen können. Dazu bedarf es viel Urteilskraft und Flexibilität. Wer dazu nicht in der Lage ist, wird zum »Drifter« anstatt zum »Surfer« (Rosa 2011), er schafft es nicht, die unkontrollierbaren Wellenkämme erfolgreich zu reiten, sondern wird von Wind und Wellen hin und her geworfen.

Die Älteren unterschätzen somit den Kraftaufwand, den die jüngere Generation betreiben muss, um sich auch nur »über Wasser« zu halten. Die mobilisierten Energien dienen jedoch nicht mehr der autonomen Selbstbestimmung, sondern sollen die individuelle Konkurrenzfähigkeit steigern. Die Konkurrenzlogik setzt enorme individuelle Energien frei, saugt diese am Ende jedoch vollständig wieder auf. Für die jüngere Generation erscheinen das Versprechen individueller und politischer Autonomie und die Vorstellung, Gesellschaft und Leben jenseits ökonomischer Notwendigkeiten zu gestalten, nur noch als historische Erinnerung. Denn die Konkurrenzlogik der modernen Arbeitswelten kennt keine inneren Grenzen: Arbeitgeber greifen vermehrt auch an Wochenenden auf die Arbeitskraft von Angestellten zu. Die junge Generation ist also insofern pragmatisch, als ihre Ideenwelt nicht von vornherein auf eine politische Ablehnung der vorherrschenden Entwicklung abzielt.

Die empfundene Unsicherheit und die vielfältigen Suchprozesse lässt die jüngere Generation auch die Familiengründung aufschieben. Hier zeigen sich wichtige Unterschiede zwischen Ost und West und zwischen Männern und Frauen. Die westdeutschen Männer lassen sich viel Zeit mit der Familiengründung (im Alter von 34 waren weniger als die Hälfte der 1971 geborenen männlichen Westdeutschen bereits Vater), während für die ostdeutschen Männer berufliche Sicherheit keine Vorbedingungen für eine Familiengründung darstellt. Ohne Kinder können sich die ostdeutschen Männer ein Leben gar nicht vorstellen, sie gehen früher als die westdeutschen Männer eine Bindung ein, haben Kinder und wollen weitere. Ostdeutsche fühlen sich, anders als westdeutsche Männer, auch nicht in eine Ernährerrolle gedrängt, da Frauen mit Kindern in Ostdeutschland meist Vollzeit erwerbstätig sind. An diesem Orientierungsmuster hat sich auch nach der Wende grundlegend nichts geändert, obwohl die Rahmenbedingungen für die Kinderbetreuung schwieriger geworden sind. Demgegenüber sind die westdeutschen im Vergleich zu den ostdeutschen Frauen trotz besserer Ausbildung und stärkerer Erwerbsorientierung nach wie vor der traditionellen Überzeugung, dass Mütter in den ersten Lebensjahren der Kinder zu Hause bleiben sollen (Mayer/Schulze 2009: 234ff.). Daher schieben sie Heirat und Familiengründung länger auf als die ostdeutschen Frauen. Die begrenzten Kinderbetreuungsmöglichkeiten, die traditionellen Geschlechterrollen und der Mangel an Karrierejobs verweisen sie immer noch auf eine recht traditionelle Arbeitsteilung im Haushalt (Koppetsch/Burkart 1999) oder führen zum Verzicht auf Kinder.

Heute wird an Beschäftigte aller Altersgruppen der Anspruch gestellt, flexibel und mobil zu sein, wobei sie gleichzeitig Sicherheiten verlieren. Doch das Risiko prekärer Beschäftigung ist bei jungen Menschen, vor allem bei Berufsanfängern, besonders hoch. Empirische Analysen zeigen, dass junge Erwachsene eher zu den Verlierern der Globalisierung von Ökonomie und Arbeit gehören (Blossfeld et al. 2006, 2007). Der Übergang von der Ausbildung in die Erwerbsarbeit gestaltet sich immer aufwendiger, komplizierter und weniger gradlinig (Schlimbach 2010: 306).

Dies betrifft die Geringqualifizierten genauso wie die Hochschulabsolventen. Ob der Start in das Berufsleben für Letztere gelingt, hängt oft nicht mehr allein vom Bildungsabschluss, sondern zunehmend auch von den Ressourcen der Eltern ab. Dies ist ein Resultat der verlängerten Abhängigkeit der Berufseinsteiger von den Eltern (Austermann/Woischwill 2010: 280). Gerade in den jüngeren Altersgruppen nehmen befristete Beschäftigungen in Deutschland überdurchschnittlich zu. Zwischen 1997 und 2007 stieg der Anteil der 15- bis 24-Jährigen in Leiharbeit, Teilzeitarbeit, befristeter oder geringfügiger Beschäftigung von 19 auf 39 Prozent und in der Altersgruppe der 25- bis 34-Jährigen von 17 auf 25 Prozent (Statistisches Bundesamt 2008). Die Zahl der Praktikanten mit Hochschulabschluss wächst. Trauen sich Praktikanten dennoch, um ein höheres Gehalt zu verhandeln, so sind manche Arbeitergeber dreist genug, auf die Unterstützung durch die Eltern zu verweisen (Austermann/Woischwill 2010: 280). Wer als junger Berufseinsteiger über kein stützendes Elternhaus verfügt, lebt häufig am Rande der Armut.

Auch in anderen Ländern können junge Leute ihre prekäre Lebenslage nur mithilfe ihrer Eltern finanzieren. Niedrig oder gar nicht entlohnt, kaum Arbeitsschutz und soziale Absicherung, zeitlich begrenzt oder ein Praktikum nach dem anderen – so sieht die Bilanz des Berufseinstiegs vieler junger Europäer aus. Zudem ist die Jugendarbeitslosigkeit in vielen südeuropäischen Staaten weitaus größer als in Deutschland und stieg in den letzten Jahren in geradezu astronomische Höhen, sie beträgt in Portugal fast 40 Prozent, in Griechenland ca. 45 Prozent und in Spanien sogar fast 50 Prozent (International Labour Organization 2012: 2). In Frankreich, Griechenland, Spanien, Italien und Großbritannien gehen die Menschen deshalb auf die Straße. Diese Proteste werden oft von den Gutsituierten und Gebildeten aus der Mitte der Gesellschaft getragen. Denn in Südeuropa sind es vor allem die Besserqualifizierten, die über geringe Berufsaussichten verfügen. In den meisten Ländern ist die Reaktion der Öffentlichkeit auf die Proteste durchaus verständnisvoll, wie in Griechenland (Grekopoulou 2010: 101). Dass einige der jugendlichen Demonstranten auch zu Gewalt greifen, ändert nichts an der Akzeptanz der Protestwelle in der Bevölkerung.

Demgegenüber ist der Protest gegen Jugendarbeitslosigkeit und prekäre Beschäftigungsverhältnisse in Deutschland eher verhalten. Zu Krawallen und Massenprotesten ist es noch nicht gekommen. Wenn überhaupt, dann überwiegt der stumme Protest durch Unterschriftensammlungen und Petitionen. Es gibt unterschiedliche Gründe dafür. Deutschland hat im europäischen Vergleich eine relativ geringe Jugendarbeitslosigkeit. Zudem ist Arbeitslosigkeit nach wie vor eher ein Problem von Randgruppen und Geringqualifizierten. Immerhin sehen 20 Prozent der Jugendlichen keine Perspektive für sich (Albert et al. 2010). Doch die meisten Jugendlichen ohne Berufs- und hinreichende Schulausbildung vertrauen nach wie vor auf staatliche Unterstützung. Anders die Mehrheit der Abiturienten und Hochschulabsolventen, die ihre Situation ausgesprochen optimistisch wahrnehmen (Albert et al. 2010). Zwar sehen sie die Wirtschaftslage gesamtgesellschaftlich durchaus kritisch, doch fühlen sie sich persönlich davon nicht betroffen und glauben, mit beruflichem Engagement und Investitionen in Bildung und Qualifikationen den Bedrohungen entgehen zu können. Dabei gibt es kein »Wir« und auch kein kollektives Verständnis von Generationenungerechtigkeit, sondern nur ein »Ich«.

Doch hätte die jüngere Generation insgesamt durchaus gute Gründe zu protestieren. Denn der heutige lange Weg in die unbefristete Festanstellung führt im Generationenvergleich nicht nur zu rapiden Renteneinbußen, da Praktikanten, Stipendiaten und atypisch Beschäftigte meist keine Beiträge in die Rentenkassen einzahlen, sondern auch dazu, dass der Einkommensunterschied zwischen 30- und 50-jährigen Westdeutschen von 15 auf 40 Prozent anstieg (Austermann/Woischwill 2010: 280). Diese Form der Generationenungerechtigkeit fällt in Deutschland, wie auch insgesamt in Westeuropa, deutlich stärker aus als in Osteuropa, wo es allen schlechter geht und die Unterschiede zwischen den 50-Jährigen und den 30-Jährigen deutlich geringer sind als in den etablierten Wohlstandsgesellschaften. In Deutschland entwickelte sich der Arbeitsmarkt im Sinne einer Insider-Outsider-Polarisierung, wonach für Berufseinsteiger andere rechtliche und tarifliche Regelungen gelten als für die Insider, die früher in das Beschäftigungssystem eingestiegen sind (Kopycka/Sackmann 2010).

Als Folge dieser Entwicklungen hat sich die Lebensphase Jugend heute deutlich verlängert. Einerseits kommen Jugendliche immer früher in die Jugendphase hinein – die Pubertät beginnt bei den meisten schon mit zwölf Jahren –, gleichzeitig schiebt sich der Zeitpunkt des Erwachsenwerdens weiter hinaus, insbesondere bei den Abiturienten und Hochschulabsolventen. Der verzögerte Berufseintritt führt dazu, dass junge Menschen länger bei den Eltern wohnen und die Familiengründung aufschieben. Die Jugendphase kann fünfzehn oder mehr Jahre dauern. Eine Gewissheit, ob die jungen Menschen einen Beruf finden und eine Familie gründen können, also einmal die klassische Rolle der Erwachsenen einnehmen, gibt es dagegen nicht. Nach Klaus Hurrelmann (2011) führt das Leben in struktureller Unsicherheit zu opportunistischen Verhalten, zu einem nur auf die eigene Person bezogenen Optimierungsstreben. Jeder will seine Ausgangssituation verbessern und im richtigen Moment zugreifen. Entsprechend seien die jungen Leute von ihrem Sozialcharakter her »Ego-Taktiker«.

Kapitel 7

Wiederkehr der bürgerlichen Familie? Die Zukunft des Geschlechterverhältnisses

Die hier portraitierten sozialen Gruppen, die Singles aus der Baby-Boom-Generation und die Nesthocker der Nachwendezeit, entwickelten jeweils gegensätzliche Haltungen zur Zukunft. Die Bildungsaufsteiger aus der Baby-Boom-Generation setzten auf das Projekt der autonomen Lebensführung und den Aufbruch aus Herkunftsmilieu und Tradition. Die jüngere Generation der Nesthocker verbleibt oftmals in ihrem angestammten Milieu. Für sie zählt ganz und gar die Gegenwart. Beide Gruppen versuchen auf ihre Weise, unter den jeweils gegebenen Bedingungen, das Beste aus ihrer Lage zu machen. Die Baby-Boom-Generation wuchs mit der Gewissheit auf, die Zukunft planen und ein eigenes Lebensprojekt gestalten zu können. Diese Autonomie wurde durch die stabilen Rahmenbedingungen in der Bundesrepublik ermöglicht. Beides fehlt den Jüngeren, deren Zukunft ungewiss bleibt und deren Gegenwart auf kurze Zeithorizonte geschrumpft ist. Warum auch planen, wenn morgen schon alles anders aussehen kann? Da langfristige Entscheidungen unter unsicheren Bedingungen sinnlos, wenn nicht sogar gefährlich sind, bleibt man am besten dort, wo man ist: bei der Familie und in der Heimatregion.

Vorschnelle Urteile über die übermäßige Konformität der jüngeren Generationen verbieten sich jedoch, wenn man sieht, dass auch die Baby-Boom-Generation an Autonomie verloren hat und an ihren alternativen Lebensentwürfen oft nur zum Preis der Ausgrenzung und des sozialen Abstiegs festhalten konnte. Sie mussten sich ebenso den neuen Bedingungen anpassen – meist, indem sie zu bürgerlichen Existenzformen zurückkehrten, in denen klare Regeln herrschen und starke Grenzen gezogen werden. Auch sie suchen, nach dem Zusammenbruch alternativer Lebensformen und politischer Systeme, nunmehr in erster Linie ihr privates Glück, häufig mittels wissenschaftlicher und psychologischer Ratgeber.

1. Zur Attraktivität traditioneller Leitbilder

Beide Generationen ziehen sich ins Private zurück und übernehmen traditionelle Leitbilder zu Familie und Paarbeziehung. Viele junge, gut ausgebildete Frauen fügen sich heute scheinbar widerspruchslos in klassische Rollenmuster. Geschlechtsspezifische Wertorientierungen, wonach Frauen soziale Bindungen betonen und Männer eher ein konkurrenz- und wettbewerbsorientiertes Lebenskonzept bevorzugen, haben sich laut Shell-Jugendstudie in den letzten Jahren sogar eher verstärkt als abgeschwächt (Hurrelmann/Albert 2006: 36ff.). Auch in Fragen partnerschaftlicher Arbeitsteilung geht es wieder traditioneller zu: Im Verlauf der 1990er Jahre ist der Anteil junger Männer gestiegen, die sich von Frauen, zuerst von der Mutter, dann von der Freundin oder Ehefrau, versorgen lassen.[30] Nur wenige junge Frauen finden dies problematisch. Viele möchten heute erst gar nicht mit feministischen Ideen in Verbindung gebracht werden. Häufig aus Familien stammend, in denen die Eltern sich trennten, wollen sie es nun anders machen: Sie möchten in der Partnerschaft mehr Kompromisse eingehen, um die Beziehung nicht zu gefährden.

Selbst im öffentlichen Bewusstsein werden restaurative Entwicklungen sichtbar. Geschlechterdifferenzen werden wieder betont und in der öffentlichen Meinung will man Weiblichkeit und Männlichkeit nicht länger als gesellschaftliche Rollen verstehen, sondern auf biologische Ursachen zurückführen. Zwar ist noch nicht ausgemacht, ob es zu einer Re-Biologisierung von Geschlechterrollen durch die Evolutionsbiologie und die Genetik kommt, doch glauben offenkundig heute wieder mehr Menschen, dass Geschlechterdifferenzen in erster Linie biologische Ursachen haben. Wenn Frauen sich in Familie, Mutterschaft und Haushalt stärker einbringen, so eine weithin verbreitete Ansicht, dann habe dies nichts mit gesellschaftlichen Machtverhältnissen, sondern mit natürlichen Geschlechterdifferenzen zu tun. Die frühkindliche Mutterbindung wird heute erneut als sehr wichtig angesehen, wodurch die Toleranz gegenüber erwerbstätigen Müttern vermutlich sinken wird (Burkart 2007: 403).

Die Rückkehr zu traditionellen Rollenleitbildern in Familie und Paarbeziehung steht allerdings im Widerspruch zur Entwicklung der Geschlechterverhältnisse in Arbeit, Beruf und Öffentlichkeit. Seit den 1970er Jahren gleichen sich die Geschlechterrollen beruflich an. Junge Frauen haben junge Männer hinsichtlich ihrer Bildungsabschlüsse und Bildungsbeteiligungen überholt und verbesserten auch ihre Erwerbschancen (Dackweiler 2007). Unternehmen wollen in Zukunft immer weniger auf weibliches Arbeitsvermögen verzichten und greifen zu Gleichstellungsmaßnahmen. Der Anteil von Frauen im Bundestag lag bis 1983 nicht über 10 Prozent und stieg bis 2010 immerhin auf 33 Prozent. In den mittleren Führungspositionen von Unternehmen wächst der Frauenanteil ebenfalls (2010, 31 Prozent), wenn auch nur sehr langsam. Sicherlich hat sich nicht überall etwas bewegt: Nach wie vor sind Frauen in den Wirtschafts- und Verbandseliten so gut wie nicht vertreten. Auf der Vorstandsebene findet sich lediglich ein Frauenanteil von 3 Prozent (Bundesministerium für Familie, Senioren, Frauen und Jugend 2010). Auch die geschlechtsspezifische Segregation von Berufen hat sich kaum verändert und es besteht noch immer ein beträchtlicher *Gender Pay Gap*, also eine Lücke zwischen den durchschnittlichen Erwerbseinkommen von Frauen und Männern. Diese beträgt in Deutschland, einem europaweit in Geschlechterfragen eher rückständigen Land, aktuell 23 Prozent (Klammer/Klenner 2004). Dennoch deutet nichts darauf hin, dass sich der Trend der partiellen Angleichung von Geschlechterrollen in Arbeit, Beruf und Öffentlichkeit umkehren könnte.

Selbst in Familie und Paarbeziehung kann auf der praktischen Ebene von einer ungebrochenen Fortsetzung traditioneller Rollenmuster keine Rede sein, da in vielen Familien nicht mehr der Mann der Haupternährer ist. Mittlerweile wird jeder zehnte Paarhaushalt in der Bundesrepublik von einer weiblichen Familienernährerin versorgt. In diesen

Haushalten sorgt die Frau für mehr als 60 Prozent des Familieneinkommens. Zählt man alleinerziehende Frauen dazu, liegt die Zahl der Familienernährerinnen sogar bei insgesamt 18 Prozent (Klammer/Klenner 2004). Erwerbsunsicherheiten und diskontinuierliche Erwerbsverläufe erfassen heute zunehmend auch Männer, zumal das Produktionsgewerbe, ein männlich geprägter Erwerbssektor, schrumpft. Damit wird die klassische Rolle des Mannes als Familienernährer infrage gestellt. Dies gilt zunächst für das Arbeiter- und Handwerkermilieu. Doch auch bei Abiturienten und Hochschulabsolventen führten atypische Beschäftigungen und verzögerte Berufseinstiege zu einer verstärkten Prekarisierung der männlichen Erwerbsbiografie. Familiale Existenzsicherung geschieht heute am besten durch zwei im Arbeitsmarkt verankerte Personen (BMFSFJ, Siebter Familienbericht 2006: 87).

Warum orientiert man sich heute dennoch in Familie und Partnerschaft vielfach an Rollenmodellen, die den faktischen Modernisierungstendenzen im Geschlechterverhältnis entgegenstehen? Vieles spricht dafür, dass die Anziehungskraft traditioneller Rollen umso größer wird, je weiter sich festgefügte Identitätsmuster im Prozess der Globalisierung auflösen. Geschlechterrollen dienen der Vergewisserung, indem man sich auf Traditionen besinnt. Dies gilt für beide Generationen, wenn auch mit unterschiedlichen Schwerpunkten.

2. Strategien der Vergewisserung: Traditionelle Geschlechterrollen und die Suche nach Geborgenheit in der jüngeren Generation

Der Rückgriff auf klassische Rollenbilder kann als Teil einer restaurativen Wende von Mentalität und Lebensführung in einer gesellschaftlichen Phase des beschleunigten Wandels und der Unsicherheit gedeutet werden. Eine solche Kehrtwende wird aktuell unter dem Gesichtspunkt »Wandel des Wertewandels« diskutiert (Hradil 2003). Demnach haben Leitbilder wie Autonomie und Selbstverwirklichung an Attraktivität verloren, wogegen Sicherheit und Gemeinschaft wieder an Bedeutung gewinnen. Im Augenblick scheint zwar offen, ob ein solcher Wertewandel flächendeckend stattgefunden hat, neuere Untersuchungen belegen jedoch, dass sich Wertorientierungen und Lebensführung vor allem in der jüngeren Generation verändern. Die Shell-Jugendstudien (Hurrelmann et al. 2006; Albert et al. 2010) zeichnen das Portrait einer pragmatischen Generation, die sich in Arbeit und Beruf allein auf die eigene Person konzentriert und sich von politischen Gesellschaftsentwürfen abwendet. Persönliche Erfüllung wird im Nahbereich gesucht und die Familie, das eigene Heim, das Private, rücken ins Zentrum des Lebens. Der Wunsch nach Experimenten mit Lebensformen und Lebensstilen ist eher gering ausgeprägt. Die Deregulierung von Arbeit und Beschäftigung, die Verkürzung von Zeithorizonten und der Primat des Ökonomischen in fast allen gesellschaftlichen Bereichen führte dazu, dass die jüngere Generation heute unter sehr viel schlechteren Bedingungen in das Erwerbs- und Erwachsenenleben eintritt als die Generationen zuvor (Austermann/Woischwill 2010: 279).

Verständlicherweise wird in der Situation sozialer Verwundbarkeit der Wunsch nach Dauerhaftigkeit und Verbindlichkeit auch in Ehe und Partnerschaft größer. 75 Prozent der weiblichen und 65 Prozent der männlichen Befragten gaben an, eine Familie zum Glücklichsein zu brauchen (Hurrelmann et al. 2006: 37). Das Modell der egalitären Partnerschaft hat demgegenüber an Attraktivität verloren, da es mit dem Makel der Unverbindlichkeit behaftet scheint. Denn statt klarer Rollenvorgaben und Verhaltensmaßstäbe sollen hier individuelle Ansprüche und Wünsche *verhandelt* werden. Statt unbedingter Liebe werden Gleichheitsforderungen gestellt. Aus Sicht der Jüngeren bietet dieses Modell somit gerade keine Gegenwelt zur Projektlogik des neuen Kapitalismus. Die gleichberechtigte Partnerschaft erscheint vielmehr als Beziehung auf Widerruf. Doch es bleibt fraglich, ob eine auf klassischen Rollen gegründete Beziehung tatsächlich stabiler ist. Dies gilt vor allem dann, wenn die klassischen Rollen in Familie und Paarbeziehung nicht mehr mit den gesellschaftlichen Anforderungen an Frauen und Männer übereinstimmen.

3. Distinktionsstrategien: Traditionelle Geschlechtsrollen im Kontext neubürgerlicher Lebensformen

Nun finden sich Tendenzen zur Rückkehr in traditionelle Rollenmuster nicht nur in der jüngeren Generation. Viele Paare im mittleren Lebensalter nehmen Abstand von den Idealen der Gleichheit und der weiblichen Autonomie zugunsten einer Stärkung des Gemeinsamen. Dabei spielt, so die hier vertretende Annahme, häufiger das Motiv des Statuserhalts und der Distinktion eine wichtige Rolle, und dies selbst bei Paaren, die sich eigentlich als fortschrittlich und die Geschlechtergleichheit als selbstverständlichen Grundsatz ihrer Beziehung betrachten.

Doch in dem Maße, wie sich diese Paare vom sozialen Abstieg bedroht fühlen, treten Status- und Verteilungsfragen gegenüber Fragen von Selbstverwirklichung in den Vordergrund. Wichtiger als die persönliche Autonomie wird für sie, die gemeinsamen Ressourcen zu sichern und das Erreichte weiterzugeben. Nach ihrer Auffassung müssen Frauen und Männer in unsicheren Zeiten verstärkt zusammenhalten, selbst wenn dies bedeutet, dass Mann und Frau erneut auf traditionelle Rollen festgeschrieben werden: Der Mann kümmert sich um die finanzielle Grundlage sowie um den gemeinsamen sozialen Aufstieg und die Frau um das kulturelle Kapital, also die Erziehung der Kinder und die Pflege sozialer Beziehungen. Daher legen insbesondere gebildete Schichten größte Sorgfalt auf die Erziehung und Förderung ihrer Kinder, wodurch Frauen stärker auf die Mutterrolle festgelegt werden als noch vor zwanzig Jahren. Das Vorweisen einer »intakten« Familie wird zum wichtigen Status-Merkmal innerhalb des eigenen Milieus, aber auch gegenüber den prekären Lebenslagen. Zu den bindungslosen und »schwierigen« Singles möchten viele Frauen heute auf gar keinen Fall gehören.

Das Motiv der Statussicherung war bis zu einem gewissen Grad schon immer ein Beweggrund für die faktische, mehr oder weniger eingestandene, Einwilligung vieler Frauen in traditionelle Rollenmuster. Für viele der Frauen mit Hochschulabschluss ist es schwierig, eine den Qualifikationen entsprechende Berufsposition zu finden oder eine reguläre Berufslaufbahn einzuschlagen (Allmendinger/Schreyer 2005).

Diese Problematik verschärfte sich seit den 1990er Jahren sogar, da sich prekäre Beschäftigungen insgesamt ausweiteten. Zudem dominieren in vielen akademischen Berufsfeldern, vor allem in den Geisteswissenschaften, Zeitverträge, die eine Vereinbarkeit von Familie und Beruf gerade nicht ermöglichen. Viele Hochschulabsolventinnen verfügen oft bis in das mittlere Erwachsenenalter hinein über keine unbefristete Festanstellung. Unter diesen Bedingungen ist es verständlich, wenn Frauen weniger auf eine unsichere berufliche Laufbahn als auf Familie und Paarbeziehung setzen.

Gleichzeitig steigt der Druck auf den Mann. Auch Männer erleben heute zunehmend Erwerbsunsicherheiten beim Einstieg in das Berufsleben (Castel/Dörre 2009). Dennoch bleiben die männlichen Lebensentwürfe bislang stabil. Auch das Bekenntnis zur aktiven Vaterschaft, wonach sich die meisten Väter heute als Erzieher *und* als Ernährer ihrer Kinder sehen (Fthenakis/Minsel 2002), änderte daran nichts. Denn solange Männer davon ausgehen, dass sie den Hauptbeitrag zum Familieneinkommen leisten werden, stehen sie für die Kindererziehung faktisch nicht oder nur am Wochenende zur Verfügung. Selbst Männer mit unsicheren Erwerbslaufbahnen streben keine Umkehrung der Rollen an, sondern nehmen eher einen Rückzug aus Ehe und Familie in Kauf. So weisen jüngere Männer in prekären Beschäftigungsverhältnissen eine Tendenz zum Aufschub von Heirat und Elternschaft auf.[31] Dies spricht für die ungebrochene Wirksamkeit traditioneller Geschlechterrollen, wonach ein Mann erst beruflich Fuß gefasst haben sollte, bevor er eine Familie gründet (Tölke 2007: 321).

Doch die Verknüpfung von kollektivem Statuserhalt und Geschlecht bedeutet heute mehr, als die Existenz abzusichern. Die Mittelschicht wendet sich, wie oben bereits gezeigt, einer Mentalität der »neuen Bürgerlichkeit« zu und grenzt sich damit gegenüber weniger privilegierten Schichten ab. Dabei entstehen neue Abgrenzungsmuster, Fragen des richtigen Konsums und der Ernährung spielen eine zentrale Rolle: Was ist die richtige Ernährung während der Schwangerschaft, was die richtige Babynahrung und welcher (rückenschonende) Kinderwagen muss angeschafft werden. An diesen Fragen entscheidet sich, mit welchen Eltern man mehr zu tun haben will und wen man eher meidet.

Die Identitätspolitik der neuen Bürgerlichkeit zielt darauf, den gewonnenen Vorsprung durch richtige Zukunftsentscheidungen zu sichern, also klug in Bildung, Vermögens-, Sicherheits- und Gesundheitsvorsorge zu investieren. Teure Privatschulen, städteräumliche Abschließungen von Wohnbezirken, gesicherte Wohnungsanlagen und private Kranken- und Altersversicherungen helfen, den Status über die eigene Generation hinaus zu gewährleisten.

Statuskämpfe entzünden sich dabei vor allem am Bildungsthema, das hinsichtlich der gesellschaftlichen Selbstverortung eine Signalfunktion besitzt (Bude 2010). Strenge Gymnasien, konfessionelle Schulen, humanistische Eliteanstalten und Internate werden heute ausgerechnet auch von den Eltern bevorzugt, die sich als junge Erwachsene für Gesamtschulen und liberale Erziehungsideale einsetzten. Der Run auf Privatschulen dokumentiert, dass Bildung und Wissen nicht länger als öffentliche Güter betrachtet werden, die der Wohlfahrtsstaat fraglos bereitstellt. Sie werden mehr und mehr als private Güter empfunden, die eigene Anstrengungen erfordern (ebd.). Um hier mithalten zu können, bedarf es nicht nur entsprechender eigener Bildungsressourcen, sondern auch Zeit und Geld. Meist sorgen die Mütter (und weniger die Väter) für die notwendige Förderung, überwachen die Schularbeiten und fahren die Kinder nachmittags in den Musikunterricht, zum Ballett oder zum Nachhilfeunterricht. Dies kostet Zeit, die ihnen dann für Beruf und Karriere fehlt.

Aus diesem Grund kann es aus Sicht der Frauen notwendig sein, dass sie ihre eigenen Interessen dem Wohl der Familie und der Erziehung der Kinder unterordnen. Viele Männer und auch Frauen sehen dies nicht als Rückschritt an: Schließlich kämpfen die Geschlechter nun nicht mehr gegeneinander, sondern gemeinsam für die Weitergabe des Erreichten über die jetzige Generation hinaus. Sie verstehen sich als Teil eines größeren Ganzen. Das Bekenntnis zur bürgerlichen Familie kann deshalb nicht einfach als männlicher »Chauvinismus« abgetan werden, gegen den sich die Frauen zur Wehr setzen müssten, sondern liegt unter den gegenwärtigen Bedingungen scheinbar mehr denn je auch im Interesse der Frauen.

4. Die Zukunft der Geschlechter in der globalen Klassengesellschaft von morgen

Geschlechterverhältnisse können somit nicht unabhängig von sozialen Lagen und Positionskämpfen gedacht werden. Die Familie ist der Ort, an dem sich Klasseninteressen und Geschlechterverhältnisse verschränken. Deshalb können »Autonomiegewinn der Frau« oder »Wiederkehr traditioneller Rollen« in jeder sozialen Klasse etwas sehr Verschiedenes bedeuten (Koppetsch/Burkart 1999). Nicht überall wünschen sich Frauen ein Stück eigenes Leben, nicht überall geht der Wandel von Geschlechterrollen in Familie und Paarbeziehung mit mehr weiblicher Autonomie einher und nicht überall beinhaltet die Unterordnung unter das Familienwohl, dass Frauen auf qualifizierte Berufstätigkeit verzichten müssen.

Die Wiederkehr des bürgerlichen Familienmodells stellt zum Beispiel in wohlhabenden Schichten, die Haus- und Familienarbeit an Hilfskräfte delegieren können, oft keine »Gefahr« für die Stellung der Frau dar. Eine Tagesmutter oder eine Au-Pair-Hilfe wird in einer solchen Familie für die Betreuung der kleinen Kinder bezahlt, eine Altenpflegerin wird für die kranke Mutter engagiert und Haushaltstätigkeiten werden an Haushalts- oder Putzkräfte delegiert. Für die übrigen Arbeiten können externe Dienstleister (Wäschereien, Catering-Agenturen, Steuerberater) beauftragt werden. Für das gehobene Bürgertum bestand seit jeher die Möglichkeit, häusliche Arbeiten zu delegieren oder auszulagern. Und in Deutschland wurde dieses Modell von den Frauen der Eliten bis heute fortgeführt (Böhnisch 1999). Neu ist jedoch, dass es zunehmend auch in der gehobenen Mittelschicht anzutreffen ist. Ihre Einkommens- und Vermögenszuwächse machen dies möglich. Zudem sind Haushaltskräfte auf dem informellen Arbeitsmarkt (Hess 2005) heute erstmals erschwinglich, da viele Osteuropäerinnen zuwandern und für eine vergleichsweise geringe Entlohnung arbeiten.

Denn die Helferinnen der gut ausgebildeten und berufsmotivierten Frauen aus der Mittelschicht kommen immer seltener aus dem direkten Umfeld, sondern von weit her: Es sind Frauen aus der Zweiten und Dritten Welt, die in der Ersten Welt Erwerbschancen suchen. Frauen aus Polen oder Rumänien, aus Mexiko oder Sri Lanka, die in Hongkong, Rom, New York oder München Arbeiten im privaten Haushalt verrichten. Offenkundig ist es für Frauen aus den reichen Ländern leichter möglich, Hausarbeit an Frauen aus armen Ländern als an ihre Ehemänner zu delegieren. Im Endeffekt bedeutet dies, dass die Stabilität der Geschlechterrollen die Arbeitsmigration forciert und eine globale Wanderungsbewegung in Gang setzt, die Arlie Hochschild (2003) als *global chain of caring* bezeichnete. Die »Erfolgsfrauen« aus der Ersten Welt delegieren Hausarbeit an Migrantinnen aus der Zweiten und Dritten Welt. Dies hat nicht in erster Linie etwas mit dem Bildungsvorsprung der privilegierten Frauen zu tun. Häufig verfügen auch die Migrantinnen über Hochschulabschlüsse oder qualifizierte berufliche Ausbildungen, die sie auf dem informellen Arbeitsmarkt der Einwanderungsländer allerdings nicht verwerten können. Somit können sich Paare heute konfliktfrei zum bürgerlichen Familienmodell bekennen, ohne dass dies die Autonomie der Frau antastet.

Was folgt daraus für das Geschlechterverhältnis in der Klassengesellschaft von morgen? Während Frauen im beruflich-öffentlichen Leben schrittweise in akademische Berufe und Führungspositionen eingebunden werden, findet im Privaten paradoxerweise eine ideologische Wiederkehr des bürgerlichen Familienmodells samt seiner traditionellen Rollenbilder statt. Die ist auch als Reaktion auf Tendenzen der biografischen Verunsicherung im Berufsleben und im Privaten zu verstehen. Diskontinuierliche Lebensläufe werden zunehmend als bedrohlich empfunden. Dagegen soll die Familie als Hort der Sicherheit und der wahren Bindungen geltend gemacht werden. Daher gilt das traditionelle Familienideal nicht mehr als Selbstverständlichkeit, sondern als Teil eines privilegierten Lebens, als Errungenschaft. Dafür spricht, dass

Erwerbsunsicherheiten beim Berufseinstieg des Mannes häufig dazu führen, die Familiengründung aufzuschieben und »intakte« Lebensverhältnisse und traditionelle Familienstrukturen aufgrund prekärer Erwerbsverhältnisse trotz Anstrengungen mitunter gar nicht mehr erreicht werden. Aus diesem Grund können Geschlechterverhältnisse in Familie und Paarbeziehung weniger denn je universell, also für die Gesellschaft im Ganzen – für alle Männer und Frauen – bestimmt werden, sondern müssen vor dem Hintergrund einer sich globalisierenden Klassengesellschaft und damit in ihrer Verschränkung von Klasse, Herkunft und Schicht untersucht werden.

Die Muster und Flugbahnen weiblicher »Emanzipation« verlaufen ebenfalls je nach sozialer Lage völlig unterschiedlich: Nicht überall bedeutet die Berufstätigkeit der Frau ein Mehr an Autonomie und nicht immer geht die Rückkehr zu traditionellen Rollenbildern mit einem Verlust derselben einher. So werden in Zukunft wieder mehr Frauen in den reichen Industrienationen aufgrund ihrer Mitgiften und Ressourcen von einer bürgerlichen Geschlechterordnung profitieren. Wird diese jedoch gestört, weil beispielsweise die männliche Erwerbsposition wegbricht, genießen die Familienernährerinnen meist keine Privilegien. Häufig sind Familien, in denen die Frau die Ernährerposition innehat, überproportional (zu 60 Prozent) von Armut oder prekärem Wohlstand betroffen (Klammer/Klenner/Pfahl 2011: 73).

Es ist zu erwarten, dass zukünftig die soziale Lage stärker über das Schicksal einer Frau entscheidet. Daher ist es nicht verwunderlich, wenn die Themen »Geschlechterkampf« und »weibliche Autonomie« in der Öffentlichkeit seit den 1990er Jahren gegenüber Verteilungs- und Statuskämpfen zwischen unterschiedlichen Lagen in den Hintergrund getreten sind. Dies muss nicht heißen, dass Frauen in den reichen Ländern auf Berufstätigkeit oder ein »Stück eigenes Leben« verzichten müssen, doch finden weibliche Autonomiebestrebungen in Zukunft vermutlich stärker in einem Rahmen statt, der die eigene Klassenposition nicht aufs Spiel setzt. Das Geschlechterverhältnis in Familie und Paarbeziehung ist daher nicht zu verstehen, wenn man dieses nur als Geschlechterrollenproblem begreift. Es ist eingebettet in die Gesamtheit klassenspezifischer Praktiken, die darauf ausgerichtet sind, die soziale Stellung (auch in der Generationsfolge) zu wahren oder zu verbessern.

Hinzu kommt, dass sich die häusliche Arbeitsteilung durch Migrationsbewegungen transnationalisiert. Auf diese Weise wird häusliche Arbeit transnational zwischen verschiedenen Gruppen von Frauen neu aufgeteilt und die Männer bleiben überwiegend außen vor. Es entsteht eine globale Versorgungshierarchie, durch die private Versorgungsarbeit auf der Ebene von Nationen, Hautfarben und Ethnien von oben nach unten weitergereicht wird. Für die Migrantinnen ist damit ein prekärer Aufstieg verbunden, da sie durch die Einkünfte in der Lage sind, Geldsummen nach Hause zu schicken, gleichzeitig jedoch in die ungeschützte Abhängigkeit privater Haushalte geraten.

Teil III: Herrschaftskonflikte

Kapitel 8

Neue Expertenkulturen und das Ende gesellschaftlicher Sinngebung

Wie haben sich gesellschaftliche Spielregeln innerhalb unterschiedlicher Lebensbereiche geändert? Was bedeuten heute noch Macht und Herrschaft? Welche Gesellschaftsbilder spielen dabei eine Rolle? Aus heutiger Sicht erscheint das zurückliegende 20. Jahrhundert als ein Jahrhundert der Politik. Politische Steuerung war die Antwort auf die kollektive Verwundung durch die Weltwirtschaftskrise der 1920er Jahre, Demokratie und Verfassung war die Antwort auf die Verbrechen des Nationalsozialismus und den Untergang des Deutschen Reiches. Die Klassengesellschaft der Zwischenkriegszeit wurde mithilfe einer Wohlfahrtspolitik in eine Anrechts- und Versorgungsgesellschaft umgestaltet. Politische Institutionen zähmten den Industriekapitalismus und hielten seine sozialen und kulturellen Folgeschäden in Grenzen. Die *Neuen Sozialen Bewegungen* schließlich sorgten seit den 1970er Jahren für eine Liberalisierung und kulturelle Pluralisierung der Gesellschaft.

Demgegenüber zählt heute, zu Beginn des 21. Jahrhunderts, das Primat des Ökonomischen. Die politischen Kräfte sind ermattet, wodurch die folgenreiche Trennung von Herrschaft und Politik möglich wurde. Der globale Kapitalismus kennt kein politisches Gegengewicht und übt seine Macht diffus, durch Märkte und mobiles Kapital aus. Folgeschäden werden auf die Individuen abgewälzt, die Risiken nun allein tragen müssen. Dies wirkt sich auch auf die Gesellschaftsbilder aus. Während am Ende des 20. Jahrhunderts das Politische in alle gesellschaftlichen Teilbereiche eindrang – »das Private ist politisch« –, so verfallen heute politische Sprache und gesellschaftsbezogene Diskurse. Stattdessen bestimmen ökonomische Strukturen, was als vernünftiges Handeln gilt.

Damit einher geht ein Machtzuwachs ökonomischer Eliten, dessen politischer Charakter jedoch geleugnet wird. Die politische Sphäre dominieren zunehmend globale Unternehmen und Wirtschaftsakteure. Der moderne Unternehmer ist, anders als der Unternehmer der Lohnarbeitsgesellschaft, keine Partei in einem gesellschaftlichen Konflikt mehr. Denn er kann sein Kapital sofort zurückziehen, wenn das Risiko zu groß ist. Er steht nicht mehr in einem Abhängigkeitsverhältnis mit den Arbeitnehmern.

Wenn die politische Kultur des 20. Jahrhunderts erodiert, entsteht dann eine neue Kultur, in der alternative Gesellschaftsentwürfe verhandelt werden? Wie verändert sich gesellschaftliches Wissen? Und wer sind heute die Sinnstifter? In der Nachkriegsepoche waren die Universitäten die bevorzugten Orte der »Intellektuellenproduktion« und der Kulturvermittler. Professoren, Pädagogen, Lehrer, Bildungseliten, Geistes- und Sozialwissenschaftler übernahmen die Gesellschaftskritik und die Sinnstiftung. Hier wirkten Experten, die für sich beanspruchten, professionelles Wissen über die Gesellschaft und ihre Widersprüche zu besitzen. Sie vereinte eine gemeinsame Kultur der Kritik und des Diskurses. Sie waren es gewohnt, den Standpunkt der Gesellschaft als Ganzer zu vertreten, und übten ihren Einfluss über die Kommunikation aus – also durch Schreiben und Reden.

Heute spielt Kritik keine so große Rolle mehr. Die von den Intellektuellen behauptete Deutungskompetenz für die Gesellschaft im Ganzen verlor an Glaubwürdigkeit, weil es in den Augen vieler heute gar keine einheitliche »Gesellschaft« mehr gibt. Die Gesellschaft erscheint zersplittert in eine unendliche Vielzahl von Bezügen und wirkt wie ferngesteuert. Zudem konnten sich die Intellektuellen der ökonomischen Durchdringung von Wissen und Kultur nicht widersetzen, die in Anlehnung an Frank Deppe als die »Kommodifizierung des Geistes« (Deppe 2006: 109) verstanden werden kann.

Bildung, Wissen und Kultur stehen heute nicht mehr außerhalb des Ökonomischen als Deutungs- und Orientierungswissen bereit, sondern finden sich in Märkte, soziale Netzwerke und ökonomische Strukturen integriert: Damit verändern sich die institutionellen Rahmenbedingungen und die Aufgabe von professionellen Wissensproduzenten und Sinnstiftern. Bedeutsam werden heute eher solche Experten, die in einem entpolitisierten Umfeld psychologische Lebensbewältigung anbieten.

Eingebettet findet sich dieser Prozess in ein Leitbild, das die Gesellschaft als Wissensgesellschaft versteht, die im globalen Wettbewerb bestehen muss. Dadurch wird der nationalstaatliche Bezug von Wissen und Bildung gelockert und die Autorität des »staatstragenden« Expertentums infrage gestellt.

Das Bildungswesen, insbesondere die Universitäten, verlieren damit ihre Alleinzuständigkeit für Wissen und Bildung, die sie bis in die Mitte des 20. Jahrhunderts noch innehatten. Wissen und Deutungen werden pluralisiert. Neben den Universitäten tragen das Internet, die multinationalen Unternehmen, die großen Forschungseinrichtungen und Simulationsmodelle maßgeblich zur Wissensproduktion bei. Bildungswissen gerät ebenfalls in den Sog von Deutungen und wird marktabhängig. Der Staat ist nun kein Gärtner mehr, der auf theoretisches Wissen gestützt soziale Ordnung durchsetzt. Zudem hören die Universitäten auf, bevorzugte Orte der »Intellektuellenproduktion« zu sein, die ein privilegiertes Wissen über gesellschaftliche und politische Strukturdefizite und deren notwendige Veränderung besitzen. Dadurch werden Bildungs- und Deutungswissen heute nicht mehr ausschließlich durch akademische Einrichtungen legitimiert, sie müssen sich im Wettbewerb bewähren. An die Stelle der nationalen Wissensordnungen treten ökonomische Wissenssysteme wie die modernen Think Tanks.

1. Der Aufstieg neuer Sinnvermittler und Experten: Kreative, Coaches und Berater

Wie funktionieren die neuen Expertengruppen? Im Unterschied zu den klassischen Professionen distanzieren sich die neuen Experten von einer moralischen Vorbildfunktion, die sie in den Augen der Öffentlichkeit ohnehin nicht mehr beanspruchen können. Sie sehen sich nicht als

Treuhänder von Wahrheiten und Werten mit Verantwortung für das gesellschaftliche Ganze, sondern als Deutungs- und Wissensvermittler mit Gespür für marktgängige Ideen. Damit einher geht die Abkehr auch vom Modell professioneller Verantwortung gegenüber Klienten: In Wissenschaft, Medizin, Rechtsberatung und Bildungswesen wechseln Patienten, Mandanten, das Publikum und selbst Studenten von dem Status der Abhängigen in den neutralen Status von Konsumenten. Sie sollen nun aus der Angebotsfülle auswählen und selbst entscheiden, was gut für sie ist.

Berufliche Laufbahnen werden in diesen Expertengruppen marktförmiger: Weder Bildungszertifikate noch erworbene Fachkompetenzen qualifizieren hinreichend für den beruflichen Aufstieg in den neuen Feldern der Beratungsindustrie oder der Kultur- und Wissensproduktion. Akademische Bildungsinhalte büßen ihre Sonderstellung im Konzert der Wissenssysteme ein. Nach wie vor gelten universitäre Abschlüsse zwar als Eintrittskarten in unterschiedliche Berufsfelder, doch müssen sich die neuen Experten darüber hinaus mit ihren Ideen und Qualifikationen auch auf Märkten behaupten. Wer sind nun die neuen Sinnstifter und wie setzen sie ihre Deutungsansprüche gegenüber traditionellen Sinnvermittlern durch? Nachfolgend werden einige Beispiele aus drei gesellschaftlichen Feldern vorgestellt.

Die Kreativen

Im Feld der Kulturvermittlung stiegen die Kreativen zu Lifestyle-Experten auf: Grafiker, Designer, Texter und Art-Direktoren in Werbung, Webkultur und Unterhaltung sowie Künstler in der Fernseh-, Film- und Videoproduktion sehen sich als expressive Elite, die Vorstellungen eines guten Lebens an ein größeres Publikum weitergeben. Ähnlich wie Publizisten und Medienintellektuelle, die gegenüber den klassischen Humanisten ebenfalls an Bedeutung gewonnen haben, geht es ihnen nicht primär um Bildungswissen, sondern um Unterhaltung. Die neuen Kulturvermittler wollen vor allem emotional überzeugen.

Interessant ist nun, dass die Kreativen nicht nur einflussreicher geworden, sondern zudem als eine ernsthafte Konkurrenz zu den klassischen Kulturvermittlern, vor allem den humanistischen Bildungseliten, anzusehen sind. Die klassischen Träger der Hochkultur, bestehend aus Literaturkritikern und Philologen sowie Künstlern in staatlich geförderten Theatern, Opernhäusern, Orchestern und Museen, wurden an den Rand gedrängt. Während diese nach wie vor auf der Basis eines vermeintlichen Diskursmonopols akademischer Bildung und staatlicher Förderung agieren, verkaufen die Kreativen Kunst und Kultur als Lifestyle an eine breite Öffentlichkeit. Dies schließt politische Inhalte durchaus mit ein. Ihre Botschaft zielt auf die Ästhetisierung des Alltagslebens. Popkultur wird zur repräsentativen Kultur, in dem Maße wie die Entmachtung der bürgerlichen Hochkultur voranschreitet.[32]

Dieser Prozess wird durch die Kommerzialisierung des Kultursektors und die Herausbildung eines neuen, flexiblen Beschäftigungsregimes beschleunigt. Viele Kreative arbeiten projektförmig in befristeten Beschäftigungsverhältnissen. Sie verfügen über breite soziale Netzwerke und müssen sich neue Beschäftigungschancen eröffnen können. Sie begreifen sich als Avantgarde eines kulturellen Kapitalismus, bei dem Kunst und Kommerz, Arbeit und Lifestyle, Kultur und Markt miteinander verschmelzen.

Die Vertreter der Hochkultur und des Bildungswissens müssen sich ebenfalls der Wettbewerbslogik dieses Modells beugen (was mit einem Eingeständnis ihrer eigenen Relativität einhergeht): Sie werden nicht mehr nur an ihren rationalen Argumenten (Diskursmodell der Öffentlichkeit) gemessen, sondern zunehmend an ihrer Ausstrahlung. Sie müssen durch Stil, Metaphorik und Witz überzeugen. In der Folge wird die Hochkultur popularisiert, wie sich etwa in den Sendeformaten des *literarischen Quartetts* oder des *philosophischen Quartetts* zeigt. Hier wurde das Diskursmonopol akademischer Kritik zugunsten einer marktförmigen Meinungsbildung gebrochen. Nicht das Argument allein zählt, sondern auch die »Unterhaltung«. Die Hochkultur verliert somit ihr Alleinstellungsmerkmal und muss sich dem Unterhaltungsregime der Kreativwirtschaft beugen, sie muss sich in die Verbreitungsapparate und künstlerischen Formate der Popkultur integrieren.

Wissenschaftliche Rechtfertigung erhalten die Kreativen durch die neuen kulturwissenschaftlichen Studiengänge wie Cultural Studies, Medienanalyse und die neuere Volkskunde. Sie können als Legitimations- und Propagandaapparate für den repräsentativen Charakter der populären Kultur verstanden werden (Albrecht 2002), ähnlich wie die traditionellen Geisteswissenschaften nicht nur wissenschaftliche Diskurse erarbeiteten, sondern zudem Propagandaapparate für den repräsentativen Charakter der Hochkultur darstellen.

Die neuen Kulturwissenschaften orientieren sich anders als ihre Vorgänger weniger stark an einem disziplinären Kern (Philologie), sondern richten sich auf konkrete, praktische Berufsfelder in den Kulturindustrien (etwa Kulturmanagement) aus. Die Kulturwissenschaften verbannen den geisteswissenschaftlichen Kern, bestehend aus Philosophen, Historikern, Literatur- und Sprachwissenschaftlern, in eine kulturelle Nische und suspendieren so die aus dem Humanismus gespeiste Idee der Bildung durch Wissenschaft.

Die Coaches

In den Bereichen Lebenshilfe sowie Karriere und Beruf wurden ebenfalls traditionelle Experten verdrängt. So ist es zum Beispiel in der Graduiertenausbildung mittlerweile üblich, Doktoranden zu einem Coaching zu schicken, bei denen diese lernen, dass es nicht allein um Fachkompetenz, sondern auch um die richtige Kommunikation und Präsentation von wissenschaftlichen Inhalten geht und dass wissenschaftliche Laufbahnen strategisch geplant werden müssen. Die Experten begreifen Wissenschaft also in erster Linie als sozialen Prozess, als Kommunikation und sie helfen ihren Klienten, ihre Geltungsansprüche durchzusetzen – unabhängig von den wissenschaftlichen Inhalten.

Ähnliche Tendenzen der Arbeit an der »Performanz« zeigen sich auch in Medien und Politik. Sie begünstigten den Aufstieg von so genannten Spindoktoren, welche die Wirkung öffentlicher Personen, etwa prominenter Politiker, in den Medien beobachten und bei der Optimierung von Fernsehauftritten beraten. Manchmal stammen diese Berater aus der Werbebranche. Ursprünglich darauf spezialisiert, aus Produkten Marken zu entwickeln, formen sie nun Politiker zu Medienstars, die politische Botschaften glaubwürdig inszenieren.

Doch auch Privatpersonen nutzen zunehmend die Dienste von Coaches, wodurch ein neues Spektrum von Experten und eine verschärfte Konkurrenz zwischen diesen entstehen. So hat der psychologische Coach den klassischen Therapeuten vielfach ersetzt. Der klassische Fußballtrainer muss Kompetenzen an den Individualcoach abtreten, der jeden einzelnen Fußballer auf eine bestimmte Strategie der gegnerischen Mannschaft trainiert. Ähnlich verlagern sich auch medizinische Dienstleistungen, die aus der Schulmedizin herausgelöst und auf kommerziellen Märkten angeboten werden (Chiropraktiker, Heilpädagogen, Ernährungsberater, Fitnesstrainer).

In welche »Marktlücke« treten die Coaches, warum werden sie gegenüber den klassischen Professionen wichtiger? Während Professionen bei ihren Behandlungs- und Beratungsangeboten auf ihr »besseres« Wissen setzen konnten und dieses meist nicht infrage gestellt wurde, beanspruchen die neuen Berater, ihren Klienten auf Augenhöhe zu begegnen: Die Entscheidung für oder gegen eine Maßnahme trifft der Klient und nicht der Experte. Damit verändert sich auch die Verantwortlichkeit gegenüber Klienten. Die Entscheidung, ob ein Aktienfond, eine Versicherung, eine bestimmte medizinische Behandlung, ein Studiengang oder eine Therapie etwas taugen, trägt nicht mehr der Experte, sondern der zahlende Klient oder Konsument. Dadurch werden die klassischen Professionen zwar nicht ersetzt, jedoch an den Rändern aufgeweicht. Auch sie müssen sich der wachsenden Konkurrenz von Weltbildern, Deutungsangeboten und Lösungsmustern stellen.[33]

Da staatliche Versorgungsleistungen durch den Rückbau des Wohlfahrtsstaats privatisiert wurden, mussten sich verstärkt auch Beratungsangebote wirtschaftlichen Interessen unterordnen und wechselten aus dem Zuständigkeitsbereich der Wohlfahrtsprofessionen in die Hände der neuen Berater. Letztere sind dabei gleichermaßen Zeuge, Beschleuniger und Profiteure der Verschärfung sozialer Ungleichheiten. Denn in erster Linie können Wohlhabende die wachsende Differenzierung und Privatisierung wissensbasierter Dienstleistungen für sich nutzen. Haushalten mit geringeren Ressourcen bleibt dieser Weg oft versperrt.

Berater und Marktstrategen

Im Bereich der strategischen Beratung von Unternehmen profilieren sich ebenfalls neue Experten. Die Unternehmensberater sind dabei als »Übersetzer« zwischen den Wissens- und Handlungssphären sowie als »Anpassungshelfer« von Organisationen und Märkten an die sich verändernden gesellschaftlichen Bedingungen tätig. Da sich der soziale Wandel beschleunigt und die Wissensbestände anwachsen, unterliegt die Wissens- und Kulturproduktion weniger der Kontrolle durch die Experten (Kernprofessionen) innerhalb funktional spezifischer Handlungsbereiche. Das Wissen platzt gewissermaßen auf und durchdringt alle Lebensbereiche. An den Knoten- und Verdichtungspunkten bringen sich neue berufliche Akteure in Stellung, die zwischen disparaten Wissensbeständen und Handlungsbereichen vermitteln.

Diese neuen Experten weiten ihre Kompetenzen deutlich aus. Unternehmens- und Organisationsberater stellen heute größere gesellschaftliche Deutungsansprüche, indem sie ganze Unternehmensphilosophien entwickeln, die von Mitarbeitern übernommen werden sollen. Über rein ökonomische Belange hinaus werden Beratungskonzepte zu »holistischen Programmen« aufgewertet: Es entstehen »Unternehmenskulturen« oder eine »Corporate Identity«. Historisch-kulturell gewachsene Normen und Betriebskulturen werden so durch ein explizites Symbolmanagement und durch von Experten gestaltete Sozialwelten verdrängt.

Die Branche der Unternehmensberatungen wuchs in den letzten zwei Jahrzehnten enorm. Allein zwischen 1990 und 2001 verdreifachte sie ihren Umsatz in der Bundesrepublik von 4,5 Milliarden Euro auf 12,9 Milliarden Euro (Groß 2003). Meist verbirgt sich hinter dem Begriff »Unternehmensberatung« ein Sammelsurium unterschiedlicher

Angebote. Dazu gehören alle unternehmensbezogenen Beratungsangebote wie Personalberater, Rechtsberater, Organisationsberater, Finanzberater, Werbeagenturen (Sassen 1997), die Unternehmen dabei unterstützen, mit den komplexer werdenden, gesellschaftlichen Umwelten umzugehen. Auch Literaturagenten, Opernagenten sowie Headhunter übernehmen als professionelle Netzwerker solche Anpassungs- und Vermittlungsfunktionen. Unternehmensberater stehen in Frontstellung zu klassischen Experten. Während letztere über profundes Fachwissen verfügen und dieses erschöpfend erfassen, sind die neuen Experten im Kontext der Unternehmensberatung gezwungen, in einem sich ständig verändernden Koordinatensystem Orientierungspunkte zu setzen und immer wieder neue Informationen zu integrieren. Dabei zählt Effizienz mehr als Vertiefung, Geschwindigkeit ist wichtiger als Genauigkeit. Was gilt, gilt nur bis auf Weiteres. Unsicherheiten werden dadurch zu einem Dauerzustand, da Wissen niemals »feststeht«, sondern ständig durch neue Informationen und neue Mitspieler herausgefordert wird.

2. Wahrheitsfinder oder Konstrukteure von Wissen

Über welche Gemeinsamkeiten verfügen die hier dargestellten Experten, also die Kreativen, die Coaches und die Unternehmensberater? Sie alle messen ihre Beiträge nicht mehr an gesamtgesellschaftlichen oder moralischen Maßstäben, sondern müssen sich auf Berater-, Wissens- oder Unterhaltungsmärkten bewähren. Dabei folgen sie einem Regime, dessen Kern in einem neuen Umgang mit Wissen begründet ist. Sie sind als Experten an den Rändern anzusehen, also als Experten, die als Mediatoren, Mittler, Übersetzer, Agenten tätig sind. Sie arbeiten an den Schnittstellen von Wissenssystemen und docken sich an Wahrheiten und Wissen an. Dies zeigt sich im Übrigen auch in einem ganz anderen Feld: dem der Mathematik und Simulationsforschung.

So hat Stephen Baker (2009) in den USA eine neue Expertengruppe identifiziert, die Numerati. Diese Mathematiker errechnen aus einer Vielzahl von Zufallskorrelationen Wahrscheinlichkeiten und erstellen so Kunden- oder Wählerprofile. Die Numerati spielen mittlerweile auch in Deutschland, etwa in der Markt- und Wahlforschung, in der Wetterprognose und schließlich auch in der Simulationsforschung eine Rolle. Es waren Numerati, die 2010 dafür sorgten, dass anlässlich eines Vulkanausbruchs auf Island der Flugverkehr stillgelegt wurde. Dies geschah beinahe ohne jede Empirie, also ohne Messungen, ohne Datenabgleich. Anders als mancher Fluggast zunächst geglaubt hatte, korrigierte das Computermodell sich offenbar nicht durch ständigen Input wirklicher Daten. Lediglich Großbritannien und Finnland ergänzten die Simulation durch Messungen. Auf dem Kontinent gab es dagegen nur eine einzige Messung. Die Simulation allein genügte hier, um den Flugverkehr zu unterbrechen – ein prägnantes Beispiel für den Konstruktionscharakter von Wissen.

Charakteristisch ist für die hier und die weiter oben skizzierten Experten, dass sie Wahrheiten, also die wissenschaftliche, normative oder politische Gültigkeit spezifischer Wissensinhalte oder Werte, als zweitrangig ansehen. Sie sind keine Fachvertreter oder Sinnvermittler im engeren Sinne, da sie ihr Deutungs- und Expertenwissen als ein Gebilde betrachten, das sie bearbeiten oder an dessen Konstruktion sie mitwirken. Mit anderen Worten: Wissen und nicht Wahrheit ist der Gegenstand ihrer Arbeit.

Deutlich wird somit, dass die neuen Experten durch ihre Operationen Wahrheiten neutralisieren. Weil sie selbst keine wissenschaftliche Forschung betreiben und keinen Wahrheitsanspruch vertreten, brauchen sie sich ihrer Sache auch nicht sicher zu sein, sondern können ihr Wissen jederzeit und leidenschaftslos revidieren, durch eine andere Prognose, eine andere Metapher ersetzen oder von einer Fachsprache in die nächste wechseln. Müssen sie sich wider Erwarten doch festlegen, hilft ihnen der Rückzug in die Ironie. Damit wird aber nicht nur der wissenschaftliche, sondern auch der politische oder gesellschaftliche Deutungsanspruch untergraben.

Zur gesellschaftlichen Neutralisierung von Expertenwissen trägt auch die verwendete therapeutische Sprache bei, durch die gesellschaftliche Konflikte in persönliche Problemlagen umgedeutet werden. Das therapeutische Ethos, das die neuen Experten in alle gesellschaftlichen Bereiche hineintragen, stattet den Einzelnen mit einer Sprache der Selbstreflexion und Selbststeuerung aus, allerdings zumeist ohne die Möglichkeit, Herrschaftszusammenhänge zu reflektieren oder gar umzugestalten.

Kapitel 9

Diskretion und Herrschaftswissen: Zur Subjektivierung von Macht in Arbeitswelten

Der Rückzug politischer Gesellschaftsentwürfe zeigt sich auch in der betrieblichen Arbeitswelt, in der Herrschaftszusammenhänge umgestaltet werden. An die Stelle pyramidaler Hierarchien tritt hier häufig die Teamarbeit. Engagement und Begeisterungsfähigkeit gelten als die neuen Tugenden. Die ganze Persönlichkeit soll in die Arbeit integriert werden und sich dort entfalten. Viele qualifizierte Angestellte empfinden dies als positiv. Sie erfahren in ihrer Arbeit emotionale Zuwendung und Anerkennung, die sie in Familie und Privatsphäre vermissen, und erleben ihre Arbeit daher als identitäts- und sinnstiftend (Hochschild 2002). Doch um welchen Preis?

In der neueren Arbeitsforschung wird die Tendenz zur emotionalen Aufladung als »Subjektivierung der Arbeit«[34] diskutiert. Selten jedoch wurde untersucht, wie sich dadurch die Auseinandersetzungen um Einfluss und Macht verändern. Wie gehen die Angestellten in subjektivierten Arbeitsformen mit Macht und Erfolg um? Wie wird Herrschaft ausgeübt und welche Herrschaftskonflikte entstehen? Welche Rolle spielt dabei das Persönliche und Psychologische? Im Folgenden wird an konkreten Fallstudien aus der Werbeindustrie (Koppetsch 2006, 2008), einem im hohen Maße subjektivierten Berufsfeld, gezeigt, dass die Subjektivität im beruflichen Leben eine neue Arena bildet, in der Konflikte um Privilegien und Einfluss ausgetragen werden. Neue Formen der Diskretion und des Herrschaftswissens entstehen, von denen insbesondere Berufsanfänger überrascht werden.

1. Subjektivierung in den Arbeitswelten der Kreativen

Die Filiale der Werbeagentur Springer & Jacobi in Hamburg ist bundesweit für ihre Kreativität bekannt. Im Besprechungsraum, der mit bunten Schaumgummiwürfeln ausgestattet ist, lümmeln sich einige Mitarbeiter, in Jeans und Pulli gekleidet. Für sie ist es ein normaler Arbeitstag. Eine Frau Ende dreißig kommt auf mich zu. Sie stellt sich als Nina vor und ist die Chefin der Abteilung. Sie ist die Interviewpartnerin in meiner Forschungsarbeit. Nina pflegt mit ihren Mitarbeitern einen vertraulichen Umgangston, sie fühlen sich gemeinsam wie in einer Familie. Sie arbeiten sehr intensiv zusammen und verbringen manchmal auch ihre Freizeit miteinander. Natürlich gebe es auch Eifersüchteleien – eben wie in jeder richtigen Familie. Doch Nina wisse damit umzugehen. Indem sie jeden in seiner Eigenart respektiere, behutsam die Rolle der Schlichterin übernehme und notfalls auch mal ein Gespräch führe, wenn jemand »bockig« ist. Sie lacht. So ist das eben. Hauptsache, die Mitarbeiter sind motiviert.

In der Werbeagentur Springer & Jacobi zeigt sich deutlich die so genannte »Subjektivierung der Arbeit«. Eva Illouz (2009) geht davon aus, dass hierbei eine emotionale und daher eher private Kommunikationsform auf den beruflichen Bereich übertragen wird. Subjektivierung wird von ihr als ein expressiver und emotionaler Stil verstanden, in dem berufliche Beziehungen gestaltet werden, und der überall dort relevant wird, wo »Fremde« unter Bedingungen struktureller Unsicherheit und Komplexität kooperieren müssen. Der »private« Ton, die Bereitschaft zur Affektivität und Expressivität, soll Nähe und Vertrauen in unpersönlichen Beziehungen herstellen, wo dies bislang eher unwahrscheinlich war. Im Zentrum des neuen Arbeitshandelns steht also die *Vertrauensthematik* und nicht die Thematik von Macht, Herrschaft und Kontrolle.

Vor allem in qualifizierten Wissensberufen und bei der immateriellen Arbeit sei Vertrauen maßgeblich für funktionierende Kooperationen. Experten arbeiten hier intensiv mit vielen anderen Experten aus unterschiedlichen Milieus oder Ländern zusammen. Dabei ist es wichtig, andere Personen schnell einzuschätzen und ihr Vertrauen zu gewinnen. Man muss auf persönliche Weise kommunizieren und Verbindungen zwischen ihnen knüpfen können. Die persönliche Note sowie der spontane Persönlichkeits- und Gefühlsausdruck werden so zur zentralen Berufskompetenz. Mit anderen Worten: Je besser es dem Einzelnen gelingt, die eigene Person glaubwürdig darzustellen und in ein attraktives Licht zu stellen, desto eher scheint es möglich, das Vertrauen anderer zu gewinnen und eine Atmosphäre der gegenseitigen Vertrautheit, Zugänglichkeit und Verbindlichkeit herzustellen. Dies erfordere »eine subtile und komplexe Gefühlsarbeit, die andere eher einschließt als ausschließt, die sowohl selbstbewusst als auch am anderen orientiert ist und die auf die emotionale Seite der Interaktion abgestimmt ist«. Gefühle werden dabei zu einer Form von Kapital (Illouz 2009: 359).

Arlie Hochschild (2002) betont ebenfalls, dass Vertrauen und emotionale Bindungen in den neuen Arbeitswelten wichtiger werden, da Unternehmen nur so die besten Mitarbeiterinnen und Mitarbeiter an sich binden und motivieren können. Je höher die Qualifikation, desto eher entscheidet der »Wohlfühlfaktor« über die Effizienz der Mitarbeiter. Dazu tragen auch die neuen Netzwerkunternehmen bei: An die Stelle der pyramidalen Strukturen traditioneller Unternehmen treten fluktuierende und eher punktuell ansetzende Machtbeziehungen in Netzwerken, die Vertrauen, Expressivität und soziale wie emotionale Kompetenzen fördern, während traditionelle Hierarchien eingeebnet und verflüssigt würden.

Luc Boltanski und Eve Chiapello (2003) bezeichnen den damit einhergehenden kulturellen Wandel als »Projektlogik« und fassen darunter die geistige Flexibilität und Netzwerkorientierung von Führungskräften und Experten. Auch die These des »Arbeitskraftunternehmers« (Voß/Pongratz 1998) weist in diese Richtung: Das Sozialleben ist nicht mehr von industriellen Hierarchien geprägt, sondern von unzähligen kurzzeitigen Begegnungen, die oft große kulturelle, soziale und räumliche Distanzen überbrücken müssen. Nicht mehr hierarchische Organisationen, sondern Märkte bestimmen demnach Identität und Status in der neuen Arbeitswelt. »Flache Hierarchien«, Teamarbeit und flexible Netzwerke prägen das Arbeitsleben, denn so würde man in komplexen und unsicheren Märkten zurechtkommen.

Doch sind an dieser Auffassung Zweifel angebracht. Denn offenkundig werden Herrschaftsbeziehungen und soziale Zwänge in modernen Arbeitsformen nicht einfach aufgehoben oder durch Märkte »demokratisiert«, sondern in bestimmter Weise noch verschärft. Im flexiblen Kapitalismus werden Herrschaftsbeziehungen nicht abgeflacht, sondern verinnerlicht (Pongratz 2002). Hierarchien verschwinden nicht einfach, wenn man Arbeitsbeziehungen emotional auflädt. Im Gegenteil: Je mehr sich der Einzelne mit seiner Arbeit identifiziert, desto stärker verwandeln sich die Fremdzwänge der betrieblichen Herrschaft in Selbstzwänge. Zwang und individuelle Freiheit oder Herrschaft und Autonomie schließen sich dabei jedoch nicht aus, sondern stehen in einem gegenseitigen Steigerungsverhältnis. Denn in modernen Wissensberufen werden nicht nur Angestellte stärker »domestiziert«, auch Vorgesetzte werden abhängiger von ihren Mitarbeitern. Die Macht des Herrschenden lässt sich demnach nur erhöhen, wenn der von ihm Abhängige seine Optionen ausbauen kann.

Genau dies wird durch die subjektive Aufladung der Arbeit erreicht: Die Freiheit des Einzelnen soll erhalten bleiben, um das Potenzial der gesamten Persönlichkeit in den Dienst des Unternehmens zu stellen. Selbstverantwortung, Eigenständigkeit und Engagement – drei Säulen der subjektivierten Arbeitswelt – bilden damit besonders subtile und effiziente Formen der Herrschaftsausübung. Man kann also von einer »Paradoxie der Machtsteigerung« sprechen (Hahn 2003: 333): Die Macht von Arbeitgebern und Unternehmensführern lässt sich nur durch die Freiheiten der »subjektivierten« Angestellten steigern. Dies wird mit dem Wagnis erkauft, dass Arbeitnehmer sich in entscheidenden Situationen doch verweigern oder ihre Freiheit nutzen, um den Willen des Arbeitgebers zu unterlaufen. Subjektivierung wird danach als eine sehr effiziente und zugleich riskante Form der Delegation verstanden.

Doch weder Vorgesetzte noch Mitarbeiter sind *cultural dopes* (Garfinkel 1967: 68), die blind gesellschaftlichen Vorgaben folgen. Vielmehr möchten die Einzelnen durch normangepasstes Verhalten ihre eigenen

Ziele verwirklichen. So gibt es Mitarbeiter, die sich normgerecht mit ihrer Arbeit identifizieren, selbstverantwortlich und autonom handeln und gerade deshalb nicht das tun, was der Vorgesetzte will. Diese Arbeitnehmer inszenieren ihr Engagement und ihr Initiative und gehen im Schutz dieser Fassade ungestört eigenen Interessen nach. Auch manche Vorgesetzte begreifen Teamarbeit und Projektlogik weniger als Aufforderung zur Empathie, sondern lediglich als strategische Ressource, um das Arbeitsvermögen von Mitarbeitern zu erhöhen, denen sie sich ansonsten persönlich nicht verpflichtet fühlen. Die subjektive Aufladung hebt somit keineswegs Interessensgegensätze und Machtkonflikte auf, sondern steigert deren Komplexität.

In der Werbeagentur Springer & Jacobi wird die subjektive Aufladung zu einem strategischen Machtvorteil für Chefs und Vorgesetzte – wenn auch zunächst ungewollt. Selbstverständlich ist Nina keine »Mutter«, die sich liebevoll um ihre Mitarbeiter sorgt. Sie entscheidet als Abteilungsleiterin über Karrieren, Privilegien und Gehälter, während diese und andere wichtige Informationen vor den Mitarbeitern verborgen bleiben. Nina ist eine reflexive Vorgesetzte, da sie um die Funktionalität der »emotionalen Bindungen« an ihre Mitarbeiter weiß. Sie fühlt sich deshalb nicht immer wohl in ihrer Haut, denn sie spürt, dass sie in einen Widerspruch zu den eigenen Ideen von Transparenz und Partizipation gerät. Anders als ihre Mitarbeiter verfügt sie über Rollendistanz und unterscheidet klar zwischen »privaten« Freundschaften und beruflichen Beziehungen. Gerne würde sie die Zeit, die sie mit ihren Mitarbeitern »privat« verbringt, auf ein Minimum reduzieren. Anders die Mitarbeiter: Diese verbringen freiwillig viel Zeit miteinander, um Arbeitsprobleme zu diskutieren und Freundschaften zu vertiefen. Lediglich einige der »alten Hasen« gehen lieber auf Distanz. Sie haben leidvolle Erfahrungen gemacht und ziehen die Grenzen zwischen Privatheit und Arbeitswelt wieder deutlicher. Sie berichten von Verrat, von Situationen, in denen sie von »befreundeten« Kollegen oder Vorgesetzten betrogen oder im Stich gelassen wurden. Seitdem seien sie vorsichtiger geworden. Offenkundig enthält die emotionale Aufladung das Risiko, dass hierarchische Abhängigkeiten und Konkurrenzbeziehungen im Arbeitsumfeld geleugnet werden.

2. Das Subjektive in der Arbeit: Eine gekonnte Form der Indiskretion?

Ist die emotionale Aufladung von Arbeit also eine narzisstische Falle, in die Beschäftigte tappen? Hindert sie die Beschäftigten daran, ihre wirklichen Interessen zu verfolgen? Offenkundig ist die Situation vielschichtiger. Ob Beschäftigte von der subjektiven Aufladung profitieren oder nicht, hängt von ihrer Fähigkeit ab, die geforderten Gefühle zu zeigen und dennoch die Grenzen zu wahren. In modernen Gesellschaften beruht Privatheit auf Grenzziehungen zwischen »innen« und »außen«, genauer: auf der Abschirmung dessen, was hinter der Grenze verborgen bleiben soll. Dies kann räumlich durch eine privaten Bereich oder ideell durch Diskretion und Geheimhaltung gewährleistet werden.[35] Emotional nahestehende Menschen lässt man stärker an der privaten Sphäre teilhaben als Menschen, denen man »nur« beruflich oder im öffentlichen Leben begegnet. Mehr noch: Das Ausmaß der Inklusion in das Private gilt als Gradmesser für die Stärke und Verbindlichkeit einer Beziehung.

Für Georg Simmel gehört Diskretion zu den höchsten Werten der Persönlichkeit. Sie besteht in dem Respekt vor dem Geheimnis eines anderen und in der Fähigkeit, sich von all dem fernzuhalten, was dieser nicht von sich aus offenbart. Was nicht offenbart wird, darf auch nicht gewusst werden. Insbesondere »bedeutenden« Menschen gegenüber, so Simmel, bestehe ein innerer Zwang zum Distanzhalten, der selbst im intimen Verhältnis mit ihm oder ihr nicht ohne Weiteres verschwinde. Fehlende Distanz wird als Zudringlichkeit gewertet und zeigt fehlende Achtung, wenn nicht sogar Missachtung. Und noch heute bezeichnet die Alltagssprache das unbefugte Eindringen in die Privatsphäre einer Person auch als ein »Zu-nahe-Treten«. Um jeden Menschen, so Simmel, liege ein Bezirk der Ehre. Der Radius jener Sphäre bezeichne die

Distanz, deren Überschreitung durch Fremde die Ehre kränkt (Simmel 1992: 396).

In Gegenwartsgesellschaften verschieben sich nun die Grenzen zwischen öffentlichem und privatem Leben. Vielfach ist die Grenze zwischen innen und außen, also der Radius der Diskretion, heute nicht starr, sondern wird je nach Kontext und Beziehung unterschiedlich und flexibel gezogen. Was heute als »privat« definiert wird, kann morgen öffentlich sein und umgekehrt. Was einem privaten Ort zugerechnet wird, kann an einem anderen Ort öffentlich verhandelt werden (Wohlrab-Sahr 2011). Dadurch wird es für den Einzelnen immer wichtiger, die Grenzen individuell auszugestalten und von Fall zu Fall neu zu bestimmen. So ist in Medien und Öffentlichkeit eine neue Offenbarungskultur für ehemals »Intimes« zu verzeichnen: »Zeitdiagnostische Analysen kommen angesichts der Themen täglicher TV-Talkshows und so genannter Erotik-Magazine sowie den weit verbreiteten Reportagen aus dem sexuellen Alltag zu dem Schluss, dass der Exhibitionismus die Diskretion als soziale Leitwährung verdrängt habe und jetzt alles gezeigt wird. Nicht einmal ein Hauch von Geheimnis bleibt« (Hahn 2000: 250). Emotionen scheinen aus dem privaten Raum von Familie und Intimsphäre in alle gesellschaftlichen Bereiche vorgedrungen zu sein, ohne dass dies als indiskret empfunden würde. Öffentlichkeit und Konsum erscheinen als Orte, an denen subjektive Bedürfnisse befriedigt und Emotionalität gezeigt wird: Öffentliche Bühnen werden zu Schauplätzen großer Emotionen, der tägliche Einkauf soll Spaß machen, weshalb Kaufhäuser zu »Erlebniskaufstätten« werden, die Vorlesung soll begeistern, der Besuch im Sportstudio soll auch emotional befriedigen.

Eine ähnlich gelagerte Form der Grenzverschiebung findet, wie oben bereits beschrieben, auch im modernen Berufsleben statt. Dabei ist es für den Einzelnen jedoch weitaus schwieriger, sich immer klar zwischen einem »authentischen« oder einem »strategischen« Umgang mit Gefühlen und Beziehungen zu entscheiden. In authentischen Gefühls- und Beziehungskulturen suchen Mitarbeiter und Beschäftigte nach »echter« Gemeinschaft und Anerkennung. Sie übertragen persönliche Beziehungs- und private Identitätsmuster auf das Berufsleben. Der ganze Mensch steht zur Disposition. Lob und Kritik, Nähe und Distanz, Erfolge und Misserfolge werden so nicht mehr auf eine spezifische Arbeitsrolle bezogen, sondern als Wertung der Identität erfahren. Damit löst sich der Einzelne aus dem Schutz seiner Privatwelt und wird zur öffentlichen Figur. Die Grenzen verschieben sich, Fragen von Diskretion und Vertrauen, von Abhängigkeit und Herrschaft stellen sich neu. Die Nachteile liegen auf der Hand: Der Einzelne gerät mit seiner ganzen Persönlichkeit in den Sog einer Anerkennungsdynamik, er wird verletzlicher und seine Rollendistanz verringert sich.

Anders verhält es sich in beruflichen Kontexten, in denen Emotionalität und Expressivität zu strategischen oder ökonomischen Ressourcen werden, wie Arlie Hochschild (1997) in einer Studie zu FlugbegleiterInnen ausführte: In Verkaufsberufen werden verstärkt Gefühle eingesetzt, um Kunden »bei Laune zu halten« und emotional zu binden. Flugbegleiter, Kellnerinnen, Barmänner und Friseure erfüllen ihre Berufsrolle umso effektiver, je *persönlicher* sie sich den *zahlenden* Gästen widmen. Selbst Ärzte, Professoren, Wissenschaftler, Rechtsanwälte und Wirtschaftseliten operieren längst nicht mehr nur mit rationalen Argumenten. Sie müssen ihre Klienten oder Patienten auch emotional überzeugen und über expressive Fähigkeiten verfügen. Allerdings werden ihre Gesten der Nahbarkeit und Expressivität meist *nicht* als Aufforderung missverstanden, eine *private* Beziehung mit dem jeweiligen Dienstleister einzugehen. Vielmehr funktionieren sie weiterhin als Mittel, berufliche Beziehungen zu gestalten, und werden von den Adressaten auch so gedeutet. Sie gehören zu einem Zeichensystem, in dem berufliche Akteure und ihre Kunden oder Klienten sich darüber verständigen, wie sie miteinander umgehen und arbeiten wollen, was sie sich gegenseitig schulden und wie sie kommunizieren wollen.

Selbstverständlich können auch die Beziehungen zwischen Kollegen in subjektivierten Arbeitskulturen durch diese »gekonnte Indiskretion« geprägt sein. Wenn ein nur flüchtig bekannter Kollege in einer Rundmail über die Geburt seiner Tochter informiert, wenn Kollegen oder Vorgesetzte über »private« Erlebnisse oder individuelle Vorlieben erzählen, dann handelt es sich oft um »Einblicke«, die unverbindlich bleiben, sie sollen nicht dazu ermuntern, eine persönliche Beziehung einzugehen. Eher handelt es sich um Zeichen und Signale, welche die Umgänglichkeit des Adressaten ausdrücken sollen. Sie sind als solche funktional, weil sie Arbeitsbeziehungen erleichtern. Da sie den Einzelnen nicht in emotionale Bindungen verstricken, bleiben sie auf der Ebene des Konventionellen.

Doch nicht in allen Arbeitszusammenhängen ist die Grenze zwischen einer authentischen und einer strategischen oder konventionellen Gefühlskultur leicht zu ziehen. Andernfalls würde es in der Werbeagentur von Nina nicht zu Konfusionen und Enttäuschungen hinsichtlich der Aufrichtigkeit von Freundschaften und Gefühlen kommen. Auch die Grenze zwischen der bloß strategischen Vortäuschung von Haltungen und Gefühlslagen und der tatsächlichen Identifikation mit bestimmten Normen ist nicht immer klar. Zwar verlieren Gefühle in der Berufswelt dann den Charakter des Höchstpersönlichen und Privaten, wenn Engagement und Kreativität zu geforderten Tugenden werden. Doch ist es in einigen Berufskulturen absolut notwendig, Konkurrenten, Mitarbeiter oder Vorgesetzte von der eigenen Initiative, Identifikation und dem überdurchschnittlichen Engagement zu überzeugen. Der Umgang mit Gefühlen und die strategische Einflussnahme auf die Beziehungs- und Gefühlswelt werden so zur entscheidenden Erfolgsbedingung. Erfolgreiche Mitarbeiter betätigen sich als reflexive Mitspieler, die Emotionen zu nutzen wissen, um eigene Vorteile und Machtpositionen auszubauen.

3. Exkurs: Diskretion, Macht und Autorität oder die Rolle von Herrschaftswissen

Es gleicht einem Paradoxon: Gerade die vermeintliche Offenheit expressiver Berufskulturen gerät zur Quelle neuer Ungleichheiten im Kampf um Privilegien. Der richtige Umgang mit der neuen Gefühlskultur wird zum Herrschaftswissen, das denjenigen vorbehalten bleibt, die sich in den neuen Arbeitswelten erfolgreich bewegen. Damit folgen die neuen Erfolgsordnungen einer langen Tradition. In allen gesellschaftlichen Bereichen sind die Inhaber von Macht bestrebt, sich durch Geheimnisse zu schützen. Damit entziehen sie wesentliche Voraussetzungen ihrer Macht den Blicken der Öffentlichkeit und damit der Kritik. Sie agieren im Verborgenen und sind dabei meist auf die Unterstützung durch andere Mächtige angewiesen.

Dieses Geheimwissen wird Herrschaftswissen genannt: Es handelt sich um die informellen Spielregeln der Machtausübung, in die nur diejenigen eingeweiht werden, die dazugehören. Dieses Wissen wird niemals kodifiziert oder schriftlich festgehalten, da dies Prestige und Fähigkeiten der Inhaber von Machtpositionen angreifbar machen und infrage stellen würde. Selbst den Inhabern von Macht und Privilegien bleibt es zumeist verborgen – es ist Teil der *illusio* (Bourdieu 1998b: 140f.), mittels derer die Privilegierten den Glauben an ihre persönliche Überlegenheit stützen. Daher muss bereits das Wissen um die Existenz informeller Spielregeln verheimlicht werden. Offiziell gilt dagegen: Nur ein Wissenschaftler mit Wissen und Reputation, nur eine vom »Volk« gewählte Regierung, nur ein Vorgesetzter mit Autorität verfügt zu Recht über die herausgehobene Position. Machtausübung erfolgt in demokratischen Gesellschaften öffentlich und unterliegt der Kritik durch die Untergebenen. Da diese oft berechtigte Gründe haben, an den Fähigkeiten ihrer Vorgesetzten zu zweifeln, streben Machtinhaber danach, zentrale Voraussetzungen und Spielregeln ihrer Machtausübung geheim zu halten. Demnach spielt Herrschaftswissen auf drei Ebenen eine Rolle: in der Beziehung zu Untergebenen, bei der Verteidigung von Institutionen und der Verteilung sozialer Privilegien.

Auf der Ebene der Autoritätsbeziehungen geht es um Prestige, das durch die Wahrung von Distanz zu den Untergebenen entsteht. Autorität ist Herrschaftsausübung durch Vorbildwirkung. Sie wird denjenigen zugeschrieben, die besondere Fähigkeiten wie Wissen, Weisheit, Kompetenz, Charisma im wahrsten Sinne des Wortes verkörpern. An diesen Werten wird die Autorität selbst gemessen. Mit der Autorität erkennt man zugleich die Werte an, die sie verkörpert (Sofsky/Paris 1994: 22ff.). Da aber Autoritäten nur äußerst selten unfehlbar sind, müssen sie dafür sorgen, dass die von ihnen begangenen Fehler nicht an die Öffentlichkeit gelangen. Geschäftsführer, Vorgesetzte, Politiker und andere Akteure des öffentlichen Leben wissen nur zu gut, welche Dinge sie vor den Medien verbergen müssen, um ihre Reputation nicht zu gefährden. Die Bedeutung dieses Mechanismus hob vor allem Erving Goffman (1971) hervor. Für ihn ist die Mystifikation ein zentraler Mechanismus der persönlichen Herrschaftsausübung durch Autorität. Die Untergebenen erhalten so die Möglichkeit, die Autorität zu idealisieren. Voraussetzung ist der eingeschränkte Kontakt. Die soziale Distanz muss gewahrt sein, um Ehrfurcht zu erzeugen. Selbstverhüllung wird zum Mittel, die soziale Überlegenheit aufrechtzuerhalten.

Auf der Ebene der Institutionen dient Herrschaftswissen dazu, Gruppeninteressen durchzusetzen und eine kollektive Herrschaftsposition zu wahren. Hierbei gilt es wieder, exklusive Spielregeln zu befolgen und den Schutz durch die Gemeinschaft zu erhalten: So vermeiden zum Beispiel Ärzte und Psychotherapeuten, öffentlich über fehlende Kompetenzen, Kunstfehler oder gescheiterte Therapien zu diskutieren, da dies die Autorität ihres Berufsstandes gefährden würde. Ähnlich nehmen Lehrer ungeliebte Kollegen vor Schülern und Eltern in Schutz, selbst wenn sie von der Unfähigkeit der kritisierten Kollegen insgeheim überzeugt sind. Nur mithilfe kollektiver Schließung gelingt es, die Weltsicht und Interessen der eigenen Berufsgruppe gegen konkurrierende Weltbilder, gegenüber Klienten und in der Öffentlichkeit zu behaupten (Koppetsch 2000).

Auf der Ebene der Verteilung gesellschaftlicher Privilegien soll Herrschaftswissen soziale oder herkunftsbedingte Ungleichheiten verschleiern. In den meisten Betrieben wird über die Gehälter von Mitarbeitern und Vorgesetzten nicht gesprochen, um neidvolle Vergleiche zu unterbinden. Das Ausmaß der Privilegien und die tatsächlich Privilegierten werden möglichst verheimlicht, um den »sozialen Frieden« zu wahren. Insofern besteht in den meisten Gesellschaften nur ein geringes Interesse, über Vermögens- und Ungleichheitsstrukturen aufzuklären. In Deutschland blieb der kapitalistische Charakter der Klassengesellschaft hinter der allgemeinen Wohlstandsentwicklung der Nachkriegszeit lange verborgen. Die offizielle Sichtweise der Gesellschaft war die einer nivellierten Mittelstandsgesellschaft. Die tatsächliche Kluft zwischen Mittelschicht und den Eliten blieb unentdeckt.

So liegen in Deutschland keine Informationen darüber vor, wie sich die Kapitalbesitzer personell zusammensetzen und wie sich ihr Besitz an Produktionsmitteln verteilt. Mit anderen Worten: Es ist so gut wie unbekannt, wer welche Unternehmen zu welchen Anteilen besitzt. Im Jahre 1978 wurde geschätzt, dass die 1,7 Prozent der reichsten Haushalte 35 Prozent des Gesamtvermögens beziehungsweise 70 bis 72 Prozent des Produktivvermögens der Bundesrepublik besäßen. Dies zeigt eine hohe Konzentration der Produktionsmittel in den Händen einer kleinen Gruppe, über die es jedoch kaum Daten gibt. Fast jeder Einblick in die Reichtumsverteilung fehlt (Rehberg 2007: 31). Zudem führen die gesellschaftlichen Eliten, eben die Besitzer von Produktionsmitteln und großen Vermögen, ihr Leben möglichst unbehelligt von den Augen der Öffentlichkeit. Jede Form der medialen Aufmerksamkeit wird als Bedrohung erlebt. Auch hier liegt die Vermutung des Bestandschutzes der Eliten nahe. Wenn die ganze Gesellschaft in die Verteilung des Produktivvermögens und die Lebensführung von Eliten einsehen könnte, würden die sozialen Ursachen für die bestehende Verteilungsstruktur von Eigentum und Vermögen eher hinterfragt werden.

4. Netzwerkopportunisten, narzisstische Erfolgskulturen und Dinosaurier der Gemeinschaft

In welcher Weise stellt die subjektivierte Arbeit nun eine neue Dimension von Machtausübung durch Herrschaftswissen dar? Zunächst wird es in der flexiblen Arbeitswelt schwieriger, Verhältnisse von Macht und Herrschaft überhaupt zu entschlüsseln. Insbesondere Neulingen fällt es schwer, sich in der kurzfristigen Ökonomie flexibler Teamarbeit zu orientieren und Erfolgs- oder Leistungskriterien für sich festzulegen. Nichtwissen bildet also nicht mehr die Ausnahme, sondern die Regel. Oft ist nicht ersichtlich, wer in einem Betrieb das Sagen hat, wer für wen arbeitet oder woran sich die individuelle Leistung und das Weiterkommen bemessen. Viele Mitarbeiter lassen sich dadurch leicht über Status und Machtgefälle täuschen, insbesondere, wenn es Vorgesetzten gelingt, die Bedürfnisse dieser Mitarbeiter nach Anerkennung, Selbstentfaltung und Gemeinschaft zu erfüllen und auf Distanzgebaren zu verzichten. Herrschaftsbeziehungen werden dadurch nicht aufgehoben, sondern lediglich moduliert:

»Dominanz- und Fügsamkeitsgebaren wird informalisiert in dem Sinne, dass die den ostentative Typus auszeichnenden eindeutigen Insignien formaler Machtpositionen vermieden und durch generalisierte, vieldeutige Beziehungszeichen von Initiative, Interesse und Atmosphäre ersetzt werden. Statt in unverkennbarer Weise bürokratisch-hierarchische Über- und Unterordnung anzuzeigen wird ein Ungleichgewicht allgemeiner Art signalisiert mit diffusen entformalisierten Machtsignalen, deren Deutung hohes Wissen über die spezifischen Kontextbedingungen voraussetzt« (Pongratz 2002: 122). Und ferner: »Die Machtdifferenz wird nunmehr an unterschiedlichen Graden von Zugänglichkeit, Interesse oder Initiative deutlich, die sehr fein abgestuft sein können« (ebd.: 123).

Zudem kann das Pochen auf die eigene Selbstverwirklichung im Beruf zu einer erstaunlichen Naivität gegenüber Mechanismen gesellschaftlicher oder betrieblicher Herrschaft führen (Eichler 2009). Dabei sitzen die Einzelnen häufig einem individualistischen Trugschluss auf: Beruflicher Erfolg oder Misserfolg scheinen ganz allein vom individuellen Geschick und den persönlichen Fähigkeiten abzuhängen. Gleichzeitig wird jedoch betont, wie wichtig es ist, sich in der Zusammenarbeit mit anderen zu bewähren. Die soziale Realität dieser Zusammenarbeit wird gerne in der Metapher des »Teams« ausgedrückt. Scheinbar konkurrieren die Spieler eines Teams nicht miteinander und werden nicht länger von einem Chef befehligt; stattdessen moderiert der Chef und die Konkurrenten sind die anderen Teams. Die Fiktion des Teams lenkt allerdings ab von den Konkurrenz- und Machtbeziehungen, die in einem Team ausgefochten werden und die zu wachsenden Ungleichheiten zwischen vormals gleichrangigen Experten führen. Denn in der Welt der

Teamarbeit ist niemand mehr verantwortlich. Alles wird durch den gemeinschaftlichen Druck und die Kooperation mit anderen erledigt, Manager müssen nicht mehr eingreifen. Es gibt eine Oberfläche, die alles auf einer Ebene zeigt. Doch damit erhöhen sich die Schwierigkeiten, die Arbeitswelt zu lesen.

Allerdings unterliegen nicht alle Beschäftigten den Illusionen von Team und *family*. Je höher die Qualifikation und je höher der Grad der Individualisierung, desto größer ist die Fähigkeit von Beschäftigten, sich strategisch zu den neuen Anforderungen zu verhalten. Auf Basis der genannten Studie zu den Kreativen in der Werbung (Koppetsch 2006) lassen sich unterschiedliche Handlungsorientierungen in der subjektivierten Arbeitswelt unterscheiden: Am Machtpol befinden sich die »Netzwerkopportunisten«, denen es meist gelingt, Spielräume der Flexibilität für eigene Interessen zu nutzen, ihre Situationsdefinition durchzusetzen sowie Rollen und Strukturen festzulegen. Diese Akteure ziehen gerade aus der Unleserlichkeit der flexiblen Arbeitsstrukturen Nutzen. Sie schwingen sich zu Normgebern auf, ohne an die Normen, mit denen sie andere beherrschen, selbst zu glauben.

Am entgegengesetzten Pol agieren die »Dinosaurier der Gemeinschaft«, die sich an Gemeinschaftswerten orientieren und bestrebt sind, den Idealen ihrer Berufsgruppe zu entsprechen. Diese Akteure möchten Leistungsstandards erfüllen, sie besitzen eine intrinsische Motivation und suchen die Gemeinschaft mit Kollegen, Mitarbeitern und Vorgesetzten.

Zwischen diesen beiden Polen finden sich die »Erfolgsnarzissten«, die darauf aus sind, den Kurswert ihrer Persönlichkeit zu steigern. Sie gehören zu den Protagonisten subjektivierter Arbeit, da sie zwar ebenfalls aus der Logik ihrer Identität heraus handeln, jedoch auch versuchen, Abhängigkeitsgefühle durch forcierte Selbstbehauptung und strategische Nutzenoptimierung zu bewältigen.

Den geringsten Täuschungen unterliegen die Netzwerkopportunisten: Diese Akteure schöpfen den Rahm subjektivierter Arbeitskulturen ab, indem sie Beziehungen, Netzwerke und Emotionen für sich nutzen, ohne sich selbst zu binden. Sie können Abhängigkeiten vermeiden, indem sie andere abhängig machen. Sie demonstrieren Nähe und Vertrauen, ohne tatsächlich emotionale Verpflichtungen einzugehen. Erfolgreiche Netzwerkopportunisten festigen ihren Status durch ihre Fähigkeit, viele Menschen für sich einzunehmen und Verbindungen zwischen ihnen zu knüpfen. Dabei sammeln sie wertvolle Informationen sowie Kooperationspartner, die sie für sich arbeiten lassen, ohne die entsprechende Gegenleistung zu erbringen. Sie besitzen eine große emotionale Energie, bleiben aber auf Distanz. Sie kontrollieren ihre Gefühle, da sie darauf aus sind, sich selbst und andere zu beherrschen. Gefühle sind für sie lediglich Instrumente der strategischen Eindrucksbildung und der Manipulation von Beziehungen. Sie begeistern, ohne begeistert zu sein, bezaubern, ohne selbst dem Zauber anderer zu erliegen. Sie erscheinen vertrauenswürdig, ohne anderen zu trauen.

Expressiv zu sein ist in ihrer Logik das Gegenteil von »emotional« sein, wenn emotional bedeutet, das eigene Verhältnis zum anderen in den Vordergrund zu stellen: Wut, Verachtung, Bewunderung und Zuneigung, also Gefühle, die normalerweise gezeigt werden, wenn soziale Beziehungen auf dem Spiel stehen, halten sie zurück. Solche Gefühle verweisen auf die eigene Abhängigkeit von anderen und stehen der beruflichen Selbstbehauptung im Wege. Deshalb möchten Netzwerkopportunisten Gefühle relativieren, reflektieren und kontrollieren. Netzwerkopportunisten sind somit keine Opfer subjektivierter Arbeitswelten, sondern deren Träger. Hinter der Fassade scheinbarer Identifikation benutzen sie die Logik von Netzwerk und Team als Arena strategischen Machthandelns.

Werden Beziehungen und Gefühle vollständig rationalisiert, wirken Bindungen jedoch schnell beliebig. Beziehungen verlieren an Bedeutung. Während gerade Gefühle die eigene Umgebung und Beziehungen wichtig erscheinen lassen, bedeutet »emotionale« oder »soziale« Kompetenz oft das Gegenteil, nämlich die Fähigkeit, sich dem Zugriff anderer zu entziehen und so eine Situation stärker zu kontrollieren. Gefühle büßen so ihre Signal- und Bindungsfunktion ein. Denn mit jeder Maßnahme, die emotionale Selbstkontrolle zu erhalten, und mit jeder Chance, sich aus einer emotionalen Verstrickung zu lösen, wird das Leben ein wenig leerer. Viele Personen leiden deshalb an der emotionalen Ödnis ihres Lebens und glauben, über keine »eigentlichen« Werte mehr zu verfügen, die dem Leben jenseits beruflicher und persönlicher Selbstoptimierung Orientierung und Sinn verleihen.

»Erfolgsnarzissten« handeln ebenfalls unter dem Vorzeichen strategischer Distanz. Allerdings erweisen sie sich hinter ihrer Fassade der Unverwundbarkeit als besonders angreifbar. Ihr Interesse ist weniger auf Machterhalt oder Machterweiterung, sondern auf »Status« gerichtet. Sie identifizieren sich mit der Arbeit, um ihr Selbstwertgefühl zu steigern. Diese Akteure finden sich gehäuft in Berufsgruppen, in denen »Winner-Take-All-Märkte« (Frank/Cook 1996) berufliche Karrieren bestimmen. In diesen Erfolgsordnungen gewinnen wenige Erfolgreiche spektakulär. Für die anderen bleibt nur noch ein Rest übrig. Derartige Ungleichheitsmuster bilden sich nicht nur in Kultur- und Medienberufen heraus, etwa bei Bestsellerautoren, in der Kunst, Popkultur und im Sport, sondern zunehmend auch bei Rechtsanwälten, Architekten, Ärzten und Universitäten. In all diesen Bereichen inszenieren sich die Spitzenleute und sichern sich die Gewinne, während das »Durchschnittstalent« oft leer ausgeht.

Die individualisierten Erfolgskulturen lassen Talentbörsen und Aufmerksamkeitsmärkte entstehen (Koppetsch 2006),[36] die gerade solche Akteure begünstigen, deren Persönlichkeitsstrukturen mit dem Psychogramm des narzisstischen Sozialcharakters übereinstimmen (Kernberg 1996; Kohut 1973). Das Hauptinteresse des narzisstischen Sozialcharakters ist auf Unabhängigkeit gerichtet. Abhängigkeitswünsche werden geleugnet und verdrängt. Hinter einem gekonnten Auftreten und ungewöhnlichem Charme verbirgt sich daher oft der Wunsch, Gefühle der Angst und der Abhängigkeit zu besiegen. Erfolgsnarzissten streben nach Bewunderung und Überlegenheit, denn eine gleichberechtigte Beziehung würden sie nicht ertragen. Damit ist nicht gesagt, dass alle Akteure in individualistischen Erfolgskulturen narzisstische Persönlichkeitsstörungen ausbilden, doch bieten diese beruflichen Felder den »Narzissten« einen fruchtbaren Nährboden und ein beliebtes Betätigungsfeld. Die Probleme liegen auf der Hand: Da es in individualisierten Erfolgskulturen nicht erwünscht und kaum möglich ist, sich auf eine stabile Arbeits- und Berufsidentität festzulegen, gerät die ganze Persönlichkeit in den Strudel beruflichen Erfolgsstrebens. Berufliche Misserfolge stellen sogleich die ganze Identität infrage. Die Talentbörsen erzeugen einen psychologischen Flächenbrand: Die narzisstische Person wird umso stärker von der Wertschätzung abhängig, je weniger Distanz zur Berufsrolle sie besitzt (Eichler 2009: 94). Die narzisstische Besetzung der eigenen Persönlichkeit ist somit eine höchst ambivalente Form der individuellen Selbsterhaltung, insbesondere dort, wo Beschäftigte auch objektiv andauernden Unsicherheiten über Qualifikationen, Berufsaussichten und Einkommen ausgesetzt sind. Für die »Narzissten« bleibt der Wunsch nach Unabhängigkeit daher stete Quelle der Verwundbarkeit. Abhängigkeitsgefühle, die im Normalfall unbewusst bleiben, werden in Krisensituationen massiv als Minderwertigkeit erlebt. Denn in einer durch Netzwerke bestimmten Arbeitswelt kann es keine Unabhängigkeit geben.

Anders sieht die Welt für die »Dinosaurier der Gemeinschaft« aus. Sie bringen sich zwar auch mit ihrer ganzen Persönlichkeit ein, allerdings streben sie nicht nach Unabhängigkeit, sondern nach Identifikation mit gemeinsam geteilten, kollektiven Wertbezügen ihres Betriebes oder ihres Berufs. »Dinosaurier der Gemeinschaft« sehen sich als Teil eines größeren Ganzen und sind bestrebt, »echte« Beziehungen zu Kollegen und Mitarbeitern zu unterhalten, was in einer Netzwerkwelt beinahe unmöglich ist. Auch sie geben »alles« und neigen dazu, Illusionen zu erliegen. Doch sie verfügen über Rollendistanz, also über die persönliche Distanz zu den Anforderungen der Berufswelt. Sie möchten für ihre Leistung gewürdigt und nicht für ihre Individualität bewundert werden (Voswinkel 2002). Während der narzisstische Charakter zwischen Allmacht und Ohnmacht, zwischen Autonomie und Abhängigkeit schwankt, strebt der »Dinosaurier der Gemeinschaft« nach Bindung – Bindung an die Sache und die darauf gegründete Wertegemeinschaft. Dabei läuft er allerdings Gefahr, von Netzwerkopportunisten ausgenutzt zu werden, die über keine echten Bindungen verfügen und sich die Arbeit all derer aneignen, die ganz in der Sache aufgehen.

Kulturelle Praktiken sind also untergründig immer mit einer Herrschaftsdimension verbunden. Diese entzieht sich über weite Strecken der Kontrolle durch Publizität – sie bleibt in wesentlichen Aspekten latent. Dies gilt auch für subjektivierte Arbeitswelten. Diese unterscheiden sich von früheren Arbeitswelten der Industriemoderne dadurch, dass Hierarchie, Macht und Herrschaft weniger zwischen betrieblichen Akteuren politisch ausgehandelt, sondern auf der Ebene von Interaktionen zwischen individuellen Subjekten festgelegt werden. Dadurch kommt es zu einer Intimisierung oder Emotionalisierung von Öffentlichkeit (Sennett 1983).

Das bedeutet keinesfalls, dass Fragen von Macht und Herrschaft in modernen Arbeitswelten an Bedeutung verlieren. Es zeigt sich vielmehr, dass diese Bereiche neu justiert werden und es zu einer Polarisierung zwischen den Akteuren kommt: Akteure, die zum Träger eines neuartigen Herrschaftswissen werden und strategisch in den neuen Arbeitswelten agieren, stehen solchen Akteuren gegenüber, die sich an den Werten von Subjektivität, Kreativität und Individualisierung orientieren und bestrebt sind, diese in ihrer Arbeit tatsächlich zu realisieren. Während erfolgreiche Netzwerkopportunisten sich persönlicher Netzwerke und Beziehungen gekonnt bedienen, um ihre Machtinteressen zu verfolgen, und dabei einen distanzierten Umgang mit Identität und Emotionalität einüben, werden andere Akteure leicht zu Opfern dieser neuartigen, auf soziale Kompetenz ausgerichteten Herrschaftsstrategie.

Doch sollte man sich nicht täuschen. Die meisten Akteure lassen sich weder der einen noch der anderen Spielart zuordnen, sind weder Opfer noch Täter, weder Gläubige noch Zyniker. Sie liegen irgendwo dazwischen, da sie mit dem einen Teil ihrer Persönlichkeit an etwas glauben, während ein anderer Teil ihres Selbst strategische Distanz wahrt. Das moderne Arbeitssubjekt wird durch diese Anforderungen gespalten. Der Wunsch nach Zugehörigkeit zwingt zur strategischen Netzwerkpflege, das Bedürfnis nach Gemeinschaft wird durch Machtstreben und Herrschaftswissen ausgehöhlt, das Einbringen der »ganzen Persönlichkeit« gerät leicht zur Fassade und das Streben nach Anerkennung legt die Manipulation anderer nahe. Die subjektive Aufladung von Arbeitsbeziehungen erzeugt somit eine neue Dialektik von Anerkennung und Durchsetzungsfähigkeit, von Offenbarung und Geheimhaltung. Hierbei geht es um die Kunst, soziale Beziehungen so zu meistern, dass man sich als kommunikatives und authentisches Selbst darstellt und gleichzeitig seine Emotionen so kontrolliert, dass die Distanz gewahrt bleibt. Soziale Beziehungen werden zu einer Gratwanderung zwischen dem Vermögen, Bindungen durch emotionale Selbstbeherrschung zu meistern und zu »manipulieren«, und der Fähigkeit, Anerkennung zu zollen und zu erhalten.

Kapitel 10

Die Wiederkehr der Konformität: Vom Fahrstuhl zur Wagenburg

In der langen Nachkriegsepoche wurde die Bundesrepublik von der Mittelschicht geprägt. Diese bildete das kulturelle, sozialstrukturelle und politische Zentrum. Sie war eine Mitte der politischen Stabilität, der Gewerkschaften und der großen Volksparteien. Selbst die gesellschaftlichen Eliten pflegten den Habitus mittelständischer Bescheidenheit und provinzieller Unauffälligkeit. Die Normalitäten des Lebenslaufs, der Arbeit und der Familie, der Umgangsformen und Konventionen, wurden von der Mittelschicht definiert und formten eine Folie, auf der sich Abweichungen mal als Fortschritt, mal als Irrtum und mal als Widerstand abzeichneten.

Rückblickend erscheint dieses Szenario vielen heute wie eine Idylle. Die meisten Menschen sehnen sich gegenwärtig nicht nach Umsturz und Veränderung, sondern nach einem sicheren Hafen und verlässlichen Strukturen. Sie befürchten, ihren Platz im Leben zu verlieren. Der daraus resultierende Mentalitätswandel wurde in diesem Essay als die »Wiederkehr der Konformität« beschrieben: Sie zeigt sich nicht nur in einer erhöhten Anpassungsbereitschaft an die neuen Spielregeln und Anrufungen, sondern auch in der Abkehr von politischen Gesellschaftsentwürfen und dem Rückzug aus dem öffentlichen Leben. Ähnlich wie in den 1950er und frühen 1960er Jahren wird Politisches im öffentlichen Leben meist mit Wirtschaftswachstum gleichgesetzt, während das Glück in erster Linie im Privaten, also in Partnerschaft und Konsum, gesucht wird. Man möchte das Bestehende erhalten und das Herkömmliche bewahren und meint, einer unsicheren Zukunft das Idealbild einer vermeintlich besseren Vergangenheit entgegenhalten zu müssen. Die Mittelschicht hat ihren Fortschrittsglauben verloren, sie ist konservativ geworden.

Im scheinbaren Widerspruch zu den rückwärtsgewandten Idealbildern und Sehnsüchten steht jedoch die Tatsache, dass die Angehörigen der Mittelschicht zu zentralen Trägern problematischer gesellschaftlicher Entwicklungen geworden sind, die sie eigentlich ablehnen. Die oft kritisierte Globalisierung und die destruktiven Effekte des Finanzmarktkapitalismus finden nicht irgendwo »da draußen« statt, sie sind eng verzahnt mit dem Alltagshandeln der Mittelschichtsbürger. Ohne deren aktives Zutun sind weder die Finanzmarktkrise noch die verschärften sozialen Klassenspaltungen zu verstehen.

Als im September 2008 die globale Wirtschaft vom Zusammenbruch der Kapitalmärkte erschüttert wurde, zeigten sich die Abgründe eines durch Finanzmärkte gesteuerten Kapitalismus. Sichtbar wurden aberwitzige Renditeforderungen von Investmentbanken und Vorständen sowie gigantische Spekulationsgewinne. Die fetischisierte Vorstellung, Geldkapital könne sich in Wertpapieren abgelöst von der Realwirtschaft vermehren, erzeugte so genannte Finanzblasen und als diese zerplatzen, erzeugte dies Dominoeffekte in allen Volkswirtschaften.

Nur dank staatlicher Rettungsmaßnahmen konnte eine tiefgreifende Systemkrise vorläufig verhindert werden. Seitdem treten in nicht abreißender Folge immer neue Krisenszenarien auf den Finanzmärkten zutage. Es scheint zunächst sehr einleuchtend, die Akteure aus der Finanzwelt für aktuelle Krisenerscheinungen, etwa für die wachsenden Ungleichheiten und Klassengegensätze, für den Abbau des Wohlfahrtsstaates und die Ausbeutung von Arbeitskräften verantwortlich zu machen. Dieser moderne Geldadel eignet sich gut als Projektionsfläche und Gegner in gesellschaftlichen Auseinandersetzungen. Es ist der globale Investor, der sein Geld sofort zurückzieht, falls das Risiko zu groß wird, und dessen Einkommen nicht durch Arbeit oder Investitionen, sondern durch spekulative Gewinne zustande kommt.

Doch ist dies nur die halbe Wahrheit. Fernab von den Bühnen der Finanzmärkte und der Wirtschaftspolitik, gewissermaßen in den ganz gewöhnlichen Alltagswelten, zeigt sich, dass der in Mittelschichtkreisen gern beklagte »Terror der Ökonomie« zu einem guten Teil von diesen Mittelstandsbürgern selbst erzeugt wird (Deutschmann 2008). Die Mittelschicht ist gegenwärtig zur Trägerin einer Gesellschaftsordnung geworden, die sie kritisiert und gleichzeitig stützt.

Dabei werden Mechanismen aktiviert, die als ungeplante Folgen des Handelns neue Strukturen schaffen. Die Mittelstandsbürger lösen durch ihr individuelles Handeln ungewollt Effekte auf den Finanzmärkten wie auch in der Gesellschaft im Ganzen aus, deren unerwünschte Folgen nicht nur die anderen treffen, sondern auch sie selbst. Hier werden also diejenigen zu Akteuren einer neuen Gesellschaftsordnung, die sie negativ bis hin zur Selbstschädigung treffen.

Interessanterweise ist es nun ausgerechnet die konservative Sorge um Statuserhalt und das Interesse an einer stabilen Ordnung, die die Mittelschicht unfreiwillig zur Vollstreckerin problematischer Entwicklungen werden lässt. Das zeigt sich beispielsweise in den Aktivitäten rund um das Bildungsthema. Eltern sorgen sich um den richtigen Platz für ihr Kind im Bildungssystem. Der Markt der Privatschulen, so wurde in Kapitel 2 gezeigt, wächst. Privatschulen gelten dabei nicht mehr nur als Reservate für die Begüterten, sondern kommen schon für den gut verdienenden Mittelstand infrage. Dahinter steht der Pisa-Schock, wonach sich das deutsche Schulsystem nicht nur als hoch selektiv, sondern für die Mehrheit der Kinder als wenig förderlich herausgestellt hat. Wer hingegen das öffentliche Schulsystem in Anspruch nimmt, fragt sich, was zu Hause getan werden muss, um die Schwächen der schulischen Bildung auszugleichen. Schließlich stellt sich für die Eltern die Frage, welche Rücklagen für Universitätsstudium und Auslandsaufenthalte zu bilden sind. Spezialisierte Bildungsfonds bei Bankinstituten und professionelle Studienberater bieten hier Unterstützung. Häufig werden die nicht unerheblichen Kosten für Privatschulen, Auslandsaufenthalte oder Eliteuniversitäten von den Großeltern übernommen. Es mehren sich zudem die »Helikoptereltern«, die von Anfang an jeden Schritt in der Bildungsbiografie ihrer Kinder überwachen (Bude 2010).

Welche kollektive Schädigung erwächst daraus für die Beteiligten? Man kann das Phänomen mit den Begriffen der Bildungsökonomie von Fred Hirsch (1980) erklären. Bildung wird zu einem Positionsgut in den gesellschaftlichen Statuskämpfen. Ein Positionsgut verschafft Vorteile nur durch seine relative Exklusivität. Es kann niemals von allen besessen werden, sondern nur von wenigen. Nur wenn der Besuch von Privatschulen und Eliteuniversitäten auf wenige begrenzt bleibt, wird ihre Exklusivität erhalten. Darin steckt jedoch die Logik des Überbietungswettbewerbs, denn neue, höhere Bildungsabschlüsse stufen automatisch die Qualifikationen der anderen herab. Die Vorteile der einen sind die Nachteile der anderen. Dies ist ein ungewollter Effekt, bei dem Bildungszertifikate durch Bildungsexpansionen entwertet werden. So glauben zunehmend mehr Menschen, dass aufgrund der gestiegenen Anforderungen in den unterschiedlichen Berufen nur noch Abiturienten erfolgreich in diesen ausgebildet werden können. Damit wächst jedoch die Gefahr, dass für die Teilnehmer am Bildungswettbewerb lediglich die individuellen Bildungsausgaben, nicht aber die Erwerbschancen steigen (Bude 2010). Die höheren Bildungsaspirationen führen dann nicht mehr zu besseren Berufspositionen, sondern zu abnehmenden Prämien von Bildungsinvestitionen überhaupt. Die Hindernisse aber werden für alle erhöht.

Noch sichtbarer wird die aktive Rolle der Mittelschicht an problematischen Entwicklungen im Bereich der Vermögens- und Finanzvorsorge. Auch hier sind es Strategien der Sicherung, die, wenn sie massenhaft verfolgt werden, sich zu schädigenden Folgen aufhäufen. Viele Mittelschichtsbürger fragen sich, wie das eigene Vermögen oder das Ersparte optimal gesichert werden kann, denn schließlich soll es als Altersvorsorge dienen oder an die Kinder weitervererbt werden. In den letzten Jahren wurde, ausgelöst durch die Turbulenzen an den Finanzmärkten, die im kollektiven Gedächtnis der Deutschen so tief verankerte Angst vor Inflation und Vermögensverlust erneut entzündet. Die jüngste Eurokrise um Griechenland, Spanien und Portugal erschütterte den Glauben in die Geldwertstabilität zusätzlich. Hektisch werden Eigentumswohnungen und Inflationsanleihen erworben. Die Immobilienpreise explodieren und besonders versierte Anleger ziehen auch Gold und Platin als Wertaufbewahrungsspeicher in Betracht.

Die gegenwärtig angebrochene Ära des Finanzmarktkapitalismus wird also wesentlich auch durch die Mittelschicht getragen und schlägt auf eben diese zurück. Christoph Deutschmann (2008) spricht in diesem Zusammenhang von einem »kollektiven Buddenbrooks-Effekt«. Finanzmarktkapitalismus bedeutet ja zunächst, dass sich die Finanzierung großer Unternehmen von den Kredite gebenden Banken auf Aktienbeteiligungen durch Fonds (auch Renten- und Immobilienfonds) verlagert hat. Unternehmen, die für ihre Geschäfte und ihre weitere Expansion zusätzliches Kapital benötigen, beschaffen sich dies nicht mehr als Kredit von ihrer Hausbank, sondern durch die Ausschüttung von Aktien.

Dieser Wandel in der Unternehmensfinanzierung wurde aber nur dadurch ermöglicht, dass weltweit zunehmend anlagebereites Kapital verfügbar geworden ist, dessen Eigentümer sich nicht mit den mageren Zinssätzen der Banken zufriedengeben, sondern in Aktien und spekulative Geldanlagen mit höheren Renditen investieren.

Die vermehrte Verfügbarkeit von Kapital hängt wiederum eng mit dem nachhaltigen Wachstum der Vermögen zusammen. Ohne den beträchtlichen intergenerationellen Aufstieg, wie ihn die Bundesrepublik und andere hochentwickelte Industrieländer nach dem Zweiten Weltkrieg erlebten, wäre dieses Wachstum der Vermögen nicht zustande gekommen. Dadurch stieg die Nachfrage nach neuen Anlagemöglichkeiten. Große Kriege und Krisen, die bis in die Mitte des 20. Jahrhunderts wiederholt zu einer beträchtlichen Vermögensvernichtung geführt hatten, blieben seitdem aus. Entsprechend nachhaltig sind die privaten Finanzvermögen gewachsen, nämlich seit den 1980er Jahren dreimal stärker als das aggregierte Sozialprodukt von 23 hochentwickelten OECD-Ländern. In den Worten von Christoph Deutschmann (2008): »Es ist ein chronischer Kapitalüberfluss, der auf Verwertung drängt.«

Bei den Vermögensbesitzern handelt es sich meist um sozial Erfolgreiche (obere vier Einkommensdezile). Sie gehören den gehobenen und höchsten Einkommensklassen an, verfügen überproportional häufig über gehobene Bildungsabschlüsse und sind in privilegierten Berufen tätig. Vielfach handelt es sich um Personen, denen der Erfolg nicht in die Wiege gelegt wurde, sondern die ihn sich erarbeitet haben. Oft sind es soziale Aufsteiger, die beruflich und sozial eine weit höhere Position als ihre Eltern einnehmen.

Wie verhalten sich nun Personen, die zu Geldreichtum gekommen sind, welche Kalküle verfolgen sie? Rein theoretisch wäre denkbar, dass die Vermögenden mit ihrem Einkommen zufrieden sind, ihre Konsumausgaben erhöhen und Überschüsse spenden. Doch sind gerade in Deutschland die konsumtiven Verhaltensmuster eher nicht verbreitet. Vor allem die Gruppe der sozialen Aufsteiger verspürt nur geringe Neigung, finanzielle Überschüsse zu verausgaben. Gerade soziale Aufsteiger haben das Muster der aufgeschobenen Belohnung verinnerlicht und sind daher bestrebt, ihr Geld so einzusetzen, dass es ihrem weiteren Aufstieg und der Weitergabe ihres Status in der Generationsfolge dient. Deshalb übertragen immer mehr Mittelschichtsbürger ihr Geld den Fondsgesellschaften, die bekanntlich höhere Renditen als das klassische Sparbuch bieten, und beteiligen sich so an der Aushöhlung des Wohlfahrtskapitalismus. Selbst im traditionell eher risikoabgeneigten Deutschland besitzen nach den aktuellen Zahlen des Deutschen Aktieninstituts[37] zurzeit 10,2 Millionen Deutsche Finanzvermögen (Aktien und Fondanteile).

Die Fondsgesellschaften sind das Bindeglied zwischen den Geldanlagen der Bürger und der neoliberalen Unternehmenspolitik. Um die Renditen im Sinne der Anteilseigner (Mittelstandsbürger) zu steigern, erhöhen sie den Druck auf die Unternehmen, Arbeitsplätze zu reduzieren und Löhne zu kürzen. Falls die Unternehmen die vereinbarten Renditeziele nicht erfüllen, werden sie verkauft oder geschlossen. Das führt häufig zu kurzfristigen Gewinnorientierungen des Managements. Langfristig rentable Innovationsprojekte und Investitionen werden vernachlässigt. Gewinne resultieren dann nicht länger aus Wachstum (Produktivitätssteigerung), sondern kommen durch Umverteilung zu Lasten von Löhnen, Gehältern, Steuerung und Sozialleistungen zustande. Im Klartext: Das in Aktien investierte Vermögen der Mittelschicht führt zur Prekarisierung von Arbeit und Arbeitnehmern und damit zur Aushöhlung der Mittelschicht selbst.

Zudem entsteht durch das Wachstum der anlagesuchenden Vermögen eine Situation der Überliquidität. Es gibt in Deutschland, wie auch in anderen entwickelten Industrieländern, einen chronischen Überfluss an anlagesuchendem Geldvermögen. Dadurch steigt aber das Risiko, dass sich Finanzblasen bilden. Geld hört dann auf, Kapital zu sein. Das im Überfluss vorhandene Kapital weicht mangels realer Investitionsobjekte auf Anlagen aus, die keine echten Renditen erbringen, sondern in denen das Geld selbst zum Anlageobjekt wird (Deutschmann 2008).

Die Beispiele zeigen, dass die Mitte nicht in erster Linie von anonymen unkontrollierbaren Kräften bedroht wird, sondern unfreiwillig zur Trägerin einer neuen Gesellschaftsordnung geworden ist, die sie eigentlich kritisiert, weil sie den mittelständischen Prinzipien von Gleichheit, Demokratie und Stabilität widerspricht. Paradoxerweise erwächst diese Selbstschädigung aus den aggregierten Folgen der je individuellen Strategien, sich in den Prestige- und Statuskämpfen zu behaupten. Während die Mittelschicht selbst sich eher als Opfer der gegenwärtigen gesellschaftlichen Verwerfungen betrachtet, ist sie in Wirklichkeit eine tragende Säule.

Gesellschaftliche Spaltungen werden überdies verschärft, indem sich die privilegierten Lagen in der Mittelschicht zunehmend selbstabschließen. Nicht mehr von denen »da oben«, sondern von den Unterprivilegierten möchte man sich heute abgrenzen. So findet sich einer Studie von Klaus Dörre und Mitarbeitern (2011) zufolge bei den von Erwerbskrisen bedrohten Facharbeitern eine Tendenz zur Entsolidarisierung. Zwar zeigt sich in Krisenzeiten ein durchaus kritisches Bewusstsein gegenüber gesellschaftlichen Strukturen. Die meisten befragten Facharbeiter sind der Ansicht, dass der gesellschaftliche Wohlstand besser verteilt werden müsse und dass es in der Gesellschaft nur noch ein Oben und ein Unten gebe. Auch glauben etwa die Hälfte der Befragten, dass die heutige Wirtschaftsweise auf Dauer nicht überlebensfähig sei, und sind der Auffassung, dass Gewerkschaften eine »notwendige

Gegenmacht gegenüber Kapital- und Finanzmarktinteressen« darstellen (Dörre et al. 2011: 38).

Doch bleiben das eigene Selbstverständnis und vor allem das eigene Handeln von diesen gesellschaftskritischen Ansichten merkwürdig unberührt. Denn in der konkreten Alltagspraxis, so die Autoren, lässt sich bei den Festangestellten eher ein Trend zur Entsolidarisierung beobachten. Leiharbeiter werden von dem Club der Festangestellten ausgeschlossen, sie werden als Arbeitnehmer zweiter Klasse behandelt. Die Leiharbeit erscheint den Festangestellten als ein Leben außerhalb der Respektabilität: Die meisten Befragten sind sich einig, dass in Zukunft nicht mehr jede und jeder mitgenommen werden kann. »Die eigenen Chancen auf Beschäftigungssicherheit steigen, wenn man den Club der Festangestellten einigermaßen exklusiv hält« – so die Schlussfolgerung der Autoren (ebd.: 39). Die Mentalität der Facharbeiter zeugt von einem auch in anderen Milieus verbreiteten, gespaltenen Bewusstsein. Man selbst zählt sich zu den Guten, Toleranten und weiß sich erfüllt vom kritischen Bewusstsein, während es in der »Gesellschaft da draußen« immer rauer zugeht. Deshalb muss jeder schauen, wo er bleibt, so sind nun mal die Spielregeln. Mittelstandsbürger agieren daher vor allem als Alltagskritiker des Finanzmarktkapitalismus (»da draußen«) und seiner Verwerfungen, ohne dass ihr eigenes Selbstverständnis davon berührt wird.

Als Feindbilder sind unter Facharbeitern auch die Arbeitslosen beliebt. Obwohl Hartz-IV als klare Bedrohung auch des eigenen sozialen Status wahrgenommen wird, bleibt die eigene Betroffenheit doch eher hypothetisch. Rund 50 Prozent der Befragten stimmten der Aussage zu, »auf Arbeitslose solle größerer Druck ausgeübt« werden. Nahezu die Hälfte der Befragten bekannte sich zu einem unverblümten Sozialdarwinismus: »Eine Gesellschaft, in der jedermann aufgefangen wird, ist nicht überlebensfähig« (ebd.: 38). Das Beispiel zeigt, dass trotz starker Gesellschaftskritik eine Wagenburgmentalität vorherrscht, die keine Solidarisierung mit Leiharbeitern oder Arbeitslosen, sondern eine klare Abgrenzung bedeutet.

Weniger offensichtliche, aber ebenso wirksame Formen der Abgrenzung zeigen sich auch in den großstädtisch-bürgerlichen Milieus der Mittelschicht, die in jeder Hinsicht zu den Gewinnern gesellschaftlicher Entwicklungen gezählt werden können. Seit den 1990er Jahren vollzog die gehobene Mittelschicht eine Metamorphose von alternativer hin zur bürgerlichen Mentalität. So siedelte sich in Großstadtbezirken mit »Flair« eine neue, flexible Dienstleistungsklasse an, die für steigende Mieten sorgt. Oberflächlich betrachtet handelt es sich um ehemals »linke« Stadtteile, also um Stadtteile, in denen viele Personen leben, die für sich beanspruchen, über die richtige Gesinnung, Toleranz gegenüber anderen und Sinn für gesellschaftliche Solidarität und das Allgemeinwohl zu verfügen. Sie werden von Personengruppen bevölkert, die sich für Werte wie Gleichheit und Gerechtigkeit, für Ökologie und gesellschaftliche Integration einsetzen.

Vor allem Berlin gilt als Eldorado toleranter Lebensformen. Doch zeigt sich in den urbanen Stadtteilen wie Friedrichshain, Prenzlauer Berg, Kreuzberg oder Schöneberg, dass die gesellschaftliche Spaltung auch die Linken erfasst hat, zumal die Wohlhabenden unter den »Linken« längst ins bürgerliche Lager übergelaufen sind. Die ehemalige Linke wird zum Schauplatz neuer Kulturkämpfe um die richtigen Lebensentwürfe innerhalb der eigenen Reihen: Linke Aufsteiger mit Geld und gutem Gewissen stehen linken Aussteigern gegenüber, die an dem Modell festhalten wollen, aktuell jedoch aus ihren urbanen Lebensräumen verdrängt werden.

So hat sich Berlin-Friedrichshain in den 1990er Jahren sehr schnell vom Arbeiterviertel zum Szenequartier mit hohem Akademikeranteil entwickelt, mindestens zwei Drittel der Bewohner rund um den S-Bahnhof Ostkreuz sind in den vergangenen Jahren zugezogen. Bei den meisten von ihnen handelt es sich um Gutverdiener, die den urigen Lifestyle der Kieze schätzen und gleichzeitig dafür sorgen, dass das urtümliche »Flair« durch konsumierbaren, links-romantischen Chic verdrängt wird. Das Ende der Metamorphose der In-Stadtteile von einer linken Hausbesetzerszene zur urbanen Öko-Enklave wird mit den Touristenströmen besiegelt. Auch deshalb reagierten die Autonomen Linken verstärkt mit Krawallen. Drei Milieus treffen in Berlin-Friedrichshain aufeinander: die altansässigen Ostdeutschen, die linke Szene, die bald nach der Wende kam, und schließlich die jüngst Zugezogenen: Akademiker und Gutverdiener, die für Kinderreichtum und Kaufkraft sorgen (Deggerich 2009: 35).

Offenkundig ist zudem, dass die akademisch gebildeten Alternativen in ihrer konkreten Lebenspraxis die eigenen, gefühlten Ideale beständig unterlaufen. In Berlin-Prenzlauer Berg, einer weiteren Hochburg der jungen, urbanen Dienstleistungseliten, ist die Hälfte der Bevölkerung zwischen 25 und 45 Jahre alt, der Anteil der Akademiker verdoppelte sich seit 1995. Auch kosmopolitisches Denken und Toleranz findet hier scheinbar eine materiale Grundlage: So liegt der Anteil der Ausländer bei elf Prozent und damit nur geringfügig unter dem Berliner Durchschnitt. Doch die Zusammensetzung ist eine völlig andere. Die größte Gruppe bilden Franzosen, gefolgt von Italienern, Amerikanern, Briten, Spaniern und Dänen. Eine G8-Bevölkerung, hoch gebildet und in qualifizierter Arbeit. Es gibt zehnmal mehr Japaner als Ägypter und der Anteil der Türken beläuft sich auf 0,3 Prozent. Man kann sich in Prenzlauer Berg also tolerant fühlen, weil Toleranz nicht herausgefordert wird. Weder türkische Migranten noch Telecafés prägen das Straßenbild. Die Mieten sind dafür zu teuer. Man kann alternativ sein, weil es hier jeder ist, an jeder Ecke kann man gesundes Essen, Workshops und Gesundheitsvorsorge kaufen. Oder wie Sußebach (2007) in seiner Glosse »Bionade-Biedermeier« formulierte: »Prenzlauer Berg ist ein Ghetto, das ohne Zaun auskommt – weil es auch ohne zunehmend hermetisch wirkt.«

Die neubürgerlichen Lebensformen dienen nicht nur der Selbstvergewisserung, sie können als heimliche Form des Abgrenzungs- und Kulturkampfes betrachtet werden. Das neue Bürgertum strebt dabei keine bewusste Abgrenzung nach »unten« an (dazu ist es zu tolerant und zu selbstkritisch). Umso wirkungsvoller sind die Mechanismen der sozialen Ab- und Ausgrenzung. In den Augen der neubürgerlichen Mittelschicht muss es etwas geben, was sie, die dauerhaft Erfolgreichen, von den sozialen Absteigern unterscheidet. Die wachsende Schere zwischen

Arm und Reich schreiben sie daher individuellen Bildungs- oder Leistungsdefiziten zu. So werden Armut, geringe Einkommen und prekäre Lebensumstände als persönliches Versagen gedeutet. Häufig geht mit der Renaissance bürgerlicher Lebens- und Mentalitätsformen ein neuer Leistungs- und Verantwortungsindividualismus einher, der soziale Ungleichheiten in moralischen Kategorien deutet und sich dem Prinzip der sozialstaatlichen Umverteilung nicht mehr verpflichtet fühlt.

Welche Schlussfolgerungen lassen sich aus diesen Entwicklungen für die Zukunft der Gesellschaft ziehen? Deutlich zeigt sich eine Rückwendung hin zu Familien-, Gemeinschafts- und Traditionswerten (Hradil 2003; Hurrelmann et al. 2006) und eine stärkere Anpassung an gesellschaftliche Vorgaben. Um sich in der Konkurrenzlogik der modernen Arbeitswelten zu behaupten, ist Anpassung und gerade nicht Autonomie und Selbstbehauptung gefragt. Dies manifestiert sich auch in der Abwesenheit politischer Gesellschaftsbilder. Der Rückzug ins Private erfüllt vielfach auch kompensatorische Funktionen. Hier ist man »Herr« der Lage, hier bekommt man die gewünschte Anerkennung und Aufmerksamkeit, hier gilt, was man moralisch für richtig hält. Die Mentalitäten des neuen Jahrhunderts weisen heute mehr Ähnlichkeiten mit der Moral der 1950er und 1960er Jahre auf als mit der postmodernen Vielfalt der 1980er Jahre.

Der Rückzug aus dem öffentlichen Leben in den Nahbereich von Familie und Konsum vollzieht sich unauffällig und blieb lange hinter dem durchschlagenden Erfolg der sozialen Gegenbewegungen verborgen. Diese besaßen in den 1970er und 1980er Jahren kulturelle Vorreiterfunktion für die Gesellschaft im Ganzen. Sie waren die Avantgarde einer lebensweltlichen Kultur der alternativen Lebensführung gegen die starren Strukturen und Institutionen der Industriemoderne. Doch die einst von ihnen emanzipatorisch formulierten Werte wie »Kreativität«, »Selbstverwirklichung«, »Autonomie« und »Expressivität« sind heute den gesellschaftlichen Strukturen in Produktion, Arbeit und Konsum längst einverleibt worden. Sie sind nicht mehr »alternativ« und taugen somit auch nicht mehr als Orte des Widerstands. Mehr noch: Sie sind selbst zu Herrschaftsinstrumenten geronnen: So bedienen sich Arbeitsagenturen und Wohlfahrtsinstitutionen zunehmend der Rhetorik der »Selbstverantwortung«, um sozialstaatliche Ansprüche abzuweisen (Lessenich 2008: 83). Ob Arbeitslose oder Hartz-IV-Empfänger, ob alleinerziehende Mütter oder Rentner, sie alle werden unter dem Vorzeichen des aktivierenden Sozialstaates dazu angehalten, sich in erster Linie selbst zu helfen. Die Rede von der »Aktivierung« kommt dabei einer individualisierenden Umdeutung eines gesellschaftlichen Verteilungsproblems gleich.

Sichtbar wird darüber hinaus, dass sich auch Kontrollbedürfnisse verstärken und soziale Abgrenzungen »nach unten« deutlicher und bewusster markiert werden. Die Spaltungen der Gesellschaft und die zunehmende Polarisierung von Lebenschancen und Ressourcen erzeugen Abschließungsbewegungen. Die oberen Schichten versuchen, ihren Vorsprung zu sichern und die Unterprivilegierten müssen weitere Einbußen hinnehmen. Die Mittelschicht ist kein Fahrstuhl mehr, »dessen Türen, groß und komfortabel, sich bei jedem Halt automatisch öffnen« (Münkler 2010: 44) und allen, die über entsprechende Fähigkeiten und Tugenden verfügen, uneingeschränkten Zugang gewährt. Das Fahrstuhlbild beschreibt die Entwicklung der 1960er und 1970er Jahre zutreffend. Damals stiegen alle sozialen Gruppen kollektiv auf – bei fortbestehenden Abständen. Heute hingegen polarisieren sich Chancen und Ressourcen: Die Oberschicht und die obere Mittelschicht rücken stärker zusammen und fahren weiter hoch, die unteren Schichten steigen weiter ab und die Geringqualifizierten sind als Verlierer anzusehen, viele von ihnen müssen ganz aussteigen.

Es kommt, wie Herfried Münkler zeigte, zur Selbstabschließung der Mittelschicht nach unten: »Als erstes wird der Fahrstuhl des sozialen Aufstiegs durch Strickleitern ersetzt, also das Maß der für den Aufstieg erforderlichen Eigenanstrengung erhöht, dann werden die Strickleitern hochgezogen, und diejenigen, die diesen Aufstieg als letztes geschafft haben, werden als Wächter eingesetzt, die ein weiteres Nachrücken verhindern sollen.« (Münkler 2010: 70)

Nun wurden moderne Gesellschaften immer wieder von deren Mitte her verstanden. So charakterisierte Helmut Schelsky die westdeutsche Klassenstruktur als »nivellierte Mittelstandsgesellschaft« (Schelsky 1965). Und Pierre Bourdieu machte die Mittelklassen, nämlich das »Kleinbürgertum«, zum Schlüssel der modernen Klassenanalyse Frankreichs (Bourdieu 1982). Schließlich findet auch die bundesrepublikanische Diagnose der Individualisierungsthese von Ulrich Beck (1986) ihren Ausgangspunkt in den mittleren Lagen und Milieus. Becks Diagnose »Jenseits von Klasse und Schicht« (ebd.: 121) enthüllt das Bild einer Mittelstandsgesellschaft, die sich – anders als noch bei Schelsky – nicht mehr als *nivelliert*, sondern als *individualisiert* begreift. Nach Beck bewirkte gerade das kollektive Mehr an Einkommen, Bildung und Konsum in der gesellschaftlichen Mitte, dass diese sich aus »Klasse und Stand« herauslöste und individualisierte, wodurch das Hierarchiemodell sozialer Klassen durch die Pluralisierung von Lebenslagen und Lebensstilen unterlaufen wurde (ebd.: 122).

Heute dagegen kann von Nivellierungstendenzen in der Mittelschicht keine Rede mehr sein. Aktuell ist eine Rückkehr zur Klassengesellschaft zu beobachten, eine Wiederkehr von »Klasse und Stand«, in der die soziale Herkunft und die im Elternhaus erworbenen Ressourcen über Lebenschancen entscheiden. Ebenso haben sich die kulturellen Akzente verschoben. Nicht mehr das Kleinbürgertum, sondern das großstädtisch geprägte und akademisch gebildete, moderne Bürgertum gibt heute den Ton an. Einst profitierte es vom Aufstieg des Wohlfahrtstaats – heute ist es mächtiger Anteilseigner im Finanzmarktkapitalismus, den es eigentlich kritisiert. Das moderne Bürgertum ist durch Aufstiegsprozesse ständig gewachsen, doch es repräsentiert keine breite, gesellschaftliche Mitte mehr. Als eine privilegierte, finanziell und kulturell unabhängige Schicht spaltete es sich von der gesellschaftlichen Mehrheit ab und pflegt Sinn für »Distinktion« im neuen Gewand. Als globale Klasse ist es ihm gelungen, vormalige Gegensätze, wie Konsum und Tradition, Herkunftsbewusstsein und Kosmopolitismus, Toleranz und Klassenbewusstsein, Flexibilität und Pflege von Besitzständen, zu einem neuen Lebensstil zu verknüpfen. Von der »provinzdeutschen« Ur-Mittelschicht der alten Bundesrepublik trennen das moderne Bürgertum heute Welten.

Anmerkungen

Einleitung

1 Vgl. hierzu Mau 2012; Heinze 2011; Bude 2010; Schimank 2011; Münkler 2010; Deutschmann 2008.

Teil 1: Die Mittelschicht

2 In Spanien sind fast 46 Prozent der 15–24-Jährigen ohne Job, in Griechenland mehr als 38 Prozent und in England über 20 Prozent, während in Deutschland lediglich 9 Prozent in dieser Altersgruppe eine Beschäftigung suchen (Statistisches Bundesamt 2011).

3 Der Begriff der Mittelschicht ist unscharf. Zur Mittelschicht gehören alle jene, die sich nicht zur Oberschicht oder zur Unterschicht zurechnen (lassen). Sie ist eher eine sozialstrukturelle Zone, denn ein klar definiertes Kollektiv. Die Mitte, das ist der Bereich des komfortablen Wohlstands, angesiedelt unterhalb der Eliten und oberhalb des Segments der unterprivilegierten Lebenslagen. Unabhängig von der tatsächlichen sozialen Lage ordnet sich die große Mehrheit der Deutschen der Mittelschicht zu. Wenn man Deutsche bittet, sich auf einer Unten-Oben-Skala zwischen 1 und 10 einzuordnen, geben Manager 6,6 an, umgekehrt platzieren sich selbst ungelernte Arbeiter immer noch bei 4,6. Die Selbstverortung stimmt daher nicht immer mit dem Urteil der Sozialwissenschaftler überein: Einer Erhebung von Grabka und Frick (2008) zufolge sind im Jahre 2005 20 Prozent der Deutschen oberhalb und 25 Prozent unterhalb der Einkommensmittelschicht anzusiedeln.

4 Genauer aufgeschlüsselt heißt dies: 40 Prozent der Lebenslagen sind einer Zone der Sicherheit, 20 Prozent der Zone der nicht ganz so sicheren, aber der fraglos integrierten Knappheit, 25 Prozent dem instabilen Prekariat und 10 Prozent der verfestigten Armut zuzurechnen. Dabei kann allerdings über die klassenspezifische Verteilung von Armutsverläufen nach wie vor kaum ein Zweifel bestehen: Bei Männern, die als »einfache Arbeiter«, und bei Frauen, die als angelernte Dienstleistungskräfte tätig sind, ist die Gefahr am höchsten, in Armut stecken zu bleiben (Groh-Samberg 2005).

5 Der reale Stundenlohn ist der Lohn, der der tatsächlichen Kaufkraft entspricht, d.h.

der Gütermenge, die bei gegebenen Lebenshaltungskosten tatsächlich eingekauft werden kann. So kann z.B. trotz steigender Löhne die tatsächliche Kaufkraft sinken. Dies ist seit den 1990er Jahren der Fall.

6 Der Anteil von Hochschulabsolventen wuchs seit 1989 von 5,6 Prozent auf mittlerweile 9,9 Prozent (Groeschel 2011: 57).

7 Auch machen sich inzwischen rund 26 Prozent der Bevölkerung große Sorgen um ihre Zukunft (Grabka/Frick 2008). Fast die Hälfte der Befragten (GMF-Survey) fühlte sich von der Wirtschaftskrise bedroht, 38 Prozent gaben an, bereits davon betroffen zu sein, und 46 Prozent sagen, die Krise bedrohe ihre Lebensplanung (Heitmeyer 2010: 23).

8 Als »arm« im weiteren Sinne werden dejenigen Personen bezeichnet, deren Einkommen unterhalb 50 Prozent des Durchschnittseinkommens liegt. Das sind in Deutschland 15 Prozent der Haushalte. Von Armut im engeren Sinne spricht man jedoch erst, wenn Personen in mehreren Dimensionen (Teilhabe an Bildung, Kultur, soziale Netzwerke, etc.) gefährdet sind. Insgesamt kommt man auf 10 Prozent »multipler Armut« in Deutschland. Hier zeigt sich allerdings ein bemerkenswerter innerdeutscher Unterschied: In Westdeutschland schält sich eine Gruppe heraus, die zwischen prekärem Wohlstand und manifester Armut pendelt, während in Ostdeutschland die Zone des Prekarität kleiner wird und dafür die der Armut wächst (Bude 2008: 40). Dabei sind die meisten Personen aus der Mittelschicht von einem Abrutschen in die Armut sehr weit entfernt. In Armut geraten diejenigen immer härter und länger, die ohnehin schon am stärksten von ihr betroffen sind, während die gesicherte obere Hälfte der Bevölkerung in den letzten Jahren völlig unbeeindruckt von dieser Entwicklung blieb (Groh-Samberg/Hertel 2010).

9 Auch ist die deutsche Gesellschaft nach wie vor durch beträchtliche Aufstiege zwischen den Generationen geprägt. Diese können durchaus unberührt von individuellen Abstiegen erfolgen. Als ein intergenerationeller Aufstieg gilt, wenn eine Person einen höheren Berufsstatus erreicht als ihr Vater. In Westdeutschland liegt die Wahrscheinlichkeit von Männern, eine höhere berufliche Position als der Vater einzunehmen, seit drei Jahrzehnten konstant bei 30 Prozent (bei Frauen ist diese erst in den letzten Jahren auf 30 Prozent angestiegen), während die Wahrscheinlichkeit eines Abstiegs für beide Geschlechter bei 16 Prozent liegt (Kraemer 2010: 201).

10 Während fast zwei Drittel der heue 50-Jährigen in Westdeutschland noch nie ihren Arbeitsplatz verloren haben, wurden einige wenige dafür immer wieder entlassen – die Hälfte der westdeutschen Arbeitslosigkeit konzentriert sich, über Jahre betrachtet, auf ganze 5 Prozent der Bevölkerung (Möller/Schmillen 2008).

11 Damit werden nicht nur die Grenzen zwischen Persönlichkeit und Beruf, zwischen Arbeitswelt und Privatem problematisch, hinzu kommt ein hohes Maß an Unsicherheit der Lebensplanung durch zeitlich befristete Arbeitsverhältnisse, durch Leiharbeit und den sich herausbildenden Niedriglohnsektor.

12 Siehe hierzu Müller 1998; Müller/Pollak 2008; Becker 2009.

13 Dabei sind die Kinder aus gebildeten Elternhäusern deutlich überrepräsentiert, da Schüler besser gestellter Eltern eher Privatschulen als ihre Peers aus schlechter gestellten Familien besuchen (Knötig 2010). Mit 59 Prozent hat die große Mehrheit mindestens

einen Elternteil mit Abitur, obwohl diese Gruppe insgesamt nur gut ein Drittel der Schülerbevölkerung darstellt. In vielen Städten gibt es Elternstammtische, in denen man sich gegenseitig berät, welche Schule für die Kinder die beste wäre. Allein in Berlin sind inzwischen 80 freie Schulen auszumachen (Lohmann/Spieß/Feldhaus 2009).

14 Siehe hierzu Kraemer 2010; Becker/Lauterbach 2008; Hadjar/Becker 2009.

15 Dazu gehören zum Beispiel die Multi-Media- und IT-Berufe, die kulturellen Verkaufsberufe (Spezialisten für Public Relations, Öffentlichkeitsarbeit und Werbung) sowie die Berufsgruppen, die den Verkauf von symbolischen Gütern und Dienstleistungen betreiben, sei es als Berater (Eheberater, Paartherapeuten, Sexualberater, Coaches, Therapeuten) oder als Produzenten und Verbreiter von Kultur (Animateure, Erzieher, Journalisten, Filmemacher, Designer, Kreative, Kulturmanager). Vgl. auch Haak/Schmid 2001; Manske 2003; Menger 2006; Koppetsch 2006, 2008.

16 Verglichen mit den Humandienstleistungen und dem Verwaltungssegment schrumpft seit den 1990er Jahren nicht nur der Sektor der Landwirtschaft, sondern auch der Sektor der technischen Berufe, der überwiegend durch männliche Arbeiternehmer geprägt wird. Insbesondere verkleinerten sich alle Gruppen des technischen Sektors unterhalb der Ingenieurebene, vor allem der Facharbeiter und Handwerker. Hier verminderte sich der Anteil von 20,8 auf 13,2 Prozent der Gesamtheit der abhängig Beschäftigten (Vester 2010).

17 Dabei handelt es sich um eine laufende, von der DFG (2012–2914) geförderte Studie »Wenn der Mann kein Ernährer mehr ist. Zur Bedeutung von Erwerbsunsicherheiten des Mannes für Geschlechterverhältnisse in Paarbeziehungen im Milieuvergleich«. Mitarbeiterinnen sind Sarah Speck und Alice Jockel.

18 Während die oberen Einkommensschichten 20 Prozent Zuwächse des disponiblen Einkommens, das nach Begleichen der Lebenshaltungskosten verbleibt, verzeichnen konnten, zeigten sich in den unteren Schichten deutliche Verluste und in der Mittelschicht leichte Verluste (Köcher 2011). Siehe hierzu auch Weischer 2010; Grabka/Frick 2008; Andreß/Kronauer 2006.

19 Zu den relativen Verlierern zählen un- und angelernte Arbeiter, Facharbeiter, mit Einschränkungen auch Meister sowie Angestellte mit einfachen Tätigkeiten. Auf der Gewinnerseite finden sich alle Beamtengruppen, die freiberuflich Tätigen, Angestellte in Führungsaufgaben sowie ein großer Teil der Selbstständigen mit Mitarbeitern. Relativ konstante Lagen finden sich bei den qualifizierten und höher qualifizierten Angestellten (Weischer 2010: 129).

20 Die soziale Ungleichverteilung der Finanzvermögen ist enorm: Die einkommensstärksten oberen vier Zehntel besitzen ca. 91 Prozent des Kapitalvermögens an Aktien und Fonds und das obere Zehntel konnte zwischen 1993 und 2002 sein Vermögen mehr als verdoppeln (Deutschmann 2008: 507).

21 Hier findet aktuell ein internationaler Unterbietungswettbewerb um die niedrigsten Löhne und die geringsten Arbeitnehmerrechte statt. Besiegelt wird der kollektive Ausschluss der Geringverdiener aus den Mittelschicht-Milieus durch die »Krise des Wohlfahrtsstaates«, der ihre Einkommens- und Statusverluste bzw. ihr »Überflüssigwerden« nicht mehr auffängt.

22 Nach einem Bericht der WHO (2008) gibt es in Deutschland 5 bis 6 Millionen Depressionserkrankte. Dem DAK-Gesundheitsreport 2005 zufolge hat zwischen 1997 und 2004 die Zahl der Ausfalltage am Arbeitsplatz aufgrund von Angststörungen, depressiver Störungen und psychischer Verhaltensstörungen um 69 Prozent und die Zahl der Erkrankten um 70 Prozent zugenommen. Ferner werden psychische Erkrankungen deutlich überdurchschnittlich bei Arbeitslosen festgestellt – sie sind drei- bis viermal so hoch wie bei Beschäftigten (Schmiede 2011: 120). Der Gesundheitsmonitor der Bertelsmann-Stiftung (2009) berichtet, dass ein Drittel aller Erwerbstätigen in Deutschland über deutlich wahrnehmbare psychische Beeinträchtigungen klagt und dass diese in unsicheren oder belastenden wirtschaftlichen Verhältnissen (befristete Beschäftigung, Arbeitslosigkeit, Abmahnungen, überlange Arbeitszeiten) besonders ausgeprägt seien.

23 Trotz ihrer gesellschaftlichen Bedingtheit lässt Ehrenberg keinen Zweifel daran, dass die Depression keine Modeerscheinung, sondern als eine ernsthafte Krankheit anzusehen ist, die überdies schwer heilbar ist. Etwa drei Viertel der Erkrankten finden ihr psychisches Gleichgewicht nicht wieder, ca. 20 Prozent der Depressionen werden chronisch und weitere 20 Prozent widerstehen jeglicher Behandlung.

24 Die Interviews wurden von Cornelia Koppetsch und Michael Fütterer durchgeführt und dauerten zwischen 30 und 60 Minuten. Für die jüngeren Beschäftigten stellt das hohe Einkommen oft einen beträchtlichen Anreiz dar. In den großen Unternehmensberatungen liegen die Einstiegsgehälter bei ca. 60.000 Euro im Jahr. Ein zentrales Ergebnis war, dass die Bereitschaft, ausschließlich für die Arbeit zu leben, mit zunehmendem Alter der Beschäftigten eher abnimmt und der Wunsch nach einem Ausgleich zwischen Arbeit und Leben größer wird. Frauen, die eine Familiengründung planen, wechseln mit der Geburt des ersten Kindes in einen anderen Tätigkeitsbereich oder machen sich selbstständig. Außerdem wurde festgestellt, dass die Beschäftigten in hohem Maße bereit sind, sich übergriffigen Formen der Leistungs- und Persönlichkeitskontrolle zu unterziehen. Es herrscht ein starker Gruppendruck, wonach die Erfolgreichen bestimmen, wie andere Teammitglieder zu beurteilen sind.

25 Siehe hier Castel 2000; Kronauer 2002; Dörre 2005; Bude/Willisch 2008.

Teil 2: Wandel von Lebensformen: Fallstudien

26 Die Namen der hier portraitierten Personen wurden geändert. Die Fallgeschichten stammen aus Biografien, die 2010 im Rahmen einer an der Technischen Universität Darmstadt durchgeführten Studie zu berufsbiografischen Unsicherheiten von Männern und Frauen in Berlin und im Raum Frankfurt erhoben wurden.

27 Für den Sozialpsychologen Kurt Lewin (1982), der bereits zu Beginn des 20. Jahrhunderts eine Feldtheorie des sozialen Handelns entwickelte, ist die Sicherheit einer Person eine Eigenschaft des gesamten Handlungsraums, denn das Vertrauen in sich selbst und

seine Handlungsfähigkeit ist immer relativ zu dem in die Umwelt. Sicherheit bezeichnet die generalisierte Erwartung, dass Ereignisse für das Individuum erwartbar und beeinflussbar sind.

28 So zeigt sich, dass die obersten 5 Prozent das reichste Zehntel 2007 über 46 Prozent des gesamten Vermögens verfügen, während mehr als zwei Drittel der Gesamtbevölkerung kein oder nur ein sehr geringes Nettovermögen besitzen. Die Ungleichverteilung hat in den letzten Jahren nochmals zugenommen (Frick/Grabka 2009: 59). Vgl. auch Szydlik/Schupp 2004 und Kohli 2007.

29 Die Vererbung von Vermögen ist bereits zu einer Massenrealität geworden. Laut Alters-Survey hatten bis zum Befragungszeitpunkt 1996 immerhin 44 Prozent der 40- bis 85-Jährigen bereits etwas geerbt, und zwar überwiegend von den (Schwieger-)Eltern. Die meisten Nachlässe haben einen kleinen bis mittleren Umfang. Knapp ein Fünftel der Erbschaften hat einen Wert von weniger als 2.556 Euro, drei Viertel liegen unter 51.129 Euro und nur knapp 2 Prozent übersteigen 511.292 Euro (Kohli 2007: 62f.).

30 Von den 20–25-jährigen Männern waren es 1991/1992 55 Prozent, die die Zubereitung von Mahlzeiten sowie das Tischdecken und die Geschirreinigung durchweg weiblichen Personen aus ihrer Herkunftsfamilie oder ihren Partnerinnen überlassen haben. Zehn Jahre später (2001/2002) ist dieser Anteil sogar auf 72 Prozent angestiegen. Die Tatsache, dass sich über zwei Drittel der jungen Männer in diesem Alter fast vollständig versorgen lassen, untermauert, dass die in der öffentlichen Diskussion häufig vertretene These nicht haltbar ist, wonach sich tradierte Rollenmuster in der jüngeren Generation allmählich auflösen (BMFSFJ, Siebter Familienbericht 2006: 217).

31 Wie Tölke und Diewald (2003) zeigen, führt eine schwierige Berufseinmündung auf einer Teilzeitstelle zu einer Reduktion der Heiratsneigung. Während die zu Beginn des Berufslebens bereits Vollzeit erwerbstätigen Männer im Alter von 35 Jahren zu 71 Prozent verheiratet waren, trifft dies für jene Männer, die auf einer Teilzeitstelle tätig sind, nur zu 44 Prozent zu. Vgl. auch Kurz 2005; Tölke 2005; Blossfeld et al. 2006.

Teil 3: Herrschaftskonflikte

32 Als repräsentative Kultur wird im Anschluss an Tenbruck (1990) jene Form der Sinngebung und Deutung verstanden, die für die Gesellschaft im Ganzen, d.h. über ihre unmittelbare Trägerschicht hinausreichende, Geltung beansprucht. Meist entwickelt sich in arbeitsteiligen Gesellschaften eine spezifische Gruppe oder Schicht, die sich auf Erhalt und Tradierung der immateriellen Kultur, etwa der Mythen, der Religion, der Riten und des kollektiven Gedächtnisses, spezialisiert. In der Gegenwartsgesellschaft ist die Verantwortung für weite Bereiche der repräsentativen Kultur, vor allem für die emotional besetzten Mythen, Riten und Symbole, von den bürgerlichen Bildungseliten auf die Kreativen übergangen.

33 Dies sei am Beispiel des Grundwertes »Gesundheit« erläutert: Lange Zeit gab es nur

eine Deutung von Gesundheit und die wurde von der professionellen Schulmedizin vertreten. Heute gibt es mehr als nur eine Vorstellung von Gesundheit. Sportwissenschaftler, alternative Mediziner, Ernährungswissenschaftler und Psychotherapeuten konkurrieren mit den klassischen Schulmedizinern um die richtige Definition von »Gesundheit« und die angemessene Behandlung bzw. Vorbeugung von Krankheiten. Und es ist zunehmend der Patient, der aus der Vielfalt von Angeboten auswählen muss. Dadurch verändert sich auch die klassische Schulmedizin. Sie steht zunehmend im Wettbewerb mit den kommerziellen Anbietern und kann zur Sicherung ihres Status nicht mehr im gleichen Maße wie zuvor auf institutionalisierte Wissens- und Einflussmonopole zurückgreifen.

34 Mit den Debatten zur »Subjektivierung« und »Entgrenzung« von Arbeit wurde ein folgenreicher Paradigmenwechsel in der deutschen Arbeits- und Industriesoziologie eingeleitet. Bis in die 1990er Jahre befasste sich die Organisations- und Arbeitssoziologie intensiv mit Fragen von Macht, Konflikt und Herrschaft in hierarchischen Arbeitsorganisationen. Im Zuge der Flexibilisierung von Arbeit und Organisation seit Ende der 1990er Jahre veränderten sich die Themenstellungen. Stichworte wie »Netzwerkgesellschaft«, »Projektarbeit« und »Gefühlskapitalismus« beherrschen seitdem die Diskussion. Vor allem durch die Debatte um »Subjektivierung« bildete sich ein neues Paradigma: Demnach werde von Mitarbeitern Engagement und das Einbringen der gesamten Persönlichkeit gefordert, wodurch die Grenzen zwischen Arbeitswelt und Privatem verwischen. Allerdings gerieten damit Fragen von Macht, Konflikt und Herrschaft in den Hintergrund.

35 Nur weil ein privater Raum gegenüber den konkurrenzbestimmten Lebensbereichen in Öffentlichkeit und Berufswelt abgeschirmt wird, kann im Inneren Vertrauen und Gemeinschaft gedeihen. Herausgebildet hat sich das Private erst im Zuge der Intimisierung des Familienlebens seit der zweiten Hälfte des 18. Jahrhunderts, wodurch Familie und Persönlichkeit zunehmend in eine Gegenposition zu Öffentlichkeit und Arbeit gerieten. Entscheidend für die Trennung war die Auslagerung der Arbeit aus dem Privathaushalt. Bis heute unterscheiden sich soziale Kontexte durch den Grad der in ihnen erforderlichen Geheimhaltung. Auch Hierarchien spielen dabei eine wichtige Rolle: Je höher der Status einer Person, desto stärker ist diese in der Regel vor Indiskretionen geschützt und desto stärker wird diese eine entsprechende Zurückhaltung wahren.

36 Vgl. Kapitel 5, Punkt 4.

37 Handelsblatt vom 3.11.2012

Literatur

Abbott, Andrew (1988): *The System of Professions. An Essay on the Division of Expert Labor*. Chicago/London: University of Chicago Press.

Albert, Mathias/Hurrelmann, Klaus/Quenzel, Gudrun (2010): *Jugend 2010. 16. Shell-Jugendstudie*. Frankfurt/M.: S. Fischer.

Albrecht, Clemens (2002): Wie Kultur repräsentativ wird: Die Politik der Cultural Studies. In: Udo Göttlich, Clemens Albrecht und Winfried Gebhardt (Hg.): *Populäre Kultur als repräsentative Kultur. Die Herausforderung der Cultural Studies*. Köln: Herbert von Halem, S. 16–32.

Allmendinger, Jutta/Schreyer, Franziska (2005): Trotz allem gut – Zum Arbeitsmarkt von AkademikerInnen heute und morgen. In: Jutta Allmendinger: *Karriere ohne Vorlage. Junge Akademiker zwischen Hochschule und Beruf*. Hamburg: Edition Körber-Stiftung, S. 29–47.

Allmendinger, Jutta/Puschmann, Christine/Helbig, Marcel (2008): *Frauen auf dem Sprung. Die »Brigitte«-Studie von 2008*. Hamburg: Gruner und Jahr.

Anderson, Grant (2008): *Cityboy. Geld, Sex und Drogen im Herzen des Londoner Finanzdistrikts*. München: Piper.

Andreß, Hans-Jürgen/Kronauer, Martin (2006): Arm und Reich. In: Stephan Lessenich und Frank Nullmeier (Hg.): *Deutschland – eine gespaltene Gesellschaft*. Frankfurt/New York: Campus, S. 28–52.

Austermann, Frauke/Woischwill, Branko (2010): Generation P: Von Luft und Wissen leben?. In: Michael Busch, Jan Jeskow und Rüdiger Stutz (Hg.): *Zwischen Prekarisierung und Protest. Die Lebenslagen und Generationsbilder von Jugendlichen in Ost und West*. Bielefeld: Transcript, S. 275–304.

Baker, Stephen (2009): *Die Numerati. Datenhaie und ihre geheimen Machenschaften*. München: Hanser.

Bauman, Zygmunt (2003): *Flüchtige Moderne*. Frankfurt/M.: Suhrkamp.

– (2009): *Gemeinschaften. Auf der Suche nach Sicherheit in einer bedrohlichen Welt*. Frankfurt/M.: Suhrkamp.

Beck, Ulrich (1986): *Die Risikogesellschaft. Auf dem Weg in eine andere Moderne*. Frankfurt/M.: Suhrkamp.

Becker, Rolf (Hg.) (2009): *Lehrbuch der Bildungssoziologie*. Wiesbaden: VS.

– /Lauterbach, Wolfgang (Hg.) (2008): *Bildung als Privileg. Erklärungen und Befunde zu den Ursachen der Bildungsungleichheit*. Wiesbaden: VS.

Bell, Daniel (1975): *Die nachindustrielle Gesellschaft.* Frankfurt/New York: Campus.
Berufsverband Deutscher Psychologinnen und Psychologen BDP (Hg.) (2008): *Psychologie – Gesellschaft – Politik. Psychische Gesundheit am Arbeitsplatz in Deutschland.* Berlin: BDP 2008.
Betzelt, Sigrid/Gottschall, Karin (2004): Publishing and the New Media Professions as Forrunners of Pioneer Work and Life Patterns. In: Janet Z. Giele und Elke Holst (Hg.): *Changing Life Patterns in Western Industrial Societies.* Amsterdam et al.: Elsevier, S. 257–280.
Bien, Walter (Hg.) (1996): *Familie* an der *Schwelle* zum *neuen Jahrtausend. Wandel* und *Entwicklung familialer Lebensformen.* Opladen: Leske und Budrich.
Blättel-Mink, Birgit/Kuhlmann, Ellen (2003): Health Professions, Gender and Society: Introduction and Outlook. In: *International Journal of Sociology and Social Policy*, 23, S. 1–21.
Blossfeld, Hans-Peter/Buchholz, Sandra/Hofäcker, Dirk/Hofmeister, Heather/Kurz, Karin/Mills, Melinda (2007): Globalisierung und die Veränderung sozialer Ungleichheiten in modernen Gesellschaften. Eine Zusammenfassung der Ergebnisse des GLOBALLIFE-Projektes. In: *Kölner Zeitschrift für Soziologie und Sozialpsychologie*, 59, S. 667–691.
Blossfeld, Hans-Peter/Buchholz, Sandra/Hofäcker, Dirk (Hg.) (2006): *Globalization, Uncertainty, and Late Careers in Society.* Routledge: London.
Bode, Ingo/Brose, Hanns-Georg (1999): Die neuen Grenzen organisierter Reziprozität. Zum gegenwärtigen Wandel der Solidaritätsmuster in Wirtschafts- und Nonprofit-Organisationen. In: *Berliner Journal für Soziologie*, 9, S. 179–196.
Böhnisch, Tomke (1999): *Frauen. Die Gattinnen der Eliten.* Münster: Westfälisches Dampfboot.
Böhnke, Petra (2005): Teilhabechancen und Ausgrenzungsrisiken in Deutschland. In: *Aus Politik und Zeitgeschichte*, Jg. 37, S. 31–36.
Bohrer, Karl Heinz (2000): Provinzialismus. Ein physiognomisches Panorama. München und Wien: Carl Hanser.
Boltanski, Luc/Chiapello, Eve (2001): Die Rolle der Kritik in der Dynamik des Kapitalismus und der normative Wandel. In: *Berliner Journal für Soziologie*, 11, S. 459–478.
Boltanski, Luc/Chiapello, Eve (2003): *Der neue Geist des Kapitalismus.* Konstanz: Universitätsverlag Konstanz.
Bolte, Karl-Martin (1963): Typen sozialer Schichtung in der Bundesrepublik. In: *Hamburger Jahrbuch für Wirtschafts- und Gesellschaftspolitik*, Band 8, S. 150–165.
– (1967): *Deutsche Gesellschaft im Wandel.* Opladen: Leske.
Bourdieu, Pierre (1982): *Die feinen Unterschiede. Kritik der gesellschaftlichen Urteilskraft.* Frankfurt/M.: Suhrkamp.
– (1990): Die biografische Illusion. In: *BIOS*, Band 3, S. 75–81.

– (1998): *Gegenfeuer. Wortmeldungen im Dienste des Widerstands gegen die neoliberale Invasion.* Konstanz: UVK.

– (1998b): *Praktische Vernunft. Zur Theorie des Handelns.* Frankfurt/M.: Suhrkamp.

Brasse, Claudia (2004): *Junge Branche, alte Muster. Vom Arbeiten und Leben in den Neuen Medien.* Hannover: connex.av.

Brock, Dietmar/Suckow, Jana (2001): Nationale Bildungssysteme im Globalisierungsprozess. In: Axel Bolder, Walter R. Heinz und Günter Kutscha: *Deregulierung der Arbeit – Pluralisierung der Bildung.* Opladen: Leske und Budrich, S. 19–30.

Bröckling, Ulrich (2007): *Das unternehmerische Selbst. Soziologie einer Subjektivierungsform.* Frankfurt/M.: Suhrkamp.

Brose, Hanns-Georg/Wohlrab-Sahr, Monika/Corsten, Michael (1993): *Soziale Zeit und Biografie.* Opladen: Westdeutscher Verlag.

Bude, Heinz (2006): Gläubig – Ungläubig. In: Stephan Lessenich und Frank Nullmeier (Hg.): *Deutschland – eine gespaltene Gesellschaft.* Frankfurt/New York: Campus, S. 313–335.

– (2008): *Die Ausgeschlossenen. Das Ende vom Traum einer gerechten Gesellschaft.* München: Hanser.

– (2010): Die verunsicherte Mitte. Die Signalfunktion des Bildungsthemas. In: *Interkultur – Jugendkultur,* Teil II, Wiesbaden: VS, S. 135–144.

– /Willisch, Andreas (Hg.) (2008): *Exklusion. Die Debatte über die Überflüssigen.* Frankfurt/M.: Suhrkamp.

Bundesministerium für Familie, Senioren, Frauen und Jugend (1996): Deutscher Alterssurvey: Die zweite Lebenshälfte.

– (2005), *Gender-Datenreport zur Gleichstellung von Frauen und Männern in der Bundesrepublik Deutschland.* Oktober 2005.

– (2006): Familie zwischen Flexibilität und Verlässlichkeit. Siebter Familienbericht.

– (2010): Familienreport 2010.

BundesPsychoTherapeutenkammer (Hg.) (2010): Komplexe Abhängigkeiten machen psychisch krank – BPtK-Studie zu psychischen Belastungen in der modernen Arbeitswelt.

Burisch, Mathias (2010): *Das Burnout-Syndrom. Theorie der inneren Erschöpfung.* Heidelberg: Springer.

Burkart, Günter (2007): Zukünfte des Geschlechterverhältnisses. Kommentar zum siebten Familienbericht. In: *Zeitschrift für Soziologie,* Jg. 36, Heft 5, S. 401–405.

Burzan, Nicole (2008): Die Absteiger: Angst vor Statusverlust und Verunsicherung in der Mitte der Gesellschaft. In: *Aus Politik und Zeitgeschichte,* Jg. 33, S. 6–12.

Castel, Robert (2000): *Die Metamorphose der sozialen Frage. Eine Chronik der Lohnarbeit.* Konstanz: UVK.

– /Dörre, Klaus (Hg.) (2009): *Prekarität, Abstieg, Ausgrenzung. Die soziale Frage am Beginn des 21. Jahrhunderts.* Frankfurt/New York: Campus.

Castells, Manuel (2001): *Der Aufstieg der Netzwerkgesellschaft. Teil I der Trilogie. Das Informationszeitalter.* Opladen: Leske und Budrich.

Conze, Eckart (2004): Eine bürgerliche Republik? Bürgertum und Bürgerlichkeit in der westdeutschen Nachkriegszeit. In: *Geschichte und Gesellschaft*, 30, S. 527–542.

Dackweiler, Regina-Maria (2007): Elite, Exzellenz, Exklusion?. In: Dies. (Hg.): *Willkommen im Club? Frauen und Männer in Eliten.* Münster: Westfälisches Dampfboot. S. 9–28.

Dahrendorf, Ralf (2000): Die globale Klasse und die neue Ungleichheit. In: *Merkur*, Jg. 54, Heft 11, Nr. 619, S. 1057–1068.

– (2009): Die Derivatisierung der Welt und ihre Folgen. Ein Gespräch mit Ralf Dahrendorf zum 80. Geburtstag. In: *Leviathan*, 37, S. 177–186.

Decker, Oliver/Kiess, Johannes/Brähler, Elmar (2012): *Die Mitte im Umbruch. Rechtsextreme Einstellungen in Deutschland 2012.* Eine Studie der Friedrich-Ebert-Stiftung. Bonn: J.H.W. Dietz.

Degele, Nina/Münch, Tanja/Pongratz, Hans/Saam, Nicole (Hg.) (2001): *Soziologische Beratungsforschung. Perspektiven für Theorie und Praxis der Organisationsberatung.* Opladen: Leske und Budrich.

Deggerich, Markus (2009): Stadtentwicklung. Kampf um den Ostkiez. In: *Der Spiegel*, Nr. 53, S. 34–35.

Deppe, Frank (2006): Intellektuelle und kritische Theorie. Eine historisch gewordene Verbindung?. In: Stephan Moebius und Gerhard Schäfer (Hg.): *Soziologie als Gesellschaftskritik. Wider den Verlust einer aktuellen Tradition.* Hamburg: VSA-Verlag, S. 92–117.

Deutsches Aktieninstitut (2012): »Institut will gegen den schlechten Ruf der Aktien kämpfen«. In: *Handelsblatt* vom 3.11.2012.

Deutschmann, Christoph (1993): Unternehmensberater – eine neue »Reflexionselite«? In: Walther Müller-Jentsch (Hg.): *Profitable Ethik – effiziente Kultur. Neue Sinnstiftungen durch das Management?.* München/Mering: Hampp, S. 57–82.

– (2008): Die Finanzmärkte und die Mittelschichten: Der kollektive Buddenbrooks-Effekt. In: *Leviathan*, 36, S. 501–517.

Dörre, Klaus (2005): Prekarität – Eine arbeitspolitische Herausforderung. In: *WSI-Mitteilungen*, 5, S. 250–258.

– (2009): Die neue Landnahme. Dynamiken und Grenzen des Finanzmarktkapitalismus. In: Ders., Stephan Lessenich und Hartmut Rosa (Hg.): *Soziologie. Kapitalismus. Kritik. Eine Debatte.* Frankfurt/M.: Suhrkamp, S. 21–86.

– (2010): Génération Précaire – ein europäisches Phänomen?. In: Michael Busch, Jan Jeskow und Rüdiger Stutz (Hg.): *Zwischen Prekarisierung und Protest. Die Lebenslagen und Generationsbilder von Jugendlichen in Ost und West.* Bielefeld: Transcript, S. 39–74.

– /Hänel, Anja/Holst, Hajo/Matuschek, Ingo (2011): Guter Betrieb, schlechte Gesellschaft? Arbeits- und Gesellschaftsbewusstsein im Prozess kapitalistischer Landnahme. In: Cornelia Koppetsch (Hg.): *Nachrichten aus den Innenwelten des Kapitalismus. Zur Transformation moderner Subjektivität.* Wiesbaden: VS-Verlag, S. 21–50.

Ehrenberg, Alain (2004): *Das erschöpfte Selbst. Depression und Gesellschaft in der Gegenwart.* Frankfurt/New York: Campus.

Ehrenreich, Barbara (1994 [1989]): *Angst vor dem Absturz. Das Dilemma der Mittelklasse.* Reinbek bei Hamburg: Rowohlt.

Eichler, Lutz (2009): Dialektik der flexiblen Subjektivität. Beitrag zur Sozialcharakterologie des Postfordismus. In: Stefan Müller (Hg.): *Probleme der Dialektik heute.* Wiesbaden: VS, S. 85–111.

Esping-Anderson, Gøsta (1990): *The Three Worlds of Welfare Capitalism.* Cambridge: Polity Press.

Evetts, Julia (2002): New directions in state and international professional occupations: discretionary decision-making and acquired regulation. In: *Work, Employment & Society*, 16 (2), S. 341–353.

– (2003): The construction of professionalism in new and existing occupational contexts: promoting and facilitating occupational change. In: *International Journal of Sociology and Social Policy*, Special Issue, 23 (4/5), S. 22–35.

Florida, Richard (2002): *The Rise of the Creative Class. And How It›s Transforming Work, Leisure and Everyday Life.* New York: Basic Books.

Franck, Georg (1998): *Ökonomie der Aufmerksamkeit.* München: Carl Hanser.

Frank, Robert/Cook, Philip (1996): *The Winner-Take-All Society.* New York: Free Press.

Freidson, Eliot (1994): *Professionalism Reborn. Theory, Prophecy, and Policy.* Cambridge: Polity Press.

Freudenberger, Herbert J. (1974): Staff burn-out. In: *Journal of Social Issues*, Jg. 30, S. 159–165.

Frick, Joachim R./Grabka, Markus (2009): Gestiegene Vermögensungleichheit in Deutschland. In: *Wochenbericht des DIW Berlin*, 4 (2009), S. 54–67.

Fthenakis, Wassilios/Beate, Minsel (2002): *Die Rolle des Vaters in der Familie. Schriftenreihe des Bundesministeriums für Familie, Senioren, Frauen und Jugend Band 213.* Stuttgart: Verlag W. Kohlhammer.

Ganßman, Heiner (2006): Kapital-Arbeit. In: Stefan Lessenich und Frank Nullmeier (Hg.): *Deutschland, eine gespaltene Gesellschaft.* Frankfurt/New York: Campus, S. 92–114.

Garfinkel, Harold (1967): *Studies in Ethnomethodology.* Englewood Cliffs, NJ: Prentice Hall.

Gergen, Kenneth J. (1996): *Das übersättigte Selbst. Identitätsprobleme im heutigen Leben.* Heidelberg: Carl-Auer-Systeme.

Gerhards, Jürgen (2001): Der Aufstand des Publikums. In: *Zeitschrift für Soziologie*, 30, S. 163–184.

Giddens, Anthony (1993): *Wandel der Intimität. Sexualität, Liebe und Erotik in modernen Gesellschaften*. Frankfurt/M.: S. Fischer.

Giesecke, Johannes/Verwiebe, Roland (2008): Die Zunahme der Lohnungleichheit in der Bundesrepublik. In: *Zeitschrift für Soziologie*, 37, S. 403–422.

Goffman, Erving (1971): *Interaktionsrituale. Über Verhalten in direkter Interaktion*. Frankfurt/M.: Suhrkamp.

Gouldner, Alvin (1979): *Die Intelligenz als neue Klasse. 16 Thesen zur Zukunft der Intellektuellen und der technischen Intelligenz*. Frankfurt/New York: Campus.

Grabka, Markus/Frick, Joachim R. (2008): *Schrumpfende Mittelschicht. Anzeichen einer dauerhaften Polarisierung der verfügbaren Einkommen?*. In: *Wochenbericht des DIW Berlin*, 10 (2008), S. 101–108.

Graefe, Stefanie (2011): Formierte Gefühle – erschöpfte Subjekte. In: Cornelia Koppetsch (Hg.): *Nachrichten aus den Innenwelten des Kapitalismus*. Wiesbaden: VS Verlag, S. 139–154.

Grekopoulou, Paraskevi (2010): Generation ohne Aufstieg: Griechenlands Jugend zwischen Prekarisierung, selektivem Wohlfahrtsstaat und familialem Wandel. In: Michael Busch, Jan Jeskow und Rüdiger Stutz (Hg.): *Zwischen Prekarisierung und Protest. Die Lebenslagen und Genrationsbilder von Jugendlichen in Ost und West*. Bielefeld: Transcript, S. 101–130.

Groeschel, Albrecht (2011): »Wissensgesellschaft«. Adaption der Qualifikationen, Mentalitäten und Milieus an den Exportkapitalismus Deutschland. In: Cornelia Koppetsch (Hg.): *Nachrichten aus den Innenwelten des Kapitalismus. Zur Transformation moderner Subjektivität*. Wiesbaden: VS-Verlag, S. 51–78.

Groh-Samberg, Olaf/Hertel, Florian R. (2010): Abstieg der Mitte? Zur langfristigen Mobilität von Armut und Wohlstand. In: Nicole Burzan und Peter A. Berger (Hg.): *Dynamiken (in) der gesellschaftlichen Mitte*. Wiesbaden: VS Verlag, S. 137–157.

Groh-Samberg, Olaf (2005): Zur Aktualität der sozialen Frage. Trendanalysen sozialer Ausgrenzung 1984–2004. In: *WSI-Mitteilungen*, Jg. 58, Heft 11, S. 616–623.

Groß, Claudia (2003): Unternehmensberatung – auf dem Weg zur Profession? In: *Soziale Welt*, 54, S. 93–116.

Haak, Carroll/Schmid, Günther (2001): Arbeitsmärkte für Künstler und Publizisten: Modelle der künftigen Arbeitswelt. In: *Leviathan*, 29, S. 156–178.

Haffner, Yvonne (2008): Strukturelle Barrieren im Beruf. Die Arbeitskultur im Berufsfeld der Ingenieur- und Naturwissenschaften. In: Yvonne Haffner und Beate Krais (Hg.): *Arbeit als Lebensform? Beruflicher Erfolg, private Lebensführung und Chancengleichheit in akademischen Berufsfeldern*. Frankfurt/New York: Campus, S. 47–61.

Hahn, Alois (2003): Herrschaft und Religion. In: Joachim Fischer und Hans Joas (Hg.): *Kunst, Macht und Institution. Studien zur Philosophischen Anthropologie, soziologischen Theorie und Kultursoziologie der Moderne*. Frankfurt/New York: Campus, S. 331–346.

Hahn, Kornelia (2000): Liebe: Ein Testfall für die fragilen Grenzkonstruktionen zwischen Intimität und Öffentlichkeit. In: Kornelia Hahn und Günter Burkart (Hg.): *Grenzen und Grenzüberschreitungen der Liebe. Studien zur Soziologie intimer Beziehungen II.* Opladen: Leske und Budrich, S. 249–278.

Hartmann, Michael (2002): *Der Mythos von den Leistungseliten.* Frankfurt/New York: Campus.

Haunschild, Axel/Eikhof, Doris Ruth (2009): From HRM to Employment rules and Lifestyles. Theory Development through Qualitative Case Study Research into the Creative Industries. In: *Zeitschrift für Personalforschung,* 23, S. 107–124.

Heinze, Rolf G. (2011): *Die erschöpfte Mitte. Zwischen marktbestimmten Soziallagen, politischer Stagnation und der Chance auf Gestaltung.* Weinheim/Basel: Juventa.

Heitmeyer, Wilhelm (2010): *Deutsche Zustände.* Frankfurt/M.: Suhrkamp.

Herrmann, Ulrike (2010): *Hurra, wir dürfen zahlen. Der Selbstbetrug der Mittelschicht.* Frankfurt/M.: Westend Verlag.

Hess, Sabine (2005): *Globalisierte Hausarbeit. Au-pair als Migrationsstrategie von Frauen aus Osteuropa.* Wiesbaden: VS Verlag.

Hirsch, Fred (1980): *Die sozialen Grenzen des Wachstums. Eine ökonomische Analyse der Wachstumskrise.* Reinbek bei Hamburg: Rowohlt.

Hirsch, Joachim (1980): *Der Sicherheitsstaat. Das »Modell Deutschland«, seine Krise und die neuen sozialen Bewegungen.* Frankfurt/M.: Europäische Verlagsanstalt.

Hochschild, Arlie (2003): *The commercialization of intimate life: Notes from home and work.* Berkeley: University of California Press.

– (1997): *Das gekaufte Herz. Zur Kommerzialisierung der Gefühle.* Frankfurt/New York: Campus.

– (2002): *The time bind. When work becomes home and home becomes work.* New York: Holt.

Hradil, Stefan (1999): *Soziale Ungleichheit in Deutschland.* Opladen: Leske und Budrich.

– (2003): Vom Leitbild zum »Leidbild«. Singles, ihre veränderte Wahrnehmung und der »Wandel des Wertewandels«. In: *Zeitschrift für Familienforschung,* 15, S. 38–64.

– /Schmidt, Holger (2007): Angst und Chancen. Zur Lage der gesellschaftlichen Mitte aus soziologischer Sicht. In: Herbert-Quandt-Stiftung (Hg.): *Zwischen Erosion und Erneuerung. Die gesellschaftliche Mitte in Deutschland. Ein Lagebericht.* Frankfurt/M.: Societätsverlag, S. 163–226.

Hübinger, Werner (1996): *Prekärer Wohlstand. Neue Befunde zu Armut und sozialer Ungleichheit.* Freiburg im Breisgau: Lambertus.

Hurrelmann, Klaus (2011): Keine Wut im Bauch. Die Jugendlichen machen sich selbst für ihren Misserfolg verantwortlich. In: *Die Zeit,* 36, 1.9.2011.

– /Albert, Mathias (2006): *Jugend 2006. Eine pragmatische Generation unter Druck. 15. Shell-Jugendstudie.* Frankfurt/M.: S. Fischer.

Illouz, Eva (2009): *Die Errettung der modernen Seele.* Frankfurt a. M.: Suhrkamp.

International Labour Organization (2012): *Global Employment Outlook September 2012: Black Labour Market Prospects for Youths.*

Jaeggi, Rahel (2005): *Entfremdung. Zur Aktualität eines sozialphilosophischen Problems*. Frankfurt/New York: Campus.

Jurk, Charlotte (2008): *Der niedergeschlagene Mensch. Depression – Geschichte und gesellschaftliche Bedeutung einer Diagnose.* Münster: Westfälisches Dampfboot.

Kaufmann, Jean-Claude (2002): *Singlefrau und Märchenprinz. Über die Einsamkeit moderner Frauen*. Konstanz: UVK.

– (2005): *Die Erfindung des Ich. Eine Theorie der Identität*. Konstanz: UVK.

Kermani, Navid (2009): *Wer ist Wir? Deutschland und seine Muslime*. München: C.H. Beck.

Kernberg, Otto F. (Hg.) (1996): *Narzisstische Persönlichkeitsstörungen*. Stuttgart/New York: Schattauer.

Klammer, Ute/Klenner, Christina (2004): Geteilte Erwerbstätigkeit – Gemeinsame Fürsorge. Strategien und Perspektiven der Kombination von Erwerbs- und Familienleben in Deutschland. In: Dies. (Hg.): *Wohlfahrtsstaat und Geschlechterverhältnis im Umbruch. Was kommt nach dem Ernährermodell?*. Wiesbaden: VS, S. 177–207.

Klammer, Ute/Klenner, Christina/Pfahl, Svenja (2011): Frauen als Ernährerinnen der Familie: Politische und rechtliche Herausforderungen. In: Bundesministerium für Familie, Senioren, Frauen und Jugend (Hg.): *Zeit für Verantwortung im Lebensverlauf – Politische und rechtliche Handlungsstrategien. Dokumentation der Tagung am 29.11.2010 im Deutschen Bundestag*, S. 55–115.

Kniebe, Tobias (2011): »Wer hat Angst vorm fremden Mann? Thilo Sarrazin und seine Leser«. In: *Süddeutsche.de*, 8.01.2011.

Knorr-Cetina, Karin (1997): Sociality with Objects. Social relations in Postsocial Knowledge Societies. In: *Theory, Culture and Society*, 14, S. 1–30.

Knötig, Nora (2010): Bildung im Spannungsfeld von Individualisierung und sozialer Distinktion. In: Nicole Burzan und Peter A. Berger (Hg.): *Dynamiken (in) der gesellschaftlichen Mitte.* Wiesbaden: VS Verlag, S. 331–354.

Köcher, Renate (2011): »Produzieren wir eine Schicht sozialer Verlierer? Allensbach-Umfrage für die FAZ«. In: www.faz.net/-gpg-6m6fk, 13.11.2012.

– Köcher, Renate (2012): »Denk ich an Deutschland. Jetzt bloß kein Risiko, Leute«. In: www.faz.net/-hlv-733n0, 2.11.2012.

Kohli, Martin (1985): Die Institutionalisierung des Lebenslaufs. In: *Kölner Zeitschrift für Soziologie und Sozialpsychologie*, 37, S. 1–29.

– (2007): Von der Gesellschaftsgeschichte zur Familie. Was leistet das Konzept der Generationen? In: Frank Lettke und Andreas Lange (Hg.): *Generationen und Familien. Analysen – Konzepte – gesellschaftliche Spannungsfelder*. Frankfurt/M.: Suhrkamp, S. 47–95.

Kohut, Heinz (1973): *Narzissmus. Eine Theorie der psychoanalytischen Persönlichkeitsstörungen*. Frankfurt/M.: Suhrkamp.

Koppetsch, Cornelia (2000): *Wissenschaft an Hochschulen. Ein deutsch-französischer Vergleich*. UVK: Konstanz.

– (2006): *Das Ethos der Kreativen. Vom bürgerlichen Beruf zur Kultur des neuen Kapitalismus. Eine Studie zum Wandel von Arbeit und Identität am Beispiel der Werbeberufe*. UVK: Konstanz.

– (2006a): Zwischen Disziplin und Expressivität. Zum Wandel beruflicher Identitäten im neuen Kapitalismus. In: *Berliner Journal für Soziologie*, 16 (2), S. 155–172.

– (2008): Der Markt der Ideen. Neue Wege der Professionalisierung am Beispiel der Kultur- und Medienberufe. In: *Soziale Welt*, 59, Heft 4, S. 327–350.

– (2009): Glanz und Elend der Symbolanalytiker. Die Experten der Wissensgesellschaft. In: IBA Hamburg (Hg.): *Bildung und Stadt*. Schriftenreihe Band III, S. 22–33.

– (2010): Jenseits der individualisierten Mittelstandsgesellschaft? Zur Ambivalenz subjektiver Lebensführung in unsicheren Zeiten. In: Johannes Berger und Ronald Hitzler (Hg.): *Individualisierungen. Ein Vierteljahrhundert »jenseits von Klasse und Stand«*. Wiesbaden: VS Verlag, S. 225–243.

– (2011): Gesellschaft aus dem Gleichgewicht. Zur Signalfunktion neuer Bürgerlichkeit. In: Dies. (Hg.): *Nachrichten aus den Innenwelten des Kapitalismus. Zur Transformation moderner Subjektivität*. VS-Verlag: Wiesbaden, S. 265–282.

– (2011): Symbolanalytiker – ein neuer Expertentypus? Einige Thesen zum Wandel akademischer Berufsfelder. In: *Leviathan*, 3, S. 407–433.

– /Burkart, Günter (1999): *Die Illusion der Emanzipation. Zur Reproduktion von Geschlechtsnormen in Paarbeziehungen im Milieuvergleich*. Konstanz: UVK.

– /Burkart, Günter (2002): Werbung und Unternehmensberatung als »Treuhänder« expressiver Werte? Talcott Parsons› Professionssoziologie und die neuen ökonomischen Kulturvermittler. In: *Berliner Journal für Soziologie*, 12, 4

– /Maier, Maja S. (1998): Individualisierung ohne Gleichheit? Zur aktuellen Lage des Geschlechterverhältnisses. In: Jürgen Friedrichs (Hg.): *Die Individualisierungsthese*. Opladen: Leske und Budrich, S. 143–164.

Kopycka, Katharzyna/Sackmann, Reinhold (2010): Ambivalente Generationsverhältnisse hinter der Génération Précaire. Am Beispiel des deutsch-polnischen Vergleichs. In: Michael Busch, Jan Jeskow und Rüdiger Stutz (Hg.): *Zwischen Prekarisierung und Protest. Die Lebenslagen und Genrationsbilder von Jugendlichen in Ost und West*. Bielefeld: Transcript, S. 131–154.

Kotthoff, Hermann/Wagner, Alexandra (2008): *Die Leistungsträger. Führungskräfte im Wandel der Firmenkultur. Eine Follow-up-Studie*. Berlin: Edition Sigma.

Kraemer, Klaus (2010): Abstiegsängste in Wohlstandslagen. In: Nicole Burzan und Peter A. Berger (Hg.): *Dynamiken (in) der gesellschaftlichen Mitte*. Wiesbaden: VS Verlag, S. 201–229.

Kreher, Thomas (2007): *Heutzutage muss man kämpfen. Bewältigungsformen junger Männer angesichts entgrenzter Übergänge in die Arbeit*. Weinheim und München: Juventa.

Kronauer, Martin (2002): *Exklusion. die Gefährdung des Sozialen im hoch entwickelten Kapitalismus*. Frankfurt/New York: Campus.

Kurtz, Thomas (2005): *Die Berufsform der Gesellschaft*. Weilerswist: Velbrück, S. 135–186.

Kurz, Karin (2005): Die Familiengründung von Männern im Partnerschaftskontext. In: Angelika Tölke und Karsten Hank (Hg.): *Männer – Das »vernachlässigte« Geschlecht in der Familienforschung*. Wiesbaden: VS, S. 178–197.

Larson, Magali Sarfatti (1977): *The rise of professionalism. A sociological analysis*. Berkeley: University of California Press.

– (1994): Architectural competitions as discursive events. In: *Theory and Society*, 23, S. 469–504.

Leibovici-Mühlberger, Martina (2012): *Positionsverlust männlicher Spitzenkräfte; Einzelfalldarstellungen zu Auswirkungen auf die Betroffenen und ihr soziales Bezugsfeld und zu den angewandten Bewältigungsstrategien. Unveröffentlichte Fallanalysen aus therapeutischer Praxis.*

Leif, Thomas (2006): *Beraten und verkauft. McKinsey & Co. – der große Bluff der Unternehmensberater*. München: Bertelsmann.

Lengfeld, Holger/Hirschle, Jochen (2009): Die Angst der Mittelschicht vor dem sozialen Abstieg. Eine Längsschnittanalyse 1984–2007. In: *Zeitschrift für Soziologie*, Jg. 38, S. 379–398.

Lessenich, Stephan (2008): *Die Neuerfindung des Sozialen. Der Sozialstaat im flexiblen Kapitalismus*. Bielefeld: Transcript.

– (2009): Der Wohlfahrtsstaat nach der Krise oder Die doppelte Privatisierung des Sozialen. In: *Gegenblende*, 01 (November/Dezember 2009), http://www.gegenblende.de/01–2010.

– /Nullmeier, Frank (Hg.) (2006): *Deutschland – eine gespaltene Gesellschaft*. Frankfurt/New York: Campus.

Lewin, Kurt (1982): *Feldtheorie*. Werkausgabe, Bd. 4. Herausgegeben von Graumann, C. F. Bern/Stuttgart: Huber, Klett Verlag.

Link, Jürgen (1999): *Versuch über den Normalismus: wie Normalität produziert wird*. Opladen, Wiesbaden: Westdeutscher Verlag.

Löffler, Sigrid (2010): *Wer bestimmt, was wir lesen? Der globalisierte Buchmarkt und die Bücherflut: Wie literarische Moden gemacht werden und welche Rolle die Literaturkritik dabei spielt*. Vortrag in Bielefeld.

Lohmann, Henning/Spieß, Katharina C./Feldhaus, Christoph (2009): Der Trend zur Privatschule geht an bildungsfernen Eltern vorbei. In: *Wochenbericht des DIW Berlin*, 38 (2009), S. 640–646.

Lutz, Burkart (1984): *Der kurze Traum immerwährender Prosperität. Eine Neuinterpretation der industriell-kapitalistischen Entwicklung im Europa des 20. Jahrhunderts*. Frankfurt/New York: Campus.

Mannheim, Karl (1970): Das Problem der Generationen. In: Ders.: *Wissenssoziologie. Auswahl aus dem Werk*. Neuwied/Berlin: Luchterhand, S. 509–565.

Manske, Alexandra (2003): Arbeits- und Lebensarrangements in der Multimediabranche unter Vermarktlichungsdruck – Rationalisierungspotenzial für den Markterfolg? In: Ellen Kuhlmann Sigrid Betzelt (Hg.): *Geschlechterverhältnisse im Dienstleistungssektor*. Baden-Baden: Nomos, S. 133–146.

Mau, Steffen (2012): *Lebenschancen. Wohin driftet die Mittelschicht?*. Frankfurt/M.: Suhrkamp.

Mayer, Karl Ulrich/Schulze, Eva (2009): *Die Wendegeneration. Lebensverläufe des Jahrgangs 1971*. Frankfurt/New York: Campus.

Menger, Pierre-Michel (2006): *Kunst und Brot. Die Metamorphosen des Arbeitnehmers*. UVK: Konstanz.

Meuser, Michael (2004): Ärztliche Gemeinwohlrhetorik und Akzeptanz. Zur Standespolitik der medizinischen Profession. In: Ronald Hitzler, Stefan Hornbostel und Cornelia Mohr (Hg.): *Elitenmacht*. Wiesbaden: VS, S. 193–204.

Möller, Joachim/Schmillen, Achim (2008): *Verteilung von Arbeitslosigkeit im Erwerbsleben. Hohe Konzentration auf wenige – steigendes Risiko für alle*. Institut für Arbeitsmarkt- und Berufsforschung, IAB-Kurzbericht 24.

Müller, Walter (1998): Erwartete und unerwartete Folgen der Bildungsexpansion. In: Jürgen Friedrichs et al (Hg.): *Die Diagnosefähigkeit der Soziologie*. Opladen: Leske und Budrich, S. 81–112.

– /Pollak, Reinhard (2008): Warum gibt es so wenige Arbeiterkinder an Deutschlands Universitäten? In: Rolf Becker und Wolfgang Lauterbach (Hg.): *Bildung als Privileg? Erklärungen und Befunde zu den Ursachen der Bildungsungleichheit*. Wiesbaden: VS Verlag für Sozialwissenschaften, S. 307–346.

Münch, Richard (2007): *Die akademische Elite*. Frankfurt/M.: Suhrkamp.

– (2008): *Globale Eliten, lokale Autoritäten. Bildung und Wissenschaft unter dem Regime von Pisa, McKinsey und Co*. Frankfurt/M.: Suhrkamp.

– (2009): *Das Regime des liberalen Kapitalismus: Inklusion und Exklusion im neuen Wohlfahrtsstaat*. Frankfurt/New York: Campus.

– /Guenther, Tina (2005): Der Markt in der Organisation. Von der Hegemonie der Fachspezialisten zur Hegemonie des Finanzmanagements. In: Paul Windolf (Hg.): *Finanzmarkt-Kapitalismus. Analysen zum Wandel von Produktionsregimen*. Sonderheft 45 der Kölner Zeitschrift für Soziologie und Sozialpsychologie, S. 394–417.

Münkler, Herfried (2009): *Die Deutschen und ihre Mythen*. Berlin: Rowohlt.

– (2010): *Mitte und Maß. Der Kampf um die richtige Ordnung*. Berlin: Rowohlt.

Neckel, Sighard (2008): *Flucht nach vorn. Die Erfolgskultur der Marktgesellschaft*. Frankfurt/New York: Campus.

Neugebauer, Gero (2007): *Politische Milieus in Deutschland. Eine Studie der Friedrich-Ebert-Stiftung*. Bonn: Dietz.

Noll, Heinz Herbert (1998): Wahrnehmung und Rechtfertigung sozialer Ungleichheit 1991–1996. In: Heiner Meulemann (Hg.): *Werte und nationale Identität im vereinten Deutschland*. Opladen: Westdeutscher Verlag, S. 61–84.

Nolte, Paul (2005): *Generation Reform. Jenseits der blockierten Republik*. Bonn: Bundeszentrale für politische Bildung.

– /Hilpert, Dagmar (2007): Wandel und Selbstbehauptung. Die gesellschaftliche Mitte in historischer Perspektive. In: Herbert-Quandt-Stiftung (Hg.): *Zwischen Erosion und Erneuerung. Die gesellschaftliche Mitte in Deutschland. Ein Lagebericht*. Frankfurt/M.: Societätsverlag, S. 11–101.

Nullmeier, Frank (2006): Wissensmärkte und Bildungsstatus. Elitenformation in der Wissensgesellschaft. In:Herfried Münkler, Grit Straßenberger und Mathias Bohlender (Hg.): *Deutschlands Eliten im Wandel*. Frankfurt/New York: Campus, S. 319–342.

Papastefanou, Christiane (1997): *Auszug aus dem Elternhaus: Aufbruch und Ablösung im Erleben von Eltern und Kindern*. Weinheim/München: Juventa-Verlag.

Peuckert, Rüdiger (2008): *Familienformen im sozialen Wandel*. Wiesbaden: VS Verlag.

Pfadenhauer, Michaela (2003): *Professionalität. Eine wissenssoziologische Rekonstruktion institutionalisierter Kompetenzdarstellungskompetenz*. Opladen: Leske und Budrich.

Pongratz, Hans. J. (2002): *Subordination. Inszenierungsformen von Personalführung in Deutschland seit 1933*. München/Mering: Rainer Hampp.

Rehberg, Karl-Siegbert (2007): Die unsichtbare Klassengesellschaft. Eröffnungsvortrag zum 32. Kongress der Deutschen Gesellschaft für Soziologie. In: Gunther Gebhard, Tino Heim und Karl-Siegbert Rehberg (Hg.): *»Realität« der Klassengesellschaft – »Klassengesellschaft« als Realität*. Dresdner Beiträge zur Soziologie, Band 2, S. 27–48.

– (2010): »Neue Bürgerlichkeit« zwischen Kanonensehnsucht und Unterschichten-Abwehr. In: Heinz Bude, Joachim Fischer und Bernd Kaufmann (Hg.): *Bürgerlichkeit ohne Bürgertum*. München: Wilhelm Fink, S. 56–70.

Reich, Robert (1993): *Die neue Weltwirtschaft*. Frankfurt/Berlin: Ullstein.

Reichert, Ramón (2009): *Das Wissen der Börse. Medien und Praktiken des Finanzmarktes*. Transcript: Bielefeld.

Riesman, David/Reuel, Denney/Nathan, Glazer (1963 [1950]): *Die einsame Masse. Eine Untersuchung über den Wandel des amerikanischen Charakters*. Reinbek: Rowohlt.

Rosa, Hartmut (2005): *Beschleunigung. Die Veränderungen der Zeitstrukturen in der Gegenwart*. Frankfurt/M.: Suhrkamp.

– (2011): Entfremdung in der Spätmoderne. Umrisse einer Kritischen Theorie der sozialen Beschleunigung. In: Koppetsch, Cornelia (Hg.): *Nachrichten aus den Innenwelten des Kapitalismus. Zur Transformation moderner Subjektivität*. Wiesbaden: VS-Verlag, S. 221–252.

Rügemer (2004, Hg.): *Die Berater. Ihr Wirken in Staat und Gesellschaft*. Transcript: Bielefeld.

Sachweh, Patrick (2009): *Deutungsmuster sozialer Ungleichheit. Wahrnehmung und Legitimierung gesellschaftlicher Privilegierung und Benachteiligung.* Frankfurt/New York: Campus.

Sassen, Saskia (1997): *Metropolen des Weltmarktes. Die neue Rolle der Global Cities.* Frankfurt/New York: Campus.

Schelsky, Helmut (1965): »Gesellschaftlicher Wandel« und »Die Bedeutung des Klassenbegriffs für die Analyse unserer Gesellschaft«. In: Ders. (Hg.): *Auf der Suche nach Wirklichkeit.* Düsseldorf: Diedrichs, S. 331–351.

Schimank, Uwe (2005): Die akademische Profession und die Universitäten: »New Public Management« und eine drohende Entprofessionalisierung. In: Thomas Klatetzki und Veronika Tacke (Hg.): *Organisation und Profession.* Wiesbaden: VS, S. 143–164.

– (2011): *Wohlfahrtsgesellschaften als funktionaler Antagonismus von Kapitalismus und Demokratie. Ein immer labilerer Mechanismus.* Max Planck Institut für Gesellschaftsforschung. MPIfG Working Paper 11/2.

Schlimbach, Tabea (2010): Generation Praktikum: Hochschulabsolventen in Deutschland und Italien zwischen Fremdzuschreibung und subjektiver Wahrnehmung. In: Michael Busch, Jan Jeskow und Rüdiger Stutz (Hg.): *Zwischen Prekarisierung und Protest. Die Lebenslagen und Genrationsbilder von Jugendlichen in Ost und West.* Bielefeld: Transcript, S. 305–328.

Schmidt, Thomas E. (2002): »Die neue Bürgerlichkeit. Mehr Lebensstil als Besitz, mehr Ehrgeiz als Herkunft: Die Deutschen suchen das Bourgeoise«. In: http://www.zeit.de/2002/16/200216_buerger.xml/komplettansicht.

Schmiede, Rudi (2011): Macht Arbeit depressiv? Psychische Erkrankungen im flexiblen Kapitalismus. In: Cornelia Koppetsch (Hg.): *Nachrichten aus den Innenwelten des Kapitalismus. Zur Transformation moderner Subjektivität.* Wiesbaden: VS-Verlag, S. 113–138.

Schneider, Norbert F./Rüger, Heiko (2007): Value of Marriage. Der subjektive Sinn der Ehe und die Entscheidung zur Heirat. In: *Zeitschrift für Soziologie*, 36, S. 131–152.

Schultheiss, Franz/Herold, Stefan (2010): Précarité und Prekarität: Zur Thematisierung der sozialen Frage des 21. Jahrhunderts im deutsch-französischen Vergleich. In: Michael Busch, Jan Jeskow und Rüdiger Stutz (Hg.): *Zwischen Prekarisierung und Protest. Die Lebenslagen und Genrationsbilder von Jugendlichen in Ost und West.* Bielefeld: Transcript, S. 243–274.

Scott Brown, D. (1989): Room at the Top? Sexism and the Star System in Architecture. In: E.P. Berkeley und M. McQuaid (Hg.): *Architecture: A Place for Women.* Washington: Smithenian, S. 237–246.

Seibt, Gustav (2008): »Die ewige Mitte«. In: *Süddeutsche Zeitung*, 20.05.2008.

Seligman, Martin E. P. (1975): *Helplessness. On Depression, Development and Death.* San Francisco: Freeman and Comp.

Sennett, Richard (1983): *Verfall und Ende des öffentlichen Lebens. Die Tyrannei der Intimität.* Frankfurt/M.: S. Fischer.

– (2000): *Der flexible Mensch. Die Kultur des neuen Kapitalismus*. New York: Siedler.
Sewing, Werner (2003): *Bildregie. Architektur zwischen Retrodesign und Eventkultur*. Basel/Gütersloh/Berlin: Birkhäuser/Bertelsmann.
Simmel, Georg (1992): Das Geheimnis und die geheime Gesellschaft. In: Ders.: *Soziologie. Untersuchungen über die Formen der Vergesellschaftung*, Herausgegeben von Ottheim Rammstedt, Frankfurt/M.: Suhrkamp, S. 383–455.
Sofsky, Wolfgang/Paris, Rainer (1994): *Figurationen sozialer Macht*. Frankfurt/M.: Suhrkamp.
Spiegel-Umfrage (2009): »Wir Krisenkinder. Wie junge Deutsche ihre Zukunft sehen«. In: *Der Spiegel*, Nr. 25 vom 15.6.2009.
Statistisches Bundesamt (2008): *Datenreport 2008*. Bundeszentrale für politische Bildung.
– (2010): *Datenreport 2010*. Bundeszentrale für politische Bildung.
– (2011): *Datenreport 2011*. Bundeszentrale für politische Bildung.
Stehr, Nico (1994): *Arbeit, Eigentum und Wissen: Zur Theorie von Wissensgesellschaften*. Frankfurt/M.: Suhrkamp.
Steingart, Gabor (2011): *Das Ende der Normalität. Nachruf auf unser Leben wie es bisher war*. München: Piper.
Stichweh, Rudolf (2000): Professionen im System moderner Gesellschaft. In: Roland Merten (Hg.): *Systemtheorie Sozialer Arbeit. Neue Ansätze und veränderte Perspektiven*. Opladen: Leske & Budrich, S. 29–38.
– (2004): Wissensgesellschaft und Wissenschaftssystem. In: *Schweizerische Zeitschrift für Soziologie*, Jg. 30, Heft 2, S. 147–165.
– (2006): *Professionen in einer funktional differenzierten Gesellschaft*. Paper von 2006: http://www.unilu.ch/files/stw-prof.fd.pdf.
Summer, Elisabeth (2008): *Macht die Gesellschaft depressiv? Alain Ehrenbergs Theorie des »erschöpften Selbst« im Licht sozialwissenschaftlicher und therapeutischer Befunde*. Bielefeld: Transcript.
Sußebach, Henning (2007): Bionade-Biedermeier. In: *ZEITmagazin LEBEN*, Nr. 46, 08.11.2007, http://www.zeit.de/2007/46/D18-PrenzlauerBerg-46.
Szydlik, Marc/Schupp, Jürgen (2004): Wer erbt mehr? Erbschaften, Sozialstruktur und Alterssicherung. In: *Kölner Zeitschrift für Soziologie und Sozialpsychologie*, 56, S. 609–629.
T., Anne (2009): *Die Gier war grenzenlos. Eine deutsche Börsenhändlerin packt aus*. Berlin: Ullstein Buchverlage GmbH.
Tenbruck, Friedrich (1990): Repräsentative Kultur. In: Hans Haferkamp (Hg.): *Sozialstruktur und Kultur*. Frankfurt a. M.: Suhrkamp, S. 20–53.
Tölke, Angelika (2005): Die Bedeutung von Herkunftsfamilie, Berufsbiografie und Partnerschaften für den Übergang zur Ehe und Vaterschaft. In: Angelika Tölke und Karsten Hank (Hg.): *Männer – Das »vernachlässigte« Geschlecht in der Familienforschung*. Wiesbaden: VS, S. 98–126.

– (2007): Familie und Beruf im Leben von Männern. In: *Berliner Journal für Soziologie*, Heft 3, S. 323–342.

– /Diewald, Martin (2003): Berufsbiografische Unsicherheiten und der Übergang zur Elternschaft bei Männern. In: Walter Bien und Jan Marbach (Hg.): *Partnerschaft und Familiengründung. Analysen der dritten Welle des Familiensurveys 2000.* Opladen: Leske und Budrich.

Vester, Michael (2010): »Orange«,»Pyramide« oder »Eieruhr«? Der Gestaltwandel der Berufsgliederung seit 1990. In: Nicole Burzan und Peter A. Berger (Hg.): *Dynamiken (in) der gesellschaftlichen Mitte.* Wiesbaden: VS Verlag, S. 55–78.

– /Oertzen, Peter von/Geiling, Heiko/Hermann, Thomas/Mülle, Dagmar (2001): *Soziale Milieus im gesellschaftlichen Strukturwandel.* Frankfurt/M.: Suhrkamp.

Vogel, Berthold (2008): Der Nachmittag des Wohlfahrtsstaats. In: Heinz Bude und Andreas Willisch (Hg.): *Exklusion. Die Debatte über die »Überflüssigen«.* Frankfurt/M.: Suhrkamp, S. 285–308.

– (2009): *Wohlstandskonflikte. Soziale Fragen, die aus der Mitte kommen.* Hamburg: Hamburger Edition.

– (2010): Wohlstandspanik und Statusbeflissenheit. Perspektiven auf die nervöse Mitte der Gesellschaft. In: Nicole Burzan, Peter A. Berger (Hg.): *Dynamiken (in) der gesellschaftlichen Mitte.* Wiesbaden: VS Verlag, S. 23–41.

Voß, Günter/Pongratz, Hans Jürgen (1998): Der Arbeitskraftunternehmer. Eine neue Grundform der Ware Arbeitskraft. In: *Kölner Zeitschrift für Soziologie und Sozialpsychologie*, 50, S. 131–158.

Voswinkel, Stephan (2002): Bewunderung ohne Würdigung? Paradoxien der Anerkennung doppelt subjektivierter Arbeit. In: Axel Honneth (Hg.): *Befreiung aus der Mündigkeit. Paradoxien des gegenwärtigen Kapitalismus.* Frankfurt/New York: Campus, S. 65–92.

Walter, Franz (2009): *Im Herbst der Volksparteien? Eine kleine Geschichte von Aufstieg und Rückgang politischer Massenintegration.* Bielefeld: Transcript.

– (2010): *Gelb oder Grün? Kleine Parteiengeschichte der besserverdienenden Mitte in Deutschland.* Bielefeld: Transcript.

Weber, Max (1980 [1922]): *Wirtschaft und Gesellschaft.* Tübingen: Mohr.

Wehler, Hans-Ulrich (2008): *Deutsche Gesellschaftsgeschichte, Fünfter Band, Bundesrepublik Deutschland und DDR 1949–1990.* München: Beck.

Weischer, Christoph (2010): Die Modellierung des Sozialen Raums. In: Nicole Burzan und Peter A. Berger (Hg.): *Dynamiken (in) der gesellschaftlichen Mitte.* Wiesbaden: VS Verlag, S. 107–134.

Weiss, Anja (2005): The Transnationalization of Social Inequality: Conceptualizing Social Positions on a World Scale. In: *Current Sociology*, Jg. 53, S. 707–728.

Werding, Martin/Müller, Marianne (2007): Globalisierung und gesellschaftliche Mitte. Beobachtungen aus ökonomischer Sicht. In: Herbert-Quandt-Stiftung (Hg.): *Zwischen Erosion und Erneuerung. Die gesellschaftliche Mitte in Deutschland. Ein Lagebericht.* Frankfurt/M.: Societäts-Verlag, S. 103–161.

Wilensky, Harold (1972): Jeder Beruf eine Profession? In: Thomas Luckmann und Walter Michael Sprondel (Hg.): *Berufssoziologie.* Köln: Kiepenheuer und Witsch, S. 198–215.

Willke, Helmut (1998): Organisierte Wissensarbeit. In: *Zeitschrift für Soziologie*, 27, S. 161–177.

Windolf, Paul (2003): Sind Manager Unternehmer? Deutsche und britische Manager im Vergleich. In: Stefan Hradil und Peter Imbusch (Hg.): *Oberschichten – Eliten – Herrschende Klassen.* Opladen: Leske und Budrich, S. 299–336.

Windolf, Paul (2009): Zehn Thesen zur Finanzmarkt-Krise. In: *Leviathan*, 37, S. 187–196.

Wohlrab-Sahr (2011): Schwellenanalyse – Plädoyer für eine Soziologie der Grenzziehungen. In: Kornelia Hahn und Cornelia Koppetsch (Hg.): *Soziologie des Privaten.* Wiesbaden: VS, S. 33–52.